中国不良资产管理行业系列教材

中国不良资产管理
法律实务

李传全 刘庆富 陆秋君 编著

復旦大學 出版社

中国不良资产管理行业系列教材

·专家委员会·

主　　任　　张　军
副 主 任　　李心丹
委　　员　　陈诗一　胡金焱　梁　琪　吴卫星　方　颖
　　　　　　杨晓光　周亚虹　李仲飞　张顺明　范剑勇

·编撰委员会·

主　　任　　孙建华
副 主 任　　李伟达
执行编委　　李传全　刘庆富
委　　员　　陆秋君　钱　烈　余　晶　冯　毅

作者简介

李传全,复旦大学金融学博士。现任浙商资产副董事长、首席战略官、研究院院长,浙江国贸集团博士后工作站博士后导师,浙江工商大学金融学院(浙商资产管理学院)联合院长,广东财经大学客座教授。曾在多家金融类和实体企业中担任要职,在不良资产管理领域具有较为丰富的运营管理和理论研究经验,指导了我国地方AMC行业第一位博士后。在证券、信托及资产证券化等领域也有着深入的研究探索,是国内较早研究资产证券化的学者之一。

刘庆富,复旦大学经济学院教授、博士生导师。东南大学管理科学与工程博士、复旦大学金融学博士后、美国斯坦福大学访问学者,2017入选"上海市浦江人才"计划。现任复旦-斯坦福中国金融科技与安全研究院执行院长,复旦-中植大数据金融与投资研究院学术副院长和上海市金融大数据联合创新实验室副主任;兼任复旦大学大数据学院教授和北京雁栖湖应用数学研究院教授。主要研究兴趣为金融科技、大数据金融、绿色金融及不良资产处置。曾在 *Journal of Econometrics*、*Journal of International Money and Finance* 等国内外重要期刊发表论文100余篇,出版专著三部,主持国家自然科学基金委、科技部、教育部等课题20余项,研究成果多次获得会议最佳论文奖或一等奖,学术观点和访谈也被多家主流媒体刊登和(或)转载。

陆秋君,南京理工大学法学博士,现任浙江省浙商资产管理股份有限公司党委委员、纪委书记、总法律顾问,兼任浙江省企业法律顾问协会常务理事。在不良资产法律实务领域有非常丰富的经验,结合不良资产行业特点和实务操作经验,主导建立了"三化三全"(系统化、精准化、常态化,全面覆盖、全程合规、全员守法)的不良资产合规管理体系。

序　言

　　经济是肌体，金融是血脉，二者相互依赖，相辅相成，金融的活跃与稳定直接影响经济的状况。金融安全是国家安全的重要支柱，防范化解金融风险，尤其是系统性金融风险，是金融工作的根本性任务和永恒主题。经过不懈努力，我国已取得阶段性的金融风险防范成果，金融风险得以收敛。然而，面临需求收缩、供给冲击、预期转弱的三重压力，我国金融发展中的各类风险挑战仍不可忽视。因此，必须积极而审慎地防范处置各类金融风险，以确保金融体系的安全、高效和稳健运行。作为防范化解金融风险的重要力量，不良资产管理行业的关键作用日益显现。经过20多年的持续发展，我国不良资产管理行业已成为我国多层次金融体系的重要组成部分，充当着金融业的"稳定器"与"安全网"。

　　近年来，国内不良资产的规模和类型不断增加，推动不良资产管理行业进入快速发展期。正如过往中国的其他新兴金融业务，一旦市场认识到不良资产管理的潜力和吸引力，各类投资和服务机构便纷纷涌入该领域。回顾近几年不良资产市场的发展，促进行业制度完备、规范业务发展、理顺监管体系等成为行业面临的重要任务。而这些重要任务的圆满完成又有赖于行业的统一认知。因此，有必要对行业基础性理论和实务知识体系进行系统性构建，以消除认识误区，使方兴未艾的不良资产管理行业更加健康发展，能在防范化解金融风险、支持实体经济发展等方面发挥更大的作用。

目前，行业参与者及相关人士对不良资产管理系统性理论和实务知识的需求强烈。不良资产管理领域多有书籍出版，但大多聚焦于行业发展建议或某些专业实务问题的解决，尚缺乏集理论与实践于一体的全景式专业系列教材。一定意义上，本系列教材的出版，填补了这一领域的空白。不良资产管理行业是一项实践性、综合性、学科交叉性等特色突出的金融领域。向社会呈现一部系统性集成性的系列教材，既能满足广大读者的学习需要，也是对行业做的一次全面系统的理论演绎和实务梳理总结；无论对行业发展抑或对资产管理专业的学科建设都具有重大意义。

本系列教材的专业性体现在其知识结构、逻辑和整体性符合当前金融专业书籍的要求。所有知识点，如概念、理论、结论和解析，均遵循不良资产管理行业的普遍认知来进行阐述。理论与实务相结合，概念与案例相结合，以通俗易懂的方式，为读者呈现实务操作的方法和路径。

本系列教材由浙商资产和浙商资产研究院与复旦大学经济学院和复旦-斯坦福中国金融科技与安全研究院联合组织专业人员共同编著。浙商资产和浙商资产研究院的编著人员在不良资产管理行业深耕多年，深知行业发展脉络，具有丰富的实践经验；复旦大学经济学院和复旦-斯坦福中国金融科技与安全研究院的编著人员则拥有深厚的经济、金融等相关领域理论基础。理论的高度与实践的深度的有机结合使本系列教材对于不良资产管理领域的诸多问题有了清晰的答案，凸显了本系列教材的实战性和生命力，也体现出其出版的现实意义和理论价值。

现实世界中的不良资产情况复杂、价值各异，可以说不良资产管理既是科学，也是艺术。成功的不良资产管理在科学与艺术之间寻找价值平衡。在这个意义上，不良资产管理一线参与者的经验、体验，甚至教训，都构成不可或缺的生动教材。我相信，本系列教材的出版是对中国不良资产管理行业的发展的重要贡献。

复旦大学经济学院院长

2023 年 7 月

总　　序

通常意义上，1999年四大资产管理公司成立可以认为是中国不良资产管理行业的起始点。经过20多年的持续发展，不良资产管理行业从无到有，已经成为我国多层次金融体系中不可或缺的一部分，是逆周期调节的重要工具，也是金融业重要且必要的"稳定器"与"安全网"。纵观中国不良资产管理行业的历史，从最初接收四大国有商业银行和国家开发银行剥离的1.4万亿元政策性不良贷款开始，到商业化转型，再到完全市场化收购处置不良资产，无论是四大资产管理公司还是地方资产管理公司，都为促进实体经济增长和转型、守住不发生系统性风险底线、维护国家金融安全提供了重要保障，较好发挥了"防化金融风险、服务实体经济"的功能作用。

中国不良资产管理行业历经20多年发展，已逐渐形成自身特色。这种特色主要体现在体系化、市场化、全面性、多层次性和行业性。中国不良资产行业已形成一级市场到二级市场的市场体系，初步构建了制度体系和监管体系，形成与金融体系无缝衔接的子体系，行业的体系化体制安排基本形成。市场化主要表现在肇始于政策性安排的运行机制已经完成市场化的定价机制和运行机制转型。全面性主要表现为不良资产市场的区域与类型的全覆盖，即形成了从全国到区域，从金融不良到非金融不良，从银行端到政府端再到企业端的全面覆盖。多层次性在于已形成从维护市场有序性的许可制度到多样性社会力量的深度参与，形成了高效的传导机制和化解机制。

当然，从某种程度上讲，行业性是这些特色的集中体现。不同于其他地区和国家，中国不良资产管理已经初步完成了行业塑形，具有清晰的行业特征：数量足够多的市场参与主体，初步完备的制度框架，巨大的市场容量和较深的市场交易厚度。

从行业参与主体来看，目前有五大资产管理公司（2021年第五家全国性资产管理公司——银河资产开业，形成了全国性的五大资产管理公司）、59家持牌的地方资产管理公司、银行系的金融资产投资公司、大量非持牌民营公司以及外资机构的投资商，同时还有为资产管理公司提供相应服务的律师事务所、资产评估所等各类服务商，形成了较为稳定的市场生态圈和产业链。从行业制度看，业务运行的法律制度、监管制度、市场规则等基本成形。再看市场规模和交易厚度，目前银行业不良资产余额已经接近三万亿级规模，非银金融、非金等不良资产市场增长也非常之快，都在万亿级别，标的多样化特征显著，市场空间广阔。从运行机制看，市场化的定价机制、交易机制和处置机制，活跃且有厚度的市场交易，结合较大的市场容量，为市场的长期可持续发展提供了较好的保障。这些维度充分说明，中国不良资产管理具有常态化制度安排的行业特征，不再是危机时的权宜性的政策性安排；行业性是中国不良资产管理行业各项特色的集中体现，这种特色在一定程度上决定了其制度安排的高效性。

但是，中国不良资产管理行业在发展中也存在着一些问题。一是行业制度还不够完备，尤其是地方资产管理公司至今尚未形成比较统一明确的监管规则，各地方金融监管机构的监管规则差异性明显。二是业务规则的不统一。经常会遇到监管无明文规定某项业务能否实施的问题，存在监管滞后的情况。三是市场地位不平等。虽然地方资产管理公司的业务资质由原银保监会颁发，与五大资产管理公司做同样的业务,但是被视为地方性类金融机构,未获得金融机构资质许可。四是监管主体的不统一。目前我国对地方资产管理公司的机构监管的具体方式是中央负责业务资质,地方负责主体监管,而地方监管部门除了地方金融监管局,股东层面的管控主体又存在着国资委与财政的差别,多个监管主体之间存在不同的监管要求。五是司法的不统一。主要表现在同一法律要求对于不同的区域、不同类型的公司,在某些法律场景,对于金融资产管理公司和地方资产管理公司存在适法不统一的情况。

瑕不掩瑜,虽然中国不良资产行业发展中存在着一些问题,但其过去20多年在维护国家金融安全、服务实体经济方面所作出的贡献,充分说明了其常态化行业性安排具有独特的金融制度优势。我们所面临的任务是如何进一步完备这一制度安排,更好地发挥其金融功能定位。这就要求包括从业主体、政府监管部门、学界等在内的社会各界力量,加大研究力度,总结经验,统一认知,推进行业走向成熟。

应该说,过去20多年,行业研究对推动行业发展发挥了重要的作用。从四大资产管理公司设立到其商业化转型,再到地方资产管理公司的诞生和市场化机制的建立,都凝聚了商界、学界和政府部门大量的心血,结出了丰硕成果,为行业的发展实践作出了巨大贡献。当然,这期间由于中国经济金融改革发展的持续深化,不良资产管理行业也伴随着经济的腾飞而飞快成长,一定程度上,研究与行业高速发展的现实还存在差距。今天来看,制约行业发展的因素很大程度上来自各方对行业属性和如何发展的基本问题的认知不到位、不统一,而解决这种不到位和不统一的问题对研究提出了更高的要求。纵观行业领域的研究,理论方面多集中在早期四大资产管理公司的设立和转型以及市场化探索方面,实践方面则多集中在包括地方资产管理公司在内的公司运作和发展方面。行业走到今天,我们需要对相对初步成形的不良资产管理行业进行历时性和共时性的梳理总结，站在行业全局性视角进行基础研究，挖掘行业基本属性、功能和机制，为完善和优化行业的制度监管框架提供统一性认知。这两个方面的任务，是摆在学界、商界和监管部门面前的重要研究课题。

在研究的基础上编撰系列性教材是对行业进行历时性和共时性总结的最佳路径。目前，无论是可供从业人员系统学习的教材，抑或是不良资产管理学科专业本身都还是一片空白。一套完整的系列教材将全面总结行业历史和现状，不仅为行业从业者提供学习素材，同时也为包括监管部门在内的各界人士全面统一认识行业提供支持。系列教材横向和纵向的全面性将为深入研究行业的基本属性、功能和运行机制打下基础。

基于此，浙商资产和浙商资产研究院联合复旦大学经济学院和复旦-斯坦福中国金融科技与安全研究院组织强大的专家队伍，编著了这套"中国不良资产管理行业系列教材"。希望借此填补行业系列教材的空白，推进不良资产管理学科建设；同时通过从全局到局部，从理论到实务对行业进行全方位总结，为行业深层次问题的研究提供基础。

一直以来，浙商资产高度重视行业研究，成立之初就成立了浙商资产研究院，深耕行业发展的同时，为行业的发展持续贡献诸多成果，其研究成果也得到了国内外行业专家的广泛认同。2018年开始，浙商资产研究院联合复旦-斯坦福中国金融科技与安全研究院首度研发"复旦-浙商中国不良资产行业发展指数"，持续展示中国不良资产管理行业的发展趋势，填补了这一领域的研究空白。这一研究成果也被作为复旦大学智库建设的代表报送国务院办公厅，获得了浙江省国资委优秀研究课题二等奖，得到了行业各界的广泛好评。这次"中国不良资产管理行业系列教材"的隆重推出，又是复旦大学和浙商资产产教融合的一大典范，必将对资产管理行业的深度研究、对资产管理专业学科建设以及行业健康发展产生深远影响。

本系列教材由四本书组成，分别为《中国不良资产管理行业概论》《中国不良资产管理操作实务》《中国不良资产管理法律实务》《中国不良资产管理评估实务》。系列教材既对不良资产管理行业的历史、现状及未来展望做了全景式的历时性分析和共时性展示，又全面覆盖了不良资产管理实务操作所涉及的主要方面，力求横向到边、纵向到底。理论层面，以不良资产管理基本概念和科学分类为基本起点，沿着行业发展、实务操作、法律法规和价值评估四个维度循序展开；同时又以当前行业实务为基础，构建完整操作实务以及相应的法律和评估知识体系，充分展现了专业性、综合性的统一融合，可谓四位一体。

本系列教材以学历教育及实务培训为导向，主要面向学生及不良资产管理行业从业人员，目标在于让读者能够全面了解不良资产管理行业整体情况，并快速掌握基本业务操作要领。作为填补这一国内空白领域的系列教材，我们在多个方面进行了创新，主要如下。

一是理论层面的拓展。目前已有的不良资产管理领域书籍在理论层面或多或少都有涉及，主要从不良资产的概念、成因等角度进行阐述。本系列教材在理论层面进行了拓展，在不良资产分类与辨析、不良资产管理分类、业务类型分类、发展历史及行业功能特征等多方面进行了理论塑造。围绕行业实际，从专业层面对实务内容进行了理论阐释与分析，一定程度上丰富了现有的理论体系。

二是行业知识系统化。不良资产管理涉及的行业知识面较广，现有的相关书籍在行业知识的系统性方面较弱。本系列教材在行业知识系统性方面进行了探索，将不良资产管理中较为重要的概念、实务操作、评估以及法律分别单独成册进行了较为详尽的讲解，将行业知识进行了系统集成，丰富了行业研究的理论体系化构建。

三是多学科交叉融合。不良资产管理本身就是综合性较强的领域，实务操作中涉及多个专业领域的交叉融合。本系列教材针对行业特性，在编撰过程中将经济学、金融学、管理学、资产评估学、法学等学科知识进行了交叉融合，多维度分析具体实务操作与案例，多管齐下展现不良资产管理所需的知识与能力。总之，本系列教材运用学科交叉融合，更好地让读者理解不良资产管理的要义。

四是强化实务应用性。目前不良资产管理领域相关书籍以理论探讨居多，而针对系统性实务操作的较少，特别是可以作为教材范本的少之又少。本系列教材正是从这个视角出发进行有益探索，手把手地传授实务操作，具有较好的实践指导性，是行业实务领域中的一大突破。

在本教材编撰过程中，参与各方倾注了辛勤的汗水。专家指导委员会主任张军教授及其他专家委员为本教材的知识体系搭建进行了系统性理论指导。编辑委员会主任孙建华董事长统筹教材的编辑出版工作、指导教材的知识体系安排。副主任李伟达总经理对于教材主要内容给予了实操性专业指导。执行编委李传全博士全面负责教材的具体编撰工作，制定编撰计划，确定教材的选题范围、体例框架、内容结构以及教材内部的逻辑关联，优化与构建包括基本概念界定、业务分类、管理主体分类、历史划分等在内的教材所共同遵循的基础理论体系，指导教材的撰写、修改和审校。执行编委刘庆富教授主要参与教材的理论指导，负责教材的出版组织工作。陆秋君博士负责法律实务的编撰组织、部分章节的撰写和统稿工作；钱烈先生负责评估实务的编撰组织、全书主要章节的撰写和统稿工作；冯毅博士负责行业概论的编撰组织、部分章节的撰写和统稿工作；余晶博士负责操作实务的编撰组织、部分章节的撰写和统稿工作。

其他参与本系列教材的编撰人员包括：《中国不良资产管理行业概论》，陈宇轩、赖文龙、孙力、刘丁、车广野、胡从一；《中国不良资产管理操作实务》，宋波、蒋炜、项玫、许祎斐、陶梦婷、褚希颖、戴苗、孙铮；《中国不良资产管理法律实务》，陈超、徐含露、袁淑静、吕佩云、卢山、陈晨、胡鑫濈;《中国不良资产管理评估实务》，游歆、王皓清、楼泽、倪萍、杜蒙、姚良怀、陈康扬、傅流仰。在此，对各位专家为本系列教材所贡献的智慧表示感谢！

应该说，本系列教材是复旦大学和浙商资产产教融合的又一重大成果。系列教材从理论以及实务层面对于不良资产管理进行了较为全面的介绍与讲解，覆盖了不良资产管理工作所涉及的主要领域，填补了行业及教育领域的空白。但客观而言，由于编撰团队自身行业经验不足，对行业以及实务认识有限，加之中国不良资产行业处在不断的发展变化中，诸多方面尚不定型，教材有些方面难免出现偏误或局限于一家之言。诚请行业内和教育界各位专家不吝指教，提出宝贵意见。

随着监管政策的持续优化调整以及不良资产市场自身的持续发展，中国不良资产管理行业也必将从初创走向成熟。这就要求我们与时俱进，持续关注行业内外部变化情况，根据行业发展情况不断扩展和修正本系列教材，塑造经典，使之成为持续推进资产管理学科建设和行业健康发展的重要力量。

是为序。

浙江省国贸集团党委副书记、总经理
浙商资产党委书记、董事长
2023年7月

致 读 者

《中国不良资产管理法律实务》以不良资产管理业务实践为切入点，围绕不良资产管理法律实务工作的三大内容，即不良资产管理实务中的法律法规、不良资产管理的监管以及不良资产管理的法务管理，详细介绍了法律尽调、民事诉讼、强制执行、破产管理及合同管理和审查等，并针对当前不良资产管理的各类实际业务，逐一分析主要法律要点，同时就市场中常见的法律风险作了提示并给出相应的建议。全书全面系统而又重点突出，充分体现实践导向性。具体章节安排如下。

第一章概括简述了不良资产的概念、法律在不良资产管理中的作用、不良资产管理中法律和监管的相关规定、不良资产管理法律实务，让读者对不良资产管理的法律实务有一个初步了解。

第二章至第五章主要以不良资产收购和处置的相关流程为主线，介绍了不良资产法律尽职调查、不良资产民事诉讼理论与实务、不良资产强制执行实务、不良资产破产管理法律实务。其中，第二章介绍了不良资产法律尽职调查的重要性以及尽职调查的流程、调查要点、常见风险瑕疵；第三、四、五章主要围绕不良资产收购后资产管理公司开展诉讼清收会涉及的诉讼程序、执行程序和破产程序的基本知识和在实务中遇到的问题展开。

第六章是不良资产合同管理与审查实务，主要围绕不良资产合同管理实务、不良资产管理合同的法律审查展开，详细介绍了不良资产管理实务中相关合同的审查要点。

第七章围绕不良资产业务实践，介绍了不良资产处置业务中常见的处置方式，包括收购、催收处置、债权转让、债权收益权转让、债务重组、债转股、共益债、破产重整、资产证券化、个人不良贷款收购、远期不良资产收购等业务模式和法律要点。

第八章主要介绍不良资产行业监管趋势以及这种趋势对不良资产法律体系的新要求。

第九章对不良资产管理中遇到的十个案例中的疑难法律问题进行了分析，同时给出了解决建议。

"为学之实，固在践履"强调的是理论学习贵在思考，学用结合，学有所悟，用有所得。本书将不良资产管理需要具备的基本法律知识和行业多年的法律实务经验和管理成果相结合，强调学以致用。

本书可供高等学校师生，资产管理公司相关从业人员，银行等金融机构相关从业人员，会计师事务所、资产评估机构、律师事务所等中介机构的相关人员以及社会各界研究人员学习、培训和研究之用。本书在编著过程中力求严谨、细致，但由于编著者水平有限，书中难免有疏漏之处，恳请广大读者给予批评指正，也欢迎读者从各方面提出宝贵意见，以使本书日臻完善。

目 录

第一章
中国不良资产管理与法律法规

第一节　中国不良资产管理概述 / 003

第二节　法律在不良资产管理中的作用 / 007

第三节　不良资产管理中的法律实务内容 / 011

本章小结 / 029

本章重要术语 / 030

复习思考题 / 030

第二章
不良资产法律尽职调查

第一节　不良资产法律尽职调查概述 / 033

第二节　不良资产法律尽职调查的流程 / 036

第三节　不良资产法律尽职调查要点
　　　　及常见风险瑕疵 / 055

本章小结 / 068

本章重要术语 / 068

复习思考题 / 069

第三章
不良资产民事诉讼理论与实务

第一节　民事诉讼概述 / 073

第二节　一审诉讼程序 / 080

第三节　第二审程序 / 107

第四节　诉讼时效 / 111

第五节　资产管理公司对不良资产案件管理内容 / 119

本章小结 / 125

本章重要术语 / 126

复习思考题 / 126

第四章
不良资产强制执行实务

第一节　不良资产管理与强制执行 / 129

第二节　财产处置与分配 / 147

第三节　执行救济与终结程序 / 158

本章小结 / 165

本章重要术语 / 165

复习思考题 / 166

第五章
不良资产破产管理法律实务

第一节　破产程序的适用 / 169

第二节　破产的申请 / 172

第三节　破产的受理 / 175

第四节 破产债权的申报、审核及确认 / 179

第五节 债权人会议 / 190

第六节 破产财产的变价、分配及
管理人报酬 / 195

第七节 破产清算程序终结和重整计划执行 / 202

第八节 执转破程序 / 204

第九节 破产重整与投资 / 206

本章小结 / 211

本章重要术语 / 212

复习思考题 / 212

第六章
不良资产合同管理与审查实务

第一节 不良资产合同管理实务 / 215

第二节 不良资产管理合同的法律审查 / 229

本章小结 / 252

本章重要术语 / 254

复习思考题 / 254

第七章
不良资产业务中的法律要点

第一节 收购业务 / 257

第二节 催收处置 / 268

第三节 债权转让 / 276

第四节 债权收益权转让 / 284

第五节　债务重组 / 290

第六节　债转股 / 303

第七节　共益债 / 312

第八节　破产重整 / 313

第九节　资产证券化相关法律问题 / 319

第十节　个人不良贷款收购与处置 / 327

第十一节　远期不良资产收购业务 / 333

本章小结 / 340

本章重要术语 / 341

复习思考题 / 341

第八章
不良资产的行业发展趋势

第一节　不良资产行业监管的逐步统一、规范 / 345

第二节　后《海南会议纪要》时代对不良资产法律体系的新需求 / 351

第三节　信息科技等发展对不良资产法务管理提出新要求 / 353

本章小结 / 358

第九章
不良资产实务中常见法律问题

部分参考答案 / 382

参考文献 / 397

第一章

中国不良资产管理与法律法规

解决不良资产在形成、交易和处置过程中发生的各种问题都离不开对其中法律关系的梳理。法律为权利人的权益实现和义务人的权益保障提供了明确的规则,确保市场中的不良资产得到顺利、有效的化解。

不良资产虽然是价值受到贬损的资产，但通过有效运作，仍然可以给权利人带来一定的效益，这个过程便是不良资产管理。不良资产效益的实现主要通过综合运用法律规定的一系列手段和方法，因而不良资产管理与法律密切相关。同时，不良资产管理行业的发展状况与风险化解、经济稳定等方面休戚相关，其经营范围、经营内容、经营方式等受到法律的严格约束。因此，法律贯穿了不良资产管理的各个方面和全流程。

第一节　中国不良资产管理概述

一、不良资产基本概念

不良资产是金融体系运行的伴生产物，而历次金融危机的爆发无一不与不良资产相关。对于什么是不良资产这个问题，目前在行业内并没有形成统一的认知。不良资产是一个非常宽泛的概念，各机构在业务发展中出现的无法回收、质量低下的资产都可以归为不良资产。目前这个概念是使用范围最广，也是各界所最具共识的。

本书定义的不良资产是指不能带来经济利益的资产，通常指为机构带来的经济利益低于账面价值，且已经发生价值贬损的资产（包括债权类不良资产、股权类不良资产、实物类不良资产）。例如，银行不良贷款资产（Non-Performing Loans，简称NPLs），指银行不能按时足额回收贷款利息，甚至都难以回收或无法回收本金的贷款。故而，不良资产有着广义和狭义之分。广义的不良资产通常被称为"大不良"，指资产已经逾期或价值发生贬损，且有产生逾期或价值贬损的合理导因的资产。以下资产、项目或业务通常属于"大不良"业务范围，如图1-1所示。

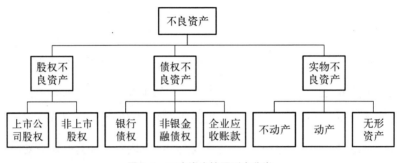

图1-1 不良资产按照形态分类

（1）司法拍卖资产、在依法批准设立的产权交易所挂牌拍卖的问题资产；

（2）已经成立债委会的债务企业的相关资产；

（3）城市更新改造（旧城改造、合村并城、棚户区改造）项目，以及以城中村改造为目的的集体土地经有权部门批准建设长租房和养老房项目；

（4）私募投资基金违约业务；

（5）在参与问题机构救助、问题资产盘活过程中，为防控商业风险要求被救助对象关联企业或实际控制人等相关方作出业绩承诺或回购安排的项目；

（6）在基本落实或形成具体的后续重组或相关方案的前提下，尚未违约即将到期的信托计划、资管计划、债券，发行人认定其到期无法解决兑付问题，面临对投资者重大兑付风险时，满足发行人正式发函给资产管理公司寻求支持和打折收购条件的资产；

（7）直接或间接参与破产重整。

二、不良资产管理行业概述

国际金融市场上共有两类资产管理公司，包括从事"优良"或"不良"资产管理的资产管理公司。前者外延较广，涵盖诸如商业银行、投资银行以及证券公司设立的资产管理部或资产管理方面的子公司，主要面向个人、企业和机构等，提供的服务主要有账户分立、合伙投资、单位信托等；后者是专门处置银行剥离的不良资产的资产管理公司。

在过去20余年中，与经济发展、金融运行在不同时期的情况相对应，中国不良资产管理行业大致经历了三个发展阶段。

政策性展业阶段（1999—2006年），中国信达、中国华融、中国东方、中国长城四大金融资产管理公司成立，开展政策性业务，接收国有商业银行政策性剥离的不良资产，有效化解了金融风险，为国有商业银行股改上市打下了基础。

市场化转型阶段（2007—2012年），四大金融资产管理公司顺应实体经济和金融市场发展变化，从政策性业务向商业化业务转型，两类业务实行分账管理、分账核算；四大金融资产管理公司还通过托管、重组等方式对问题金融机构进行处置。这个阶段综合金融服务集团逐步成形。

全面市场化阶段（2013年至今），四大金融资产管理公司实现全面商业化经营，陆续完成股份制改造、引进战略投资者，中国信达、中国华融在港股上市；同时，区域性金融风险逐步暴露，地方资产管理公司登上历史舞台，开始探索性发展。2013年以来，我国不良资产管理行业市场化程度持续提升，一方面监管政策陆续出台，原银保监会①加大了对金融资产管理公司和地方资产管理公司的监管强度，要求回归主业，做"真不良"业务；另一方面，行业参与者快速增加，竞争加剧，推动行业进一步走向成熟。

资产管理行业具有以下三大特征。

一是与宏观经济相关且具有波动性。中国不良资产与宏观经济的发展密切相关，当宏观经济调整下行时，资产公司容易以较低的折扣率获取大量不良资产，从而在不良资产的收购上呈现逆周期性；反之，当宏观经济上行，收购的不良资产价值持续增值，资产管理公司进入收购资产的派发期，利润得到兑现，此时资产管理公司在利润水平上又呈现顺周期性。

二是行业门槛较高。体现在两个方面，一方面，不良资产管理行业由于业务开展难度大、投资周期长，在人才储备和资本实力上对公司形成了较高的要求；另一方面，不良资产管理行业的进入需要有原银监会批复的业务牌照，从而在政策的管制上也给不良资产管理行业带来了行业壁垒。

三是行业监管环境逐步完善。行业起源于1997年亚洲金融危机，经历三次大规模的银行不良贷款剥离，在20多年的发展中，监管环境不断完善。财政部、原银监会于2012年颁布了《金融企业不良资产批量转让管理办法》以及财政部、原银监会于2015年颁布了《金融资产管理公司开展非金融机构不良资产业务管理办法》，对不良资产管理业

---

① 中国银行业监督管理委员会（简称"银监会"）和中国保险监督管理委员会（简称"保监会"）于2018年4月合并为中国银行保险监督管理委员会（简称"银保监会"）；2023年3月7日，在银保监会基础上组建国家金融监督管理总局。因此，本文在阐述时，将2018年4月前的监管主体简称为"原银监会"，2018年4月后、2023年3月前的监管主体简称为"原银保监会"，以与客观历史一致。

务活动、公司治理等方面不断完善监管，为行业的稳定发展提供了良好的环境。2019年5月，原银保监会发布《关于开展"巩固治乱象成果促进合规建设"工作的通知》（银保监发〔2019〕23号），从宏观调控政策执行、公司治理、资产质量、不良资产收购业务、固定收益类业务、同业业务等方面对金融资产管理公司提出了要求，重点整治以收购金融或非金融不良资产名义变相提供融资、违规新增办理类信贷等固定收益类业务等，整治力度远超预期，可见监管当局对于资产管理公司（Asset Management Company，简称AMC）回归主业的坚定态度与严格要求。2019年7月，原银保监会办公厅发布《关于加强地方资产管理公司监督管理工作的通知》（银保监办发〔2019〕153号）要求地方AMC"回归本源、专注主业"，提高了监管强度，强调地方AMC的区域属性与防范化解区域金融风险的责任使命。

第二节 法律在不良资产管理中的作用

一、法律贯穿不良资产管理的始终

不良资产的类别比较多，涉及的法律关系就显得比较复杂，例如不良资产债权、不良资产实物处置、困境企业救助、企业破产重整等等，不良资产交易的结构会涉及多重的法律结构。目前，市场中交易的不良资产主要为不良债权请求权，本书中提及的不良资产，若未做特别说明，也仅指该种类型。市场主体基于该种请求权能够获得一定的利益，包括金钱和实物。因而，不良资产实质上是一种包含了民事权利以及基于民事权利而能获得一定利益的民事权益。这种民事权益，在权利的产生至利益的实现的每个阶段中，都离不开法律关系和法律问题。

首先，作为不良资产的主要存在形式，债权请求权由市场主体通过签订合同、协议等法律文书产生，法律文书确定了债权债务关系、违约行为、违约责任等内容。不良资产基于法律文书约定因一方当事人的违约转换而来，作为债权最终持有人能够主张的权利和最终获得的利益，债务人及相关义务主体享有的权益和承担的责任，依赖具有合法效力的法律文书。

其次，不良资产形成后能否进行流转以及流转的规则，须根据法律确定的内容进行。如能够进行转让的不良资产种类和受让不良资产的市场主体须符合法定的要件，转让过程须通过一定的法定程序，转让前后须履行法定的公告公示和通知送达义务等。若任一环节存在法律瑕疵，就可能导致不良资产的转让交易行为被认定为无效或者被撤销，或者无法对债务人发生效力。

最后，不良资产交易的每一环节都离不开对法律关系的处理。收购不良资产，要进行一系列的流程。例如，进行法律尽职调查，通过对法律文件的书面审查和司法涉案情况调查，设计不良资产的交易方案、确定不良资产的交易价格。在不良资产的收购过程中，交易当事人之间的权利义务关系最终须通过合同或协议等法律文书予以确定。而在不良资产的处置阶段，债权人通过诉讼或仲裁等司法程序确认权益的合法性，并主要通过强制执行程序、破产程序等司法程序最终实现自身的权益。

因此，解决不良资产在形成、交易和处置过程中发生的各种问题都离不开对其中法律关系的梳理。法律为权利人的权益实现和义务人的权益保障提供了明确的规则，确保市场中的不良资产得到顺利、有效的化解。不良资产管理行业的从业人员应具备丰富的法律素养，既能运用法律理论知识处理各类法律关系，也能运用法律实践参加各种司法程序解决法律纠纷并最终实现不良资产的权益。

二、法律是确认不良资产权益的基本保障

法律是市场主体之间建立法律关系的主要依据。法律对于合法有效的法律关系的要件和基本内容作出了概括的而又清晰的规定，为市场主体确定债权内容给出了明确的指导，包括签约主体的资质要件、基本权利义务的划分、责任的分配，以及订立法律文书的主要程序、合法有效的标准等。市场主体在法律规则的框架范围内约定的交易内容形成的债权债务关系方是具有法律效力并受到法律保护的。

法律是权利人的权利获得合法性和正当性确认的途径。在不良资产形成前，作为正常的民商事债权属于少数人之间的内部约定，无须对外公示或者必须通过外部权力机构的确认才具有有效性。若各方当事人均诚实守信地履行各自的义务，法律无须主动介入或进行干预。一旦债务人发生违约情形损害了债权人的权益，债权人可选择公力救济，但公权力解决民商事纠纷的首要前提是确认权利。根据现行的法律制度，司法机关或仲裁机关等有权机构按照法律程序和法律规则，对债权形成和存续的合法有效性、债权债务关系内容的确定性、违约情形的非正当性、所受到损失的可救济性等事实关系和法律责任进行审理、判断和认定。基于司法机关或仲裁机关的裁判确认，债权人持有的债权的有效性和应享有的权益获得了法律的认可，并且通过裁判文书的公开也得到了社会的认可，成为债权人采取各种合法手段主张权益的正当性基础和前提条件。

三、法律是实现不良资产权益的主要手段

法律为不良资产权益的实现提供了多种途径和方式。不良资产的债权人可以通过私力救济和公力救济实现债权权益，私力救济主要是

通过与债务人及相关义务主体如担保人、共同债务人等协商一致，由债务人或相关义务主体主动履行债务。同时，法律构建了一套完整的、体系化的公力救济制度，提供了多样化的债权权益实现方式，如法院的强制执行、破产清算和破产重整、预重整、债务重组、债转股、债权转让等。每一种途径的实施程序和方式均有相应的法律制度作为依据和操作指南，如《中华人民共和国民法典》(简称《民法典》)、《中华人民共和国民事诉讼法》(简称《民事诉讼法》)、《中华人民共和国企业破产法》(简称《企业破产法》)、《中华人民共和国合伙企业法》、《中华人民共和国公司法》(简称《公司法》)、《中华人民共和国证券法》、《中华人民共和国信托法》等。

法律为不良资产的不同实现途径提供了丰富的具体实施措施。国家公权力的权威性和强制执行效力发挥了至关重要的作用，所涉及的国家机关主体涵盖了司法机关和公安、税务、海关等行政机关。如诉讼执行程序和破产程序均是在法院的主导下进行的；在债权权益实现的具体实施措施上，在财产线索的查询、资产评估和处置方式上均有相应的法律规则；司法机关在必要时联合相关的行政机关，通过对债务人和相关义务主体采取强制措施，包括人身自由的限制、财产的控制和处置、企业的清算及破产等手段，迫使债务人或相关义务主体主动履行债务，或将其财产予以变现或直接抵偿与债权人，使债权人的权益得以实现。

私力救济便捷、经济、高效，债权人和债务人在意思自治的基础上达成的协议，也存在履约风险，因而效果较差，债权人最终仍然须寻求公力救济。公力救济的手段丰富、形式多样，同时，根据法律赋予的强制执行力和威慑力，能够达到强制执行和主动履行的双重功效，是债权人实现权益的主要手段和有力保障。

第三节　不良资产管理中的法律实务内容

一、不良资产管理中的法律规定

不良资产的权利属性，决定了在对不良资产的管理过程中离不开相关的法律制度，债权权利的实现必须遵循有关司法程序的基本规则，包括民法、公司法、破产法、合伙企业法、民事诉讼法等各个领域的部门法律体系，这些一般性的实体法和程序法构成不良资产转让、管理和处置的主要法律制度。

（一）实体性法律规定

2021年正式实施的《民法典》吸收融合了《中华人民共和国民法总则》《中华人民共和国物权法》(简称《物权法》)、《中华人民共和国合同法》(简称《合同法》)、《中华人民共和国担保法》(简称《担保法》)等9部单行性立法，已成为社会生活的统领性、百科全书式的法律文件，《民法典》各编中均有涉及不良资产业务的基本规则，包括总则、物权、债权、个人信息保护等内容，并就不良资产区别于其他债权的特殊性作出专门的、特别的规定，是管理不良资产的基础性法律依据。

1. 总则

依据《民法典》总则编中对于民事责任的类型、承担方式及责任竞合时承担的先后顺序，债权人可以确定向债务人追偿的对象和范围；依据对诉讼时效期间及其中止和中断的事由、效力，以及除斥期间的规定，债权人可判断不良资产是否存在时间效力上的瑕疵，并根据不同的不良资产的实际情况进行商业交易的安排。

2. 物权编

不良资产普遍存在物权的担保，《民法典》物权编中关于担保物权制度的规定，影响着债权人担保权利的行使。物权篇中关于所有权的归属、抵押、质押的设立规则是债权人据以确定其是否享有担保物权的依据。与《物权法》相比，物权篇中对于担保物的流转规则和权利竞合时的处理规则的修改，尤其应当引起债权人的特别关注，如租赁权和抵押权的权利竞合、债权随抵押物的流转、动产抵押上的超级优先权、担保物权竞合的清偿顺序等。其中对债权实现担保物权影响最大的莫过于新增的居住权这项用益物权，债权人在管理不良资产时不可避免地要考虑居住权对抵押房产处置所产生的影响，并应当在尽职调查和后期管理中制定相应的解决方案。《民法典》在保护债权合法地实现担保物权的同时，也旨在促进市场经济发展和与物权有关的各方当事人的利益平衡。

3. 合同编

合同是确定不良资产内容的载体和实现债权的主要依据，合法有效的合同是债权人实现权益的基础。对于不良资产而言，借款合同是基础合同、主合同，保证合同是不良资产项下主要的从合同之一，这两种合同都属于《民法典》合同编中明确规定的有名合同。就借款合同而言，合同编中对于借款合同的期限和利率的规定，是债权人判断不良资产债权内容合法的依据。相较而言，保证担保涉及的事项更为广泛、内容更为复杂。合同编中对于保证担保的类型、范围、责任和期间，保证人享有的各种权利和免责情形，以及债权转让对保证人的影响等方面作了较为全面的规定。

另外，合同编是不良资产转让的主要法律依据，包括转让内容和转让程序，对债权人、债务人和担保人各方在不良资产转让过程中的权利义务作出了清晰的界定。合同编确定了债权的可转让性，并明确了金钱债权流通性更强的特点，以及保证、抵押、质押等担保权利随主债权一并转让的基本规则。转让人在债权转让后负有通知义务，否则转让行为对债务人和保证人不发生法律效力。受让人接受债权后，也同时受到该债权上既有的权利约束，包括债务人的抗辩权和抵销权。《民法典》在维护债权利益的同时建立了对债务人和保证人等权益维护的制度，债权人在管理不良资产过程中须及时、依法行使主债权和保证担保权利。

4.人格编

随着个人贷款不良资产市场的开放，不良资产行业关于个人贷款不良资产迎来了流转和交易的高潮。个人贷款不良资产中的债务人为自然人，个人信息的处理直接关乎自然人的人格尊严。随着不良资产业务的开展，个人信息也面临着泄露和被滥用的风险。《民法典》人格编中首次确立了个人信息保护的规定，明确了处理个人信息应遵循的原则、条件、对个人信息安全的保障义务。在个人贷款不良资产的管理和处置过程中，债权人应当谨慎、妥当地对债务人、担保人和相关义务主体个人信息进行处理，以免对债务人、担保人和相关义务主体的人格造成侵害。

（二）程序性法律规定

法律作为权利人确认不良资产权益的基本保证和实现不良资产权益的主要途径，不仅为债权人提供了实体法律保障，也建立了相应的程序法律保障。不良资产的程序法律依据主要为民事诉讼法和仲裁法。

现行的民事诉讼法中包括了诉讼审理的一审、二审、审判监督程序等普通民事诉讼程序、调解制度和包含实现担保物等的特别程序。债权人依据前述诉讼程序确认享有不良资产的内容和范围，并可基于财产保全制度在债权获得生效的法律文书确认之前，借助司法执行力维持不良资产项下的财产，为实现不良资产权益提供保障。

除民事诉讼外，仲裁机制是司法外程序的一种确权途径。仲裁法建立的程序灵活便捷、充分尊重当事人的意思自治，仲裁裁决一裁终局、仲裁裁决的可执行力等制度，使仲裁成为债权人青睐的诉讼程序之外的一种确权途径。不少金融机构已在信贷合同中约定将仲裁作为纠纷解决方式。

不良资产经法院审理或仲裁裁决确认之后，债权人依据生效的法律文书，在债务人及相关义务主体未主动履行的情形下向法院申请强制执行。强制执行程序不但包括对被执行人的强制执行措施，还包括财产的处置方式，通过对被执行人进行罚款、拘留等促使其主动履行裁判文书中确定的义务，通过查封、扣押、冻结、扣划、变价等多种执行措施获得并处置财产以实现债权。法院的强制执行程序是债权人实现不良资产权益的主要方式。

（三）司法解释

不良资产尚未流转前，债权人可以基于权利人的身份，按照一般的民事法律规则行使债权权利人的权利，实现债权权益。不良资产流转后，新债权人在权利的承接、新旧债权人和债务人、担保人之间关于债权债务关系的处理上出现了新问题、新纠纷，据此最高人民法院颁布了相关司法解释为人民法院的审判提供指导意见。[①]

（1）最高人民法院于2001年4月11日颁布了《关于审理涉及金融资产管理公司收购、管理、处置国有银行不良贷款形成的资产的案件适用法律若干问题的规定》（法释〔2001〕12号，本解释已于2021年1月1日废止，详见法释〔2020〕16号），并于2005年5月30日发布了补充通知。[②]该文件虽然内容简洁，仅十二条，但包含了金融资产管理公司在受让国有银行的不良资产后的各项主要权利。其中，实体性权利包括最高额债权的转让、利息收取和原抵押登记的有效性，程序性权

---

① 本书中列举的司法解释以截至2022年12月31日有效实施的为限。
② 最高人民法院《关于金融资产管理公司收购、处置银行不良资产有关问题的补充通知》（法〔2005〕62号），2005年5月30日。

利包括诉讼主体资格的适格性、原约定管辖的继续有效性以及转让通知和公告中断诉讼时效的效力。

最高人民法院特别赋予金融资产管理公司在行使权利中的特殊政策，包括直接进行报纸公告形式的债权转让通知的有效性和诉讼保全中担保义务的豁免。在实践中，地方资产管理公司依照该文件采取的通知方式的效力却受到了些许地方法院的质疑，因而，常常须根据地方法院的要求，补充其他通知方式，如公证通知、邮寄通知等。同时，地方资产管理公司在申请财产保全时，根据不同法院的规定可能需要聘请担保公司、保险公司等第三方机构提供担保。然而，在司法程序中无法享受与金融资产管理公司同等的优惠政策，大大增加了地方资产管理公司管理不良资产的成本和效率。

（2）债权人处置不良资产项下财产的主要措施。除了上述针对不良资产作出特别规定的文件外，最高人民法院就执行程序中处置财产的一系列文件同样是不良资产处置中频繁适用的，如关于对被执行人和财产采取的强制执行措施[1]、对财产进行拍卖或变卖财产[2]、对财产采取司法拍卖方式进行处置[3]、刑民交叉情况下的处理规则等[4]，债权人须对此类司法文件熟稔于心。

（3）关于审理涉及金融不良债权转让案件的规则。最高人民法院于

---

[1] 最高人民法院《关于公布失信被执行人名单信息的若干规定（2017年修正）》（法释〔2017〕7号），2017年2月28日；最高人民法院《关于限制被执行人高消费及有关消费的若干规定（2015年修正）》（法释〔2015〕17号），2015年7月20日；最高人民法院《关于人民法院民事执行中查封、扣押、冻结财产的规定（2020年修正）》（法释〔2020〕21号），2020年12月29日。
[2] 最高人民法院《关于人民法院民事执行中拍卖、变卖财产的规定（2020年修正）》（法释〔2020〕21号），2020年12月29日。
[3] 最高人民法院《关于人民法院网络司法拍卖若干问题的规定》（法释〔2016〕18号），2016年8月2日。
[4] 最高人民法院《关于在审理经济纠纷案件中涉及经济犯罪嫌疑若干问题的规定（2020年修正）》（法释〔2020〕17号），2020年12月29日。

2009年3月30日印发了《关于审理涉及金融不良债权转让案件工作座谈会纪要》的通知（法发〔2009〕19号），又称《海南会议纪要》。这是目前为止最高人民法院关于审理不良资产转让类案件内容最全面、最主要的司法政策文件，该文件的适用对象为金融资产管理公司，并特别对国有企业债务人诸如转让后停止计息、优先购买权等问题的处理规则提出了统一意见。

《海南会议纪要》要求法院在审理金融不良资产纠纷时以公正、妥善合理、调解优先、调判结合为原则，主要包括以下五大方面的内容。

（1）明确了金融资产管理公司将金融不良资产再次进行转让后，受让人与原国有银行之间关于债务履行情况发生纠纷的，法院应予以受理及不予受理的案件范围。

（2）关于债权转让生效条件的法律适用和自行约定的效力。法院确认金融资产管理公司受让不良债权后，对管辖权的重新约定、转让合同中的限制性条款等约定内容的有效性以及担保合同中关于限制转让条款的无效性。

（3）关于国有企业债务人。《海南会议纪要》就不良资产中的债务人为国有企业的情形作出了三个处理规则。

第一，关于地方政府等的优先购买权。金融资产管理公司向非国有金融机构法人转让不良资产的，按照确定的处置方案、交易条件以及处置程序、方式，相关地方人民政府或者代表本级人民政府履行出资人职责的机构、部门或者持有国有企业债务人国有资本的集团公司可以对不良债权行使优先购买权。

第二，关于国有企业的诉权及相关诉讼程序。《海南会议纪要》明确，金融资产管理公司将债务人为国有企业的不良资产转让与第三人后，若受让人在主张债权的诉讼程序中，债务人以转让行为损害国有资产等为由，提出转让合同无效抗辩的，应另行提起诉讼。

第三，利息计收问题。受让人向国有企业债务人主张利息的计算基数以原借款合同本金为准，对于受让人向国有企业债务人主张不良债权受让日之后发生的利息的，法院将不予支持。

（4）关于不良资产转让合同效力的审判规则。

第一，《海南会议纪要》要求法院应重点审查不良资产的可转让性、受让人的适格性以及转让程序的公正性和合法性，以此作为认定不良资产转让合同效力的依据，并明确了十一种导致合同被确认为无效的具体情形。

第二，不良资产转让合同被法院判决无效后，应遵循民商事合同无效的处理规则进行处理。

第三，在举证责任分配和相关证据的审查上，受让人对其享有权利的合法性和权利范围负有主要的举证责任，法院加强对不良债权转让合同、转让标的、转让程序以及相关证据的审查，尤其是对受让人权利范围、受让人身份合法性以及证据真实性进行审查。

（5）司法程序中的主体变更。会议纪要同样明确了第三方在受让金融资产管理公司的不良资产后，在诉讼或执行程序中主张权利的主体资格适格性。

虽然《海南会议纪要》并非法律规范，也非司法解释，不能作为案件裁判的法律依据，但是至今仍为地方各级人民法院在审理不良资产类案件的主要参考宝典。不少地区的法院根据《海南会议纪要》，否认了地方资产管理公司和市场中非持牌的投资者在受让不良资产后的继续计息权益，在进行不良资产收购尽职调查（简称"尽调"）时需予以关注。

二、不良资产管理中的监管规定

目前，市场中流转的不良资产的出让方以金融机构为主，金融不良资产的规模庞大、涉及范围广，处理不当将对社会经济秩序和金融安全产生巨大影响。因此，除了法律制度外，以银保监会、财政部为主的行政机关制定了一系列监管文件，对不良资产的实施主体、交易方案、交易程序等方面作出了更加具有针对性的规定。这些年，随着市场环境的变化，监管文件不断进行适时的调整、推陈出新，其监管的对象也从金融资产管理公司逐步扩大到地方资产管理公司。以下就截至2022年12月31日的行政法规、部门规章及监管政策等文件进行梳理并作简要论述。

（一）《金融资产管理公司条例》（国务院令第297号）

国务院于2000年11月1日发布的《金融资产管理公司条例》，标志着金融资产管理公司的法律制度正式开始形成。该条例明确金融资产管理公司是为了处置国有银行的不良资产而专门成立的企业，其设立标准和业务范围、收购资金来源、债权处置等方面具有明显的政策性保障，具有强烈的政策性。金融资产管理公司性质上为非银行金融机构，因而同时接受中国人民银行、财政部和原银监会的监督管理。

（二）《关于进一步规范金融资产管理公司不良债权转让有关问题的通知》（财金〔2005〕74号）

为防范不良资产处置过程中的国有资产流失，财政部于2005年7月4日发文对不良资产的转让类型、收购主体的限制性条件作出了明确规定，不符合文件要求的不良资产或收购对象的业务不得开展，且金融资产管理公司应当采取市场化的方式进行交易，以提高处置回收率。

（三）《金融资产管理公司资产处置管理办法（修订）》（财金〔2008〕85号）

财政部于2008年7月9日印发了《金融资产管理公司资产处置管理办法（修订）》，是对其发布的2004年的《资产处置管理办法》的修订。该办法确立了金融资产管理公司处置不良资产所应遵循的处置原则和处置方式，明确了处置审批和实施的各部门的权限、处置实施和管理的要求和程序，成为金融资产管理处置不良资产的指导性制度。

（四）《金融企业不良资产批量转让管理办法》（财金〔2012〕6号）

财政部、原银监会于2012年1月18日联合发布了《金融企业不良资产批量转让管理办法》，规定各省级人民政府根据需要并经原银监会批准后，可以在本省、自治区、直辖市范围内设立一家从事金融企业的不良资产收购和处置业务的地方资产管理公司，地方资产管理公司可以定向受让金融机构的10户/项以上的批量转让的不良资产，但处置方式只限于债务重组。同时，管理办法对转让范围、转让程序和转让管理作出了整体性规定。至此，地方资产管理公司开始成为不良资产行业中不可忽视的主力军。该管理办法实施后，全国第一批五家地方资产管理公司陆续成立。[①]

（五）《关于地方资产管理公司开展金融企业不良资产批量收购处置业务资质、认可条件等有关问题的通知》（银监发〔2013〕45号）

原银监会于2013年11月28日发布的这份通知再次明确了地方资产管理公司在开展金融企业的不良资产的批量收购、处置业务的资质认可条件等有关问题，其政策要求与财金〔2012〕6号文的内容基本一致，强调了地方资产管理公司处置不良资产的方式仍然只限于债务重组。

（六）《金融资产管理公司监管办法》（银监发〔2014〕41号）

原银监会、财政部、中国人民银行、证监会和原保监会五大部门于2014年8月14日联合发布了对金融资产管理公司的监管办法，从金融资产管理公司的治理、风险管控、内部交易管理、特殊目的实体管理、资本充足性管理、财务稳健性管理、信息资源管理、信息披露和监督管理等方面作了完整和翔实的规定。至此，金融资产管理公司在

---

① 分别为浙江省浙商资产管理有限公司、江苏资产管理有限公司、上海国有资产经营有限公司、安徽国厚金融资产管理有限公司、广东粤财资产管理有限公司。

企业法人治理、经营活动和外部监管等方面都将趋于更加成熟和规范。

（七）《关于规范金融资产管理公司不良资产收购业务的通知》（银监办发〔2016〕56号）

随着金融资产管理公司业务的逐步发展和扩大，不良资产收购业务中存在的不规范、不审慎、项目风险暴露等问题凸显。原银监会于2016年3月17日专门针对金融资产管理公司就不良资产的收购一事发文通知，再次强调收购不良资产中的风险防范和风险监管。收购金融机构不良资产，要严格遵守真实性、洁净性和整体性原则，实现资产和风险的真实、完全转移；收购的非金融机构不良资产，要符合存量、真实的要件，不得变相为企业提供融资。

（八）《关于适当调整地方资产管理公司有关政策的函》（银监办便函〔2016〕1738号）

由于不良资产的形势依然严峻、处置压力仍然较大，且第一批成立的地方资产管理公司在化解处置不良资产中发挥了积极作用。2016年10月14日，原银监会办公厅发函，放宽了地方资产管理公司的数量限制，允许省级人民政府增设一家地方资产管理公司，同时解除了地方资产管理公司只能以债务重组方式处置不良资产的限制，允许采取对外转让的处置方式，且受让主体不受区域限制。这一政策的出台，不但使地方资产管理公司的队伍继续增大，并且极大地促进了其经营业务的开展，活跃了不良资产的交易，有利于不良资产的化解处置。

（九）《关于公布云南省、海南省、湖北省、福建省、山东省、广西壮族自治区、天津市地方资产管理公司名单的通知》（银监办便函〔2017〕702号）

原银监会办公厅于2017年4月25日批复同意云南省、海南省、湖北省、福建省、山东省、广西壮族自治区、天津市七个地区申请的地方资产管理公司开展批量收购金融不良资产的同时,将《金融企业不良资产批量转让管理办法》(财金〔2012〕6号)中关于"批量"的数量界定范围从10户下降至3户,并明确金融企业不得向金融资产管理公司、地方资产管理公司以外的主体批量转让不良资产,再次确定了经批准设立的资产管理公司(包括金融资产管理公司和地方资产管理公司,下同)对于批量受让不良资产的特许资质。

(十)《关于加强地方资产管理公司监督管理工作的通知》(银保监办发〔2019〕153号)

随着政策的松绑,地方资产管理公司快速发展,在其对金融风险的化解和经济发展方面作出积极贡献的同时,也出现了一些高风险甚至违规经营行为。为此,原银保监会于2019年9月5日发文,针对地方资产管理公司提出了一系列监管要求。一方面,要求地方金融监管部门加强对地方资产管理公司的日常监管,防范风险,治理市场乱象;另一方面,强调地方资产管理公司在经营发展中,要回归本源,专注主业,以市场化方式、法治化原则、专业化手段开展不良资产收购处置业务。

(十一)《关于开展不良贷款转让试点工作的通知》(银保监办便函〔2021〕26号)

资产管理公司自成立以来,业务范围主要集中于批量转让的对公不良资产,个人不良资产的转让受到严格限制,监管文件中明确禁止个人不良贷款的批量转让,而对于对公贷款的单户转让未有提及。2021年1月7日,原银保监会打破了这两方面的监管限制和真空区域,对单户对公不良贷款转让和批量个人贷款转让开展了试点工作。文件中就参与试点的机构、不良资产类型、转让要求、处置措施和相关的配套措施诸如信息披露、征信记录衔接、自然人债务人的信息保护和平台使用等方面作了整体部署。虽然此次试点工作的实施期限至2022年12月31日为止，但这一政策的出台预示着不良资产行业将面临新的机遇和更广阔的空间。

（十二）《关于引导金融资产管理公司聚焦主业积极参与中小金融机构改革化险的指导意见》（银保监办发〔2022〕62号）

在疫情反复及经济下行的压力影响下，银行不良资产出现反弹势头，中小金融机构的风险频繁暴露。为促进资产管理公司对中小金融机构改革化险的作用，原银保监会下发文件，强调资产管理公司要坚持回归本源、聚焦主业的经营理念。文件积极支持资产管理公司加大对存量不良资产的处置盘活力度，拓宽了金融不良资产的收购范围，对交易规则如一级市场定价机制、反委托处置业务、分期付款处置方式等方面的问题进行了明确规定；鼓励资产管理公司优化资源配置，参与中小金融机构的改革重组。同时，原银保监会要求资产管理公司完善体制机制、加强行业自律和监管。该文件的出台，显现了监管层面对于资产管理公司在逆周期经济环境中的风险化解作用寄予厚望，也为资产管理公司带来了更多的业务机遇。

（十三）《关于开展第二批不良贷款转让试点工作的通知》（银保监办便函〔2022〕1191号）

2021年，银保监办便函〔2021〕26号发布后，市场反响热烈，试点工作平稳有序开展，取得了良好的示范效应。原银保监会顺应市场热潮，不但将试点工作的期限延展至2025年12月31日，更是扩大了试点机构的范围，在原十八家全国性股份制商业银行的基础上增加了三家政策性银行和11家省级区域内的城市商业银行和农村中小银行；试点金融机构的性质，从银行扩展至信托公司、消费金融公司、汽车金融公司、金融租赁公司。文件再次强调了对于个人不良贷款不得再次转让的处置方式和个人信息保护的要求,并重申金融机构对于不良贷款自形成到处置各个环节的合法合规性和风险监控等要求。

三、不良资产法律实务工作

结合资产管理公司业务开展情况,不良资产法律实务中涉及比较多的环节是尽职调查管理、合同管理、诉讼管理、律师管理、合规管理这几个方面。

(一)尽职调查管理

不良资产法律尽职调查,主要是指专业机构自身或委托律师事务所等中介机构,运用法律专业技能,通过原始材料阅档、现场查勘、相关部门查询、网络搜索、访谈等现场或非现场手段方法,对拟收购的不良资产法律相关事项进行调查及分析判断,最后形成书面法律尽职调查报告,以帮助公司了解不良资产法律状态、法律瑕疵和法律风险,帮助公司制定或调整不良资产项目方案、风险控制措施与合同条款,为顺利实施不良资产收购或处置项目提供决策参考和依据的过程。

尽职调查的需求首先来自各交易主体之间的信息不对称性,不良资产行业中很大一部分获利空间来源于此,在信息不对称关系当中,掌握了更多信息的人能够收获其他人无法获取的超额收益。开展不良资产法律尽职调查就是为了降低信息不对称程度,获取更多资产信息,规避自身风险,以便对资产现状及价值作出科学、客观的判断,进而获取额外收益。

法律尽职调查并不是对法律事实进行简单的罗列,而是需要对该等法律事实作出分析与判断。判断该等法律事实对于实现交易目的的利弊,如果该等法律事实存在风险,应进一步分析风险是否属实、是否可控或可接受，或是否存在降低或排除该等风险的解决方案等。法律尽职调查最终的成果体现在对法律事实的分析和判断上。①

不良资产法律尽职调查的实施通常分为阅档、工商登记不动产权属调查、查询相关网站公开披露的资料、现场调查、访谈、形成尽调报告等步骤，过程中需对业务合规性、债权资产真实性及有效性、债务人主体、债务人股权结构、还款来源、物权担保措施、保证担保、非金债权等要素进行调查。不良资产法律尽职调查应遵循客观性、保密性、审慎性原则，不良资产法律尽职调查是收购方决策的前提、估值定价的依据、制定处置预案的基础。

（二）合同管理

合同管理是资产管理公司业务部门和财务、法律、风险管理相关职能部门相互配合、共同把商业实质转化为合同，并全面履行的经营管理过程。作为贯通商业、业务管理、风控的载体，合同管理的主要内容包括交易对手管理、合同文本管理、合同评审管理、合同签约管理、合同全面履行管理、合同结项等合同全生命周期事项。

企业经营管理的目标会因企业的性质和类型而有所差异，但是在市场经济下，经营主体的发展目标无外乎对外追求经济和社会价值的增长，对内追求运营效率的提升。合同管理是资产管理公司后台的重要管理职能之一，其服务于企业价值的增长和效率的提升。它一方面要实现业务交易风险控制，另一方面要追求交易处置效率的提升。通过科学有效的合同管理手段不断追求两者的平衡，从合同入口、签订到履行的全过程防范风险，实现有限管理资源的效益最大化。

---

① 参见康言、谢菁菁：《法律尽职调查指要》（修订版），中国检察出版社，2017年。

（三）诉讼管理

诉讼管理是指资产管理公司在经营管理过程中，对公司的法律纠纷处理流程予以规范，包括但不限于登记诉讼台账、诉讼人员管理，以及对公司诉讼案件成因、法治管理的漏洞进行归纳总结并加强规范企业管理，从而预防纠纷。资产管理公司主营业务为收购与处置金融不良资产，其中诉讼就是处置金融不良资产的重要手段之一。因此，资产管理公司在诉讼管理中有一定特殊性，例如诉讼管理规模会更大，且更倾向于管理诉讼过程的合法合规性、及时性等。

加强资产管理公司诉讼管理工作，可以依法维护公司权益和声誉。首先，资产管理公司通过对案件诉讼/执行时效的维护、对不利判决或者裁定结果及时提起异议或者上诉，以维护公司资产安全。其次，积极维护与政府、法院等政企关系，对于提起信访、上访、抗诉、执行监督等进行实质审查，在非必要情形下，尽量不采取上述措施，以维护公司声誉。此外，资产管理公司法律部门通过开展诉讼指导工作，以提高诉讼收益、增加诉讼回收效率、提高案件处理质量。

资产管理公司诉讼管理主要包括以下4个主要方面。

（1）诉讼台账数字化，主要通过数字化方式管理诉讼信息，实现全流程诉讼管理信息化。

（2）诉讼过程分层次审批，通过对诉讼过程中不同事项，进行公司内部不同层级审批，例如区分程序性事项和实体权利事项。

（3）诉讼人员管理，诉讼在不良资产清收处置过程中发挥作用大小主要取决于参与人员的主观能动性和专业性，参与人员可能包括法务人员、具体业务经办人员以及律师等，资产管理公司在人员管理过程中要重视上述人员的专业培训以及加强培养责任、风险意识。此外，对于外聘律师加强管理，包括但不限于进行律师画像、律师库动态管理等。

（4）建立优秀案例库等。资产管理可以通过建立案例库、经典案件经验分享等，加强公司内部的诉讼经验总结、交流、共享，以更好地为公司服务。

（四）律师管理

律师管理是指在资产管理公司的经营管理过程中，因业务开展需要，针对外部聘请的律师进行全方位、全流程的管理工作，以更好地监督并激励外部律师团队为公司提供优质法律服务。资产管理公司经营的主业系不良资产的收购与处置，故在不良资产的收购尽调、司法处置过程中通过聘请外部律师介入，可以充分发挥律师团队的力量，弥补资产管理公司在人员、信息、资源方面的不足，全面揭示拟收购不良资产的风险点，并在司法清收过程中发挥正向效能。

资产管理公司加强律师管理工作，常用的手段包括以下6个主要方面。

（1）建立健全公司律师备选库，逐步形成诉讼类、非诉类、尽调类等细分律师画像类别，以满足服务需求部门日益丰富的法律需求，供其按需遴选；

（2）采用邀请询价、定向聘用相结合的选聘原则，严格限定定向聘用的适用条件，防范聘用过程中的道德风险；

（3）设计多层次的律师聘用审批方式，参考项目难度、律师费用的差异，进行不同层级的聘用审批；

（4）推进代理合同文本的标准化，并落实金融资产管理公司作为委托人对于合同文本的先行用印，防范操作风险；

（5）谨慎对律师给予特别授权，强化对代理行为的过程管控；

（6）定期开展代理效果评价工作，广泛收集法律服务需求部门关于律师律所的意见，对于代理行为违反公司制度或损害公司利益的，主动将其从公司律师备选库中清退。

律师管理工作的好与坏，对于以不良资产经营管理为主业的资产管理公司而言，意义重大。首先，聘请律师参与不良资产的尽调与处置，不仅能为公司科学经营决策提供智力支持，还可以整合外部优势资源，加强尽职调查的全面性和深入度，并优化司法清收和债权转让的效果；其次，优秀的外聘律师，也是帮助资产管理公司更好实现与投资人、债务人，甚至法院、政府机关良性沟通的桥梁，公司通过科学的律师管理，可以促使法律服务需求部门精准聘用符合其需求的律师，进而提升不良资产收购处置质效；最后，通过在聘用过程中与律师的全程接洽，也将助力资产管理公司业务人员、法律部门人员全面夯实自身的法律知识素养。

（五）合规管理

随着资产管理公司20多年来的发展以及专项监管体系的日益完善，合规管理已经成为资产管理公司法治工作的重要内容。强化合规管理水平、建立健全合规管理体系是资产管理公司稳健经营的内在要求，也是防范违规风险的基本前提。

资产管理公司的合规管理应当以有效防控合规风险、保障公司可持续发展为目标，坚持市场化方式、法治化原则、专业化手段，始终将完善金融服务、防范和化解金融风险、支持实体经济发展作为根本使命。开展合规管理要以公司和公司员工经营管理行为为对象，有组织、有计划地开展制度制定、风险识别、合规审查、责任追究、考核评价等管理活动，逐步建立起全面覆盖、主动识别、协同联动、客观独立的合规管理体系。资产管理公司合规管理的主要方面包括以下7项。

（1）合规文化建设。积极培育合规文化，倡导、培育和贯彻"主动合规、全面合规、合规创造价值"的合规文化理念，提高全体员工的合规意识，在经营管理和业务开展过程中确保合规先行，树立依法合规、守法诚信的价值观，牢筑合规经营的思想基础。

（2）合规组织架构。搭建起完善的合规管理组织架构有利于协调管理职能、优化资源配置，强化合规职责和组织领导，在搭建合规组织架构时，重在压实资产管理公司董监高（董事、监事和高级管理人员的简称）的合规管理领导责任、明确不良资产业务合规的第一责任，并着力夯实合规风险三道防线。

（3）合规制度体系。建立健全合规制度体系是合规管理工作的重中之重。一要建立合规管理基本规范，发挥三道防线的实际作用，利用好每一道防线的防御功能；二要形成合规管理准则和手册，明确告知员工什么"可为"，什么"不可为"，明确合规边界；三要做好制度体系的管理和维护，及时关注新法新规，与时俱进，业法融合。

（4）合规审查机制。将合规审查作为规章制度制定、重大事项决策、重要合同签订、重大项目运营等经营管理行为的必经程序。资产管理公司推出新产品、新业务应当经合规审查后方可实施，通过有效的流程管控和内控手段，确保合规审查的覆盖率和落地率。

（5）合规风险识别和预警。通过建立合规文库、加强合规解读、制作负面清单等方式，让合规管理有章可循、有法可依；组织开展合规风险识别，形成合规风险识别清单并提出应对建议；梳理典型性、普遍性和可能产生较严重后果的合规风险进行公示预警，多角度开展合规风险识别预警工作。

（6）合规管理评价。开展合规管理有效性评估，应当以合规风险为导向，覆盖合规管理各环节，重点关注可能影响合规目标实现的关键业务及管理活动,客观揭示合规管理状况。资产管理公司应当自行组建独立的评估小组或聘请外部专业机构出具评估报告,形成独立、有效、具有针对性的合规管理评价结果。

(7) 违规问责机制。资产管理公司要强化违规问责机制,将合规管理、违规问责与审计、纪检工作相结合,完善违规行为处罚机制,明晰违规责任范围,细化惩处标准。在日常管理中畅通举报渠道,针对反映的问题和线索,及时开展调查,严肃追究违规人员责任。

本 章 小 结

不良资产指的是企业于日常生产经营中形成的不能为其带来经济利益,或者经济利益已经低于账面价值,或已经发生价值贬损的资产,包括实物类、股权类和债权类资产。目前,市场中已形成行业交易的为债权类不良资产,并以银行金融机构为主要出让方。不良债权资产由民商事交易中的金钱给付债权请求权衍生而来,债权请求权作为一种基本的民事权利,其形成、转让、确认、实现的全过程离不开法律规范的约束。因而,法律规范贯穿不良债权资产管理的全过程。

不良债权资产的交易将对金融安全、民生安定等社会经济秩序产生重要影响,除了国家法律的宏观调整规范之外,金融监管部门根据实际情况陆续出台并随形势发展调整了一系列监管政策和规定。监管内容囊括了金融资产管理公司和地方资产管理公司开展不良资产业务的主体资质、业务范围、业务原则和规则、风控要求等,着力于不良债权资产行业的有序、规范发展,切实要求金融资产管理公司和地方资产管理公司充分发挥在逆周期经济形势中化解金融风险、维护经济安全的作用。

结合资产管理公司业务开展情况，不良资产法律实务涉及比较多的环节是尽职调查管理、合同管理、诉讼管理、律师管理、合规管理这几个方面。

本章重要术语

法律　金融监管　债权请求权

复习思考题

请谈谈法律在不良资产行业中的重要性。

第二章

不良资产法律尽职调查

不同的资产情况对应制定不同的处置预案：对价值合理、易处置的资产，可以尽快推动处置收回成本；对受周期性波动影响较大、价值低估类资产可等待适当时机以谋求其资产价值的更大化；对有经营价值的资产可通过对资产实现改造升级以获取超额收益。

不良资产尽职调查通常指的是不良资产收购方利用单一或多种类工具与手段对不良资产项目所涉及的相关方及相应资产情况的调查，包括土地、房产、车辆、设备、存货、知识产权、应收账款、对外投资股权、特殊资质等方面的调查分析工作。不良资产法律尽职调查是尽职调查环节的核心，对于不良资产的投资与估值具有重要作用。

第一节 不良资产法律尽职调查概述

一、不良资产法律尽职调查的重要性

（一）收购方决策的前提

法律尽职调查是不良资产收购方风险控制的主要手段之一，是收购方决策的前提条件。收购方在获悉资产拟对外转让消息，到最后决策是否参与资产标的的竞争，确定以何种策略参与，中间需要经历对资产专业的法律尽职调查等系列流程作为最终决策的依据。以银行贷款为例，按原银保监会、中国人民银行制定的《商业银行金融资产风险分类办法》，银行贷款分为正常、关注、次级、可疑、损失五级分类，其中后三类为不良贷款。对于被列为不良的贷款，银行通常会尝试自行清收，而对被推入资产交易市场的不良类贷款，或多或少存在

一些瑕疵导致银行未能实现自行清收，在出让方提供文件材料与尽调期限均有限制的情况下，要求收购方通过法律尽职调查去伪存真、去粗取精、由此及彼、由表及里地探索标的资产的真实价值与当中的价值陷阱，弱化信息不对称所产生的风险，对标的资产的购买价值做出合理判断。

（二）估值定价的依据

法律尽职调查结果是资产估值定价的重要依据。不同于股权投资、金融产品投资、房地产投资看重被投资标的的后期增值，不良资产项目的收益与收购时资产包的打折幅度呈高度正向相关，收购定价是不良资产投资链条中最重要的环节之一。依托于法律尽职调查得到的权利有效性、资产抵质押率、风险瑕疵等信息均是收购方估值定价模型中的重要变量，收购方综合专业评估、法律尽职调查以及自身风险偏好等因素，最终完成符合自身情况的资产估值定价。

（三）制定处置预案的基础

法律尽职调查是资产持有方制定处置预案的基础。资产处置指的是资产持有方按照有关法律、法规，综合运用经营范围内的手段和方法，以所收购的不良资产价值变现为目的的经营活动。[①]在与转让方完成资产交割后，资产持有方业务人员为进一步了解标的资产实际情况，通常需在一定时限内以收包尽职调查结果为基础进行二次尽调，然后再以综合效益与风险为原则，结合经济周期、收购成本、融资成本、其他成本及各项税费等因素制定后续的处置预案，综合考虑常规清收（含诉讼、催收等）、和解调解、债权/收益权转让、以物抵债等之间的利益均衡。不同的资产情况对应制定不同的处置预案：对价值合理、

[①] 财政部：《金融资产管理公司资产处置管理办法（修订）》（财金〔2008〕85号）第三条。

易处置的资产，可以尽快推动处置收回成本；对受周期性波动影响较大、价值低估类资产可等待适当时机以谋求其资产价值的更大化；对有经营价值的资产可通过对资产实现改造升级以获取超额收益。

二、不良资产法律尽职调查的原则

（一）客观性原则

法律尽调人员在开展法律尽职调查过程中，对所审核的材料、内容及发现的风险或问题，应坚持客观性原则，做到客观、真实、独立。法律尽调机构作为独立的第三方，应坚持自身工作不受任何相关方的干扰干涉，尽调实施机构仅就自身发觉的、分析总结的内容负责，本着实事求是的原则披露，提出专业整改意见，客观真实地反映受调查对象的实际情况，不得依附于、听命于、受制于委托方或其他第三方的立场和要求作出不符合事实的结论，不得在依据不充分的情况下进行主观猜测或臆断。

（二）保密性原则

法律尽调人员对在开展尽调工作中获悉的委托方、尽调对象等相关主体的资料、文件等信息应严格遵守保密性原则，不得将上述信息泄露给非关联方。保密范围、保密内容、保密期限等要素根据项目具体情况而定，已经为公众知晓的信息及尽调机构在开展尽调前已知晓的信息不在保密义务范围内。

（三）审慎性原则

法律尽调人员在开展尽调工作中应坚持审慎性原则，对任何资料、文件以及相关人员访谈过程中所发现的问题，应带着审慎的态度和必要的合理怀疑，进行更深层次的分析。另外，从风险控制角度，尽调方应至少满足"双人调查"的要求，还应安排专人对尽调工作底稿及尽调报告予以复核，在各方面资料齐备且无矛盾时方可确认结论。

第二节　不良资产法律尽职调查的流程

一、不良资产法律尽职调查的前期准备工作

（一）初步评估

初步评估是指在获取出让方拟转让资产清单后，对资产包规模、债权发生时间、债权性质、债务企业经营情况、债务企业行业景气度、抵质押物种类及抵押率、保证人偿付能力、司法确权情况、执行情况等关键要素汇总后进行初步的评估，对下一步开展法律尽职调查需要的时间、人员、范围作出大致的判断。

（二）制定尽职调查方案

实施正式尽职调查前应事先制定可行、详备、针对性强的工作方案，调查方案至少应包括以下内容。

（1）对拟调查资产的初步评估情况；

（2）调查材料的初步范围及来源；

（3）项目时间进度安排；

（4）调查项目的人员安排；

（5）文书准备，包括法律意见书模板、尽调资产清单、工作底稿、台账表格，明确尽调材料的整理归档要求等；

（6）后勤保障计划；

（7）资料手续，如可能需携带介绍信、授权委托书、律师证等材料。

（三）组织调查工作项目组

项目立项完毕后应尽快成立尽调项目小组，确定组织成员，明确权责分工，并决定是否聘请律师事务所、评估事务所等中介机构参与尽调工作。尽职调查小组成员通常由业务团队人员、律师等中介机构人员、公司法务人员等组成，由业务团队人员提出法律尽职调查事项

的申请，与转让方对接获取尽调所需的纸质或电子形式的资料，进行现场或非现场尽职调查工作。根据尽职调查结果，将所发现的法律风险及瑕疵纳入资产评估价值的参考因素，业务团队人员需对所提供资料的真实性、准确性、客观性、完整性负责；尽调律师在接受委托后须尽快制定完备可行的尽职调查方案，结合现场调查、案头审阅等方式方法全面、尽责、客观地开展尽职调查工作，最终形成尽调报告提交至委托方；公司法务人员主要负责协调尽调律师、业务部门在法律尽职调查事项工作中的衔接；进行法律尽职调查机构的选聘，主要有从公司尽职调查律师事务所备选库内选用、尽职调查驻场律师、单项聘请律师等方式。其中法律尽职调查专项驻场律师是由资产管理公司为不良资产收购业务项下的法律尽职调查专项聘请并在公司现场办公的律师，律师驻场后有利于熟悉资产管理公司收包流程及风险偏好，保证时效性，进而提高整个尽调工作的质量与效率。尽职调查律师事务所备选库指的是公司为保障不良资产法律尽职调查工作的顺利开展建立的具备相关资质、行业经验，与公司签署了年度尽职调查合作协议的律师事务所的集合，通常按地域进行总量控制。法务人员负责对备选律师事务所的调整、年度更新、业绩评价、年度考核等的动态管理；法务人员在尽调报告中业务团队人员完成预审核的基础上进行二次审核，为公司决策提供内部法律意见支持。

二、不良资产法律尽职调查的实施

（一）阅档

阅档是不良资产法律尽职调查的第一步，是对资产初步了解的过程。尽调方根据尽职调查方案中的调查清单，与资产出让方或尽调对象相关负责人员进行沟通接洽，尽可能完整地收集所需要的基础资料；完成整理编排后开始对基础档案进行阅档，阅档过程中需关注的要点包括资料的来源、发生的时间、内容与形式、各份资料之间的内在联系、资料拟证明的事实等；完成后进行相关法律事实认定。

以银行不良贷款法律尽调为例，阅档基础材料主要为借款/授信协议、担保协议、抵质押权证、判决书、裁定书、仲裁裁决书等法律文书、股东会决议、催收记录、执行情况等。阅档的目的是了解债务人的基本情况、财务状况，债权的法律状态，抵押物情况及法律状态，以及担保人的基本情况、财务状况等，进而初步判断各类权属的有效性及瑕疵、时效问题等。

（二）工商登记、不动产权属调查

除资产出让方及尽调对象提供的权属资料外，还可赴相应机构查询权属信息，如到工商行政管理部门调取委托项目所涉企业的工商档案；到房产管理部门查询委托项目所涉企业、自然人的土地使用权权属以及权利负担、有无被采取强制措施等情况；到其他抵质押物的抵质押登记机关或抵质押物所在地查询委托项目所涉其他抵质押物的权属、现状以及权利负担、有无被采取强制措施等情况。根据审慎性原则，对资产出让方提供的调查资料的真实性应保持合理怀疑，工商登记、不动产权属调查所获取的信息能够帮助进行最终的权属关系确认。

（三）查询相关网站公开披露的资料

相关网站公开披露的信息亦是法律尽职调查信息的重要辅助来源，常用的信息公开网站如下。

1. 查询工商信息

国家企业信用信息公示系统：https://www.gsxt.gov.cn/index.html

天眼查：https://www.tianyancha.com/

企查查：https://www.qcc.com/

2. 查询涉诉信息

中国裁判文书网：https://wenshu.court.gov.cn/

无讼：https://www.itslaw.com/home

北大法宝：https://www.pkulaw.com/

3. 查询执行信息

中国执行信息公开网：http://zxgk.court.gov.cn/

4. 查询知识产权信息

国家知识产权局商标局 中国商标网：http://sbj.cnipa.gov.cn/

中国专利信息网：http://www.patent.com.cn/

中国版权保护中心国家版权登记门户：https://www.ccopyright.com.cn/

5. 查询其他信息

中国人民银行征信中心：http://www.pbccrc.org.cn/

巨潮资讯：http://www.cninfo.com.cn/new/index

中国土地市场网：https://www.landchina.com/

全国公共资源交易平台：http://www.ggzy.gov.cn/

（四）现场调查

现场调查分为对债务人、担保人的现场调查以及对抵押物、抵债物的现场调查。债务人、担保人的现场调查是指对债务人、保证人所处地点进行现场走访，观察企业的办公场所及实际经营情况等。抵押物、抵债物的现场调查，是指对抵押物、抵债物进行实地勘察，落实抵押物、抵债物的位置、面积、使用现状等情况。抵押物、抵债物的价值与资产价值高度相关，故对该调查标的应做详备具体的描述。调查时须拍摄照片，照片归入尽调档案留存，同时，应前往当地不动产登记中心/国土局查询抵押物登记信息等可能影响抵押价值或价值实现的因素，取得查询结果文件。

（五）访谈

对尽调资产有了初步了解后，尽调方可视情况邀请各方面人员进行访谈。访谈名单通常包含资产出让方的项目经理、贷款银行的客户经理或资产保全人员、债务人、抵押人、保证人等。资产出让方项目经理、资产保全人员作为尽调资产的直接管户人，对尽调资产的实际情况最为了解，和他们访谈可能获得很多文字材料外的有价值的信息。开展出让方项目经理访谈，首先，通常由项目经理对资产情况进行推荐，项目经理很可能有意识、有重点地介绍抵质押物质量较好、清收推进较为顺利、财产线索较多的"亮点"资产信息，其中会有一部分信息是没有证明材料的，因此，应特别关注访谈结束后对上述信息的核实；其次，尽调人员可就前期阅档过程中发现的问题与项目经理进行核实，充分发挥阅档与访谈相互印证的作用；最后，可咨询资产的处置现状、价值线索等，尝试获取债务人或其实际控制人的电话、地址等联系方式。对债务人访谈的难度相对较大，债务人通常并不愿意配合访谈，即使愿意访谈，也有可能提供虚假信息故意误导。因此，要求尽调人员不能以访谈中获取的口头信息为依据作价值判断，务必落实事后核实工作。

（六）形成尽调报告

前期准备工作、尽调实施工作最终都是为了服务于法律尽职调查报告的出具，尽调报告是尽调机构接受委托所产生的工作成果，应当做到段落清晰、行文简洁，层层递进、重点突出。

尽调报告通常分为序言、正文、附件三大部分，一份完整的不良资产律所法律尽调报告的正文部分示例如下。

正 文

第一部分 借款人基本情况

1.1 借款人基本信息

表2-1 借款人基本信息

项　目	内　容
企业名称	
统一社会信用代码（营业执照号）	
公司类型	
登记机关	
住所	
法定代表人	
成立日期	
注册资本	

1.2 经营状态

最后一次年检/核准时间【　　】年【　　】月【　　】日，目前该企业合法存续。

1.3 执行信息公开网查询状况

在中国执行信息公开网上未查询到该企业被列入失信被执行人名单。

1.4 是否列入经营异常名单或其他异常

该企业目前无列入经营异常名单或其他异常。

1.5 股权被查封、质押情况

无显示该企业股权被查封、质押情况。

1.6 借款人的财产情况如下表:

表2-2 借款人财产情况

序号	财产名称及描述	财产类型（土地、房产、有价证券、其他）	保证人名称	财产抵押情况	财产查封情况	备注

借款人的对外投资情况如下表:

表2-3 借款人对外投资情况

序 号	投资标的	名 称	存续情况	备 注

第二部分 债权基本情况

2.1 借贷合同基本情况

截至【　】年【　】月【　】日,【　　】有限公司在【　】银行【　】分行(支行)贷款本金余额人民币【　】万元,利息余额【　】万元,债权本息总额为【　】万元,【　】银行垫付诉讼费、保全费等相关费用为【　　】元。债权资产明细情况见下表:

表2-4 债权资产明细表

序号	业务种类	主合同编号	贷款本金余额	贷款利息余额	贷款本息合计	主合同期限	担保概述	诉讼状态
	流动贷款							
	银行承兑汇票							
合计								

2.2 主债权的法律分析

（1）关于主债权合同的效力

委托项目涉及的《流动资金借款合同》等主债权合同合法、有效，对债权人、债务人均具有法律约束力。

（2）关于主债权的催收、诉讼时效

【 】公司提供的债权档案资料显示：

☐【 】银行已对前述借款进行催收，具体情况为【   】。

☐【 】银行未对前述借款进行催收。

☐【 】银行【 】分行（支行）已在诉讼时效期间内对债务人、担保人提起诉讼，其债权主张未超过请求人民法院保护民事权利的诉讼时效期间。

☐【 】银行【 】分行（支行）暂未对委托项目涉及各主体提起诉讼或申请仲裁，贵司受让债权后，至迟应于【   】年【   】月【   】日前对相关主体提起诉讼或申请仲裁。

（3）关于主债权的可转让性

1. 经本所律师核查，主合同项下的债权，并非基于特定当事人的身份关系、信任关系设立，不属于法律规定的合同性质不可转让债权的情形；债权人、债务人未在主合同中对债权转让作出限制性约定，不存在当事人约定不得转让债权的情形；主合同项下的债权，不存在依照法律规定不得转让的情形。

2. 经本所律师核查，主合同项下的债权不存在《财政部、银监会关于印发〈金融企业不良资产批量转让管理办法〉的通知》第八条规定不得批量转让的情形。本所律师认为，主合同项下债权随同债权人其他债权定向批量转让给贵司，不存在法律障碍。

第三部分　担保基本情况

3.1　抵质押担保的基本情况

3.1.1　抵押物：

表2-5　抵押物基本情况表

抵押合同情况	抵押人	
	抵押合同名称	
	抵押合同编号	
	担保债权金额	
	抵押担保范围	
	抵押担保的主债权期间	
房产登记情况	抵押物类型	
	房屋所有权证号	
	房屋坐落	
	面积（m^2）	
土地登记情况	土地使用权证号	
	使用面积（m^2）	
	土地权属性质	
	土地使用期限	【　】年【　】月【　】日至【　】年【　】月【　】日

续　表

房产抵押登记情况	他项权证号	
	抵押权人	
	抵押担保金额	
	抵押登记日期	
	抵押顺位	
土地抵押登记情况	他项权证号	
	抵押权人	
	抵押担保金额	
	抵押登记日期	
	抵押顺位	
查封情况（含查封顺位）		
其他瑕疵及影响处置的其他障碍、风险等情况		

如有多处抵押物，复制上述表格依次填写。

3.1.2　质押物（股权）

表2-6　质押物（股权）基本情况表

质押合同情况	质押人	
	质押合同名称	
	质押合同编号	
	担保债权金额	
	担保范围	
	担保的主债权期间	
股权情况	出质股权所在公司名称	
	出质股权所在公司性质	

续　表

质押登记情况	质押登记编号	
	质权人	
	出质股权数额	
	质押担保金额	
	质押登记日期	
	质押登记期限	【　】年【　】月【　】日至【　】年【　】月【　】日
	质押顺位	
查封情况（含查封顺位）		
其他瑕疵及影响处置的其他障碍、风险等情况		

3.1.3　质押物（应收账款）

表2-7　质押物（应收账款）基本情况表

质押合同情况	质押人	
	质押合同名称	
	质押合同编号	
	担保债权金额	
	担保范围	
	担保的主债权期间	
应收账款情况	应收账款债务人名称	
	应收账款数额	
	债务履行期限	【　】年【　】月【　】日至【　】年【　】月【　】日

续 表

质押登记情况	质押登记编号	
	质权人	
	质押担保金额	
	质押登记日期	
	质押登记期限	【　】年【　】月【　】日至【　】年【　】月【　】日
	质押顺位	
查封情况（含查封顺位）		
其他瑕疵及影响处置的其他障碍、风险等情况		

如有多处质押物，复制上述表格依次填写。

3.1.4　抵质押部分担保的法律分析

（1）关于抵质押合同的效力与登记情况

【　】银行【　】分行（支行）与【　　　】签订的《【　】抵押合同》/《【　】质押合同》合法、有效，对债权人、抵质押人均具有法律约束力。【　】公司提供的国有土地使用权他项权证【　　　号】复印件及前往不动产登记中心/国土局/市场监督管理局查询抵质押物抵押登记情况显示，该抵质押权已依法登记，抵质押权有效设立，【　】银行对抵质押物享有优先受偿权，优先受偿顺位为第【　】顺位。

（2）关于抵质押担保债务的诉讼时效

□【　】银行【　】分行（支行）已在诉讼时效期间内对债务人、抵质押人提起诉讼，其权利主张未超过请求人民法院保护民事权利的诉讼时效期间。

□【 】银行【 】分行（支行）暂未对委托项目涉及各主体提起诉讼或申请仲裁，贵司受让债权后，至迟应于【 】年【 】月【 】日前对相关主体提起诉讼或申请仲裁。

（3）查封情况

根据【 】年【 】月【 】日的《不动产登记资料查询结果证明》，未见本户债权查封。

根据【 】号《民事裁定书》显示，人民法院于【 】年【 】月【 】日裁定：对权属人为担保人的位于【 】在【 】万元范围内予以查封。

（4）关于主债权转让后抵质押担保责任的承担

□经本所律师核查，抵质押权不存在《中华人民共和国民法典》规定及其他法律法规规定的不得转让的情形。本所律师认为，抵质押权利随债权一并转让给贵司，不存在法律障碍。

□经本所律师核查，编号为【 】的《最高额抵押合同》的债权确定期间为【 】年【 】月【 】日至【 】年【 】月【 】日，截至【 】年【 】月【 】日，债权确定期限尚未届满，且不存在《民法典》第四百二十三条规定的债权确定的情形，故抵质押权利能否随债权一并转让存在法律障碍。

3.2 保证担保基本情况

3.2.1 保证合同的基本情况

表2-8　保证合同基本情况表

保证人姓名/名称	
保证合同名称	
保证合同编号	
保证类型	一般保证/连带责任保证

续　表

担保债权金额	
保证期间	
其他瑕疵及影响处置的其他障碍、风险等情况	

如有多个保证人，请复制上述表格依次填写。

3.2.2　保证人主体资格情况

（1）自然人保证人

1）基本信息

姓名：【　】，【　】族，【　】出生，身份证号码：【　】，住址：【　】，□配偶为保证人。

2）主体适格性

保证人具备相关法律法规规定的保证人主体资格。

3）对保证人最后一次催收的日期、催收方式及催收是否有效、诉讼时效届满日

【　】银行已于【　】年【　】月【　】日向【　】人民法院提起诉讼。

4）执行信息公开网查询状况

在中国执行信息公开网上未查到该保证人有失信记录。

（2）机构法人保证人情况

1）基本信息

表2-9　机构法人保证人情况表

项　目	内　容
企业名称	
统一社会信用代码（营业执照号）	

续　表

项　　目	内　　容
公司类型	
登记机关	
住所	
法定代表人	
成立日期	
注册资本	

2）经营状态

最后一次年检/核准时间【　】年【　】月【　】日，目前该企业合法存续。

3）执行信息公开网查询状况

在中国执行信息公开网上未查询到该企业被列入失信被执行人名单。

4）是否列入经营异常名单或其他异常

该企业目前无列入经营异常名单或其他异常。

5）股权被查封、质押情况

无显示该企业股权被查封、质押情况。

（3）保证人名下财产情况

保证人的财产情况如下表：

表2-10　保证人财产情况表

序号	财产名称及描述	财产类型	保证人名称	财产抵押情况	财产查封情况	备注

保证人对外投资情况如下表：

表2-11 保证人对外投资情况表

序 号	投资标的	名 称	存续情况	备 注

3.2.3 保证的法律分析

（1）关于保证合同的效力

根据《最高额保证合同》约定及相关法律规定，上述保证人具有提供保证担保的主体资格，【　】银行【　】分行（支行）与【　】、【　】签订的《【　】保证合同》内容不违反法律、行政法规的强制性规定，保证人保证担保方式均为连带责任保证担保，根据有关法律法规规定，保证合法、有效，对债权人、保证人均具有法律约束力。

（2）关于保证担保债务的保证期间和诉讼时效

☐【　】银行【　】分行（支行）已在保证期间内对债务人、保证人提起诉讼，其权利主张未超过请求人民法院保护民事权利的保证期间和诉讼时效期间。

☐【　】银行【　】分行（支行）暂未对委托项目涉及各主体提起诉讼或申请仲裁，贵司受让债权后，至迟应于【　】年【　】月【　】日前对保证人提起诉讼或申请仲裁。

（3）关于主债权转让后保证担保责任的承担

经本所律师核查，保证担保权利不存在《民法典》及其他法律法规规定的不得转让的情形。本所律师认为，保证担保权利随债权一并转让给贵司，不存在法律障碍。

第四部分　债权追偿情况

4.1　诉讼情况

表2-12　诉讼情况表

受理案号		受理日期	
受理法院		承办法官	
被告			
涉案合同编号			
涉案金额（截止时间）			
审理结果或诉讼进展			
判决生效日期			
其他信息			

□经本所律师核查，【　】银行【　】分行（支行）暂未对委托项目涉及各主体提起诉讼或申请仲裁。

4.2　保全情况

表2-13　保全情况表

序号	被保全人	查封法院	保全财产	查封期限	查封顺位	备注

□经本所律师核查，【　】银行【　】分行（支行）暂未对委托项目涉及各主体申请财产保全。

4.3 执行情况

表2-14 执行情况表

受理案号		受理日期	
受理法院		承办法官	
被执行人			
执行情况			
其他信息			

□经本所律师核查,【 】银行【 】分行(支行)暂未对委托项目涉及各主体申请强制执行。

第五部分 综合法律意见

本户债权合法有效,根据《【　　　】借款合同》、《最高额抵押合同》、《最高额保证合同》约定、财政部和银保监会关于印发《金融企业不良资产批量转让管理办法》的规定,本户债权及其担保权利、附属权益可依法转让。

5.1 交易各方主体资格的分析结论或完善建议

贷款人【 】银行、借款人【 】公司、保证人的法律主体均适格。

5.2 标的资产的分析结论

本户债权已设定抵押担保,【 】银行对抵押物享有第【 】顺位的优先受偿权,人民法院已裁定查封。

□【 】公司提供的查册材料中未显示抵押物的查封情况。

5.3 借款人资产负债情况分析结论

□因【 】公司提供的债权档案资料中暂未见借款人的资产负债资料,未能核实其资产负债状况。

□【　】公司提供的债权档案资料中显示的借款人的资产负债状况为:【　　　】。

5.4 应重点关注的法律风险提示

□本所律师认为：委托项目存在如下重大瑕疵情况和法律风险：

1. 注意本户债权项下抵押物的查封期限，及时办理续封；

2. 本户债权金额尚未有司法部门生效裁决文书认定，司法部门生效裁决文书认定的债权金额可能与《【　】银行【　】逐户担保信息表》(电子文档)的债权金额不一致；

3. 抵质押权利能否随债权一并转让存在法律障碍；

4. 主债权诉讼时效届满；

5. 保证期间届满；

6. 抵押物非第一顺位抵押；

7. 抵押物被其他债权人查封；

8. 抵押物上存在建设工程优先受偿权，未付工程款【　】元；

9. 抵押物上存在长期租赁，租赁于抵押物登记之前(或之后)；

10. 最高额抵押债权存在尚未确定的风险；

11. 抵押物上存在购房户，可能影响抵押权的实现，或影响抵押物的处置进度。

□本所律师认为：委托项目无重大瑕疵情况。

5.5 结论性意见或建议

本所律师认为：主合同合法、有效，主合同项下债权可随同债权人其他债权依法批量转让给贵司。担保合同合法、有效，担保权利亦可随主债权一并转让。【　】银行对【　】公司的主债权、担保债权合法有效，不存在诉讼时效的法律风险及障碍，借款人应承担还款责任，抵押人、保证人在最高额范围内承担连带清偿责任，本户债权可以合法转让。

□若【　】公司成功收购本户的，建议进一步核查本户的债权情况及主从债务人（借款人、保证人）身份、出资情况、债权情况、主从债务人（借款人、抵押人、保证人）财产状况及偿债能力，因本户仍处于审理阶段，注意查封物的查封期限，尽快核查加快敦促法院案件审理进度，并可考虑通过案件生效后执行、债权转让等方式实现债权回收。

本法律意见书正本壹份，无副本。

本法律意见书的出具日为【　　】年【　】月【　】日

另外，应关注尽调报告的保密性，除非经委托人允许，否则严禁将报告内容泄露给包括尽调对象在内的任意第三方。

第三节　不良资产法律尽职调查要点及常见风险瑕疵

一、不良资产法律尽职调查要点

（一）业务合规性调查

监管部门对不良资产收购及处置业务的规范开展颁布了若干监管规章制度和监管政策，上述业务的开展应符合上述要求，在法律尽职调查时予以充分关注。如财政部《金融资产管理公司商业化收购业务风险管理办法》规定，金融资产管理公司商业化收购的范围限制在境内金融机构的资产，同时，金融机构须已将资产认定为不良资产。[①]资

---

① 财政部：《金融资产管理公司商业化收购业务风险管理办法》（财金〔2004〕40号）第五条。

产收购业务应实现资产和风险的真实、完全转移，不得在转让合同之外签订或达成影响资产和风险真实性完全转移的改变交易结构、风险承担主体及相关权益转移过程等的协议或约定，不得设置任何显性或隐性的回购条款，不得违规进行利益输送，不得为银行业金融机构规避资产质量监管提供通道，不得通过设立特殊目的实体进入禁止性领域等。[1]

（二）债权资产真实性及有效性调查

在法律尽职调查过程中应全面了解和收集与收购标的真实性、有效性及认定为不良资产相关的证明材料[2]，包括但不限于：业务发生的基础合同及协议、贸易背景证明、企业会计报表、银行账户流水、资金收付凭证、债权债务关系确认书、资产性质证明等；同时，全面收集相关征信信息、舆情信息以及是否涉及民间借贷等方面的材料。在上述材料的基础上对以下内容进行核实。

（1）双方债权债务是否真实发生，合法、有效，具有法律约束力；

（2）金融机构是否存在违规放贷；

（3）债权是否在诉讼时效内（如债务履行期届满之日距尽调时已超过3年的，则需转让方提供有效的诉讼时效中断证明，诉讼时效中断证明为公告的，则公告主体、内容、形式等需符合相关法律、司法解释规定）；

（4）债权是否在执行时效内（申请执行的期间为二年，申请执行时效的中止、中断，适用法律有关诉讼时效中止、中断的规定。在法定的诉讼时效期间届满之后，申请执行人申请强制执行的，人民法院

---

[1] 《中国银监会办公厅关于规范金融资产管理公司不良资产收购业务的通知》第一、二点。
[2] 《中国银监会办公厅关于规范金融资产管理公司不良资产收购业务的通知》第五点。

应予受理。被申请人对申请执行时效期间提出异议，人民法院经审查异议成立的，裁定不予执行）；

（5）债权是否具有可转让性，是否属于《民法典》第五百四十五条规定的不得将债权对外转让的情形，是否存在《财政部、银监会关于印发金融企业不良资产批量转让管理办法的通知》第八条规定不得批量转让的情形，债权是否已到期，未到期的须提供有效的债权提前到期证明；

（6）债权合同中的本金、利息、到期时间，违约金、复利的约定是否明确且符合法律规定；

（7）债权合同争议解决方式及管辖权的约定是否明确且符合法律规定，受让方向有管辖权的法院/仲裁委员会主张债权是否存在较大的不便利；

（8）借款凭证与主债权合同内容是否一致（本金、利息、收款对象、还款时间等）。

（三）债务人主体调查

对债务人主体的调查，主要围绕以下事实进行，并加以分析判断。

（1）企业基本情况，是否合法存续，是否在生产经营或已停产，是否被列入经营异常名单，是否被列入失信被执行人名单，有无被吊销、注销营业执照；

（2）企业性质，是否涉及国有资产属性，为防止在通过债权转让方式处置不良债权过程中发生国有资产流失，相关地方人民政府或者代表本级人民政府履行出资人职责的机构、部门或者持有国有企业债务人国有资本的集团公司可以对不良债权行使优先购买权。[1]金融资产

---

[1] 《最高人民法院印发〈关于审理涉及金融不良债权转让案件工作座谈会纪要〉的通知》第四点。

管理公司在转让对国有企业债务人债权时应当通知国有企业债务人注册登记地的优先购买权人；

（3）企业设立情况，确认企业股东是否已完成出资手续；

（4）企业对外投资情况，是否存在全资或控股参股的子公司，对外互相担保情况；

（5）是否存在被申请破产（清算、重整、和解）的情况。

（四）债务人股权结构调查

在融通类业务中应对该调查予以重点关注，调查主要围绕以下事实开展。

（1）通过分析债务人的股权结构，了解其实际控制人；

（2）股东获取股权的方式，是否存在抽逃出资或隐名股东；

（3）股东和债务人之间是否存在担保关系；

（4）股东之间的关系，是否存在一致行动人；

（5）是否存在质押、查封、限制转让或者其他限制股权权利实现的情况。

（五）还款来源的调查

该调查亦在融通类业务中应用得较为广泛，主要是对融资方的还款来源进行调查，重点是融资方的经营状况、以往业绩、行业景气度及趋势、产品的市场表现、资产负债率、销售考核节点合理性、现金流是否充沛等。如果项目尚未建设完成的，需实地考察项目进度，调查建设资金到位情况，对现金流进行测算等。

（六）物权担保措施的调查

对物权担保措施的调查可以说是不良资产法律尽职调查的重中之重，调查中应重点关注如下13点。

（1）主债权在物权担保的担保范围之内（一般物权担保合同约定的

债权与主债权一致；最高额物权担保主债权发生时间在担保合同约定的债权确定期间内；若担保物被查封的，主债权是否发生在查封前）。

（2）担保物明确且符合法律规定，不属于不得设立抵质押的财产或由特殊主体提供担保物。

（3）对多个担保并存情形下债权实现顺序有明确约定，且约定内容对债权人无不利影响。

（4）公司担保行为已根据公司法和章程规定由股东会/董事会决议通过，股东会/董事会决议内容与担保合同约定一致，形式（包括股东或董事人员、到会情况及签署内容等）合法有效。

（5）主债权转让后物权担保在原担保范围内对受让人继续有效（无禁止转让的约定；尽调日最高额担保合同约定的债权确定期间届满；最高额担保合同特别约定担保债权确定前部分债权转让最高额抵/质押担保一同转让；若主债权通过受让取得，债权转让合同对转让担保物权无限制性约定）。

（6）应当依法办理登记/交付手续的担保物依法办理了相关手续，取得物权登记/交付证明材料（登记证明材料如不动产他项权证、动产抵押登记凭证、动产质押登记凭证、股权质押登记凭证、应收账款质押登记凭证等；交付证明材料如动产质押交付凭证或资料、监管协议；应收账款质押的，应审查次债务人的对应收账款金额确认及质押情况告知情况）。

（7）物权登记证明材料记载内容与担保合同约定一致，登记记载的债权数额无争议或歧义（审查登记的担保方式是一般担保还是最高额担保；登记的担保债权数额的表述；担保登记债权数额和主债权金额一致或者高于主债权金额）。

（8）物权登记证明材料上担保物不存在"本押品仅供融资使用"

等处分限制性情形。

（9）物权登记证明材料上担保物不存在其他在先设立的抵押权/质押权登记，本户债权为第一顺位（仅办理土地使用权抵押登记的，未有材料显示存在在先的房产抵押登记；仅办理房产抵押的，未有材料显示存在在先的土地抵押）。

（10）不存在追加担保导致破产撤销的情形（追加担保行为发生在破产受理日一年前或者担保人未破产但距离尽调日超过一年）。

（11）如约定为让与担保的，符合前让与担保的构成要件（债务发生时或履行期限届满前达成让与担保合意，履行转移所有权的公示手续——登记、交付、房产预售网签等，履行期届满后债权人负有清算义务）。

（12）抵押物为在建工程时，查询裁判文书网相关判决，收集存在的私下出售、工程优先款等其他影响抵押物价值的因素事项。

（13）抵押物存在租赁关系的，租赁关系设立在抵押之后或者承租人承诺放弃优先权。

（七）保证担保的调查

对保证人主体资格的尽调可参照对债务人的方式方法进行，同时需关注以下6项。

（1）担保方式明确约定为连带责任保证担保。

（2）对多个担保并存情形下债权实现顺序有明确约定，且约定内容对债权人无不利影响。

（3）公司担保行为已根据公司法和章程规定由股东会/董事会决议通过，股东会/董事会决议内容与保证合同约定一致，形式（包括股东或董事人员、到会情况及签署内容等）合法有效。

（4）保证担保在保证期间内（如保证期间已届满，主债务人在保证期间内向保证人主张过权利并提供了有效证明，保证期间内债权人向保证人主张权利的方式参照诉讼时效的规定）。

（5）保证担保在诉讼时效内（如主债务人在保证期间内向保证人主张权利之日距尽调时已超过3年的，则提供了有效的诉讼时效中断证明，诉讼时效中断证明为公告的，则公告主体、内容、形式等符合相关法律、司法解释规定）。

（6）主债权转让后保证人在原保证担保范围内继续承担保证责任（保证合同无禁止转让的约定；若主债权通过受让取得，债权转让合同对转让保证债权无限制性约定并提供了通知保证人的有效证明，有效证明为公告的，则公告主体、内容、形式等符合相关法律、司法解释规定）。

（八）非金融机构不良债权的调查

非金融机构不良资产主要指非金融机构所有的，但不能为其带来经济利益，或带来的经济利益低于账面价值，已经发生价值贬损的资产，以及各类金融机构作为中间人受托管理或自然人形成的不良资产等其他经监管部门认可的不良资产。[①]类型主要包括应收账款、关联企业借款、建设工程款等。非金不良资产业务具有不同于银行等金融机构信贷资产的特点，其债权要素往往不齐备，可能存在债权转让人和实际债务人相互串通、隐瞒实际情况的风险，故需对其业务"三性"作审慎甄别。非金不良业务法律尽调中需重点关注债权真实性、有效性和洁净性问题，"三性"不是等量齐观的关系，而是相互依存、辩证统一的关系，其中真实性是前提，有效性是基础，洁净性是规范和要求。真实性方面，需仔细核查借款合同、借据、债权债务确认书、银

---

① 财政部、原银保监会：《金融资产管理公司开展非金融机构不良资产业务管理办法的通知》（财金〔2015〕56号）。

行回单、财务记账凭证等全部涉及确权的文件；债权双方之间存在关联关系的（股权关联、高管关联或其他实控关系的），可要求债权人、债务人提供最新一期的财务审计报告；此外，非金不良天然可能存在的"一债二卖"问题，亦需在尽调时予以关注。有效性方面，根据《公司法》、最高院民间借贷相关司法解释、九民会议纪要等法律法规及司法解释的要求，建议要求债权人出具借贷资金来源，债务人出具资金使用合法合规的承诺文件，如借贷资金不是来源于银行贷款、民间借贷资金等，资金使用不得投向房地产开发领域等。洁净性方面，非金债收购交易结构后续通常将进行债务重组，需注意此类业务必须实现资产的真实转移，不得约定出让方回购或保底清收。

二、不良资产法律尽职调查常见风险瑕疵及应对

在不良资产法律尽职调查过程中会遇到各式各样的问题，本节分类总结了常见的或易被忽视的风险瑕疵，希望对读者在后续的法律尽调工作中有所帮助。

（一）抵质押物类

1. 非住宅抵押物建设用地使用权期限问题

基本事实：债务人或担保人以非住宅建设用地使用权作为抵押物为债权提供抵押担保，现该使用权即将到期。

潜在的风险：住宅建设用地使用权期限届满的，自动续期。非住宅建设用地使用权期限届满后的续期，依照法律规定办理。目前，法律未对非住宅建设用地使用权的续期出台进行明确规定，后续可能需缴纳续期费用，如续期申请未获通过的，则使用权可能被国家无偿收回。

应对措施：向政府了解相关指导政策，及时申请续期，在估值中对潜在可能发生的使用权续期费用予以考虑。

相关法规：《民法典》第三百五十九条

2. 抵押物被认定为闲置土地问题

基本事实：抵押人以光地建设用地提供抵押担保，该抵押物超过约定的动工开发日期满两年仍未动工开发的。

潜在的风险：被国土资源主管部门认定为闲置土地，可能被国家无偿收回建设用地使用权或被征缴土地闲置费。

应对措施：了解土地闲置原因及主管部门态度，协商延长动工开发期限，确定不会被收回情形下在估值时对土地闲置费予以考虑，土地闲置费通常按照土地出让或划拨价款的百分之二十征缴。

相关法规：国土资源部《闲置土地处置办法》第十四条

3. 抵押土地使用权为划拨性质问题

基本事实：抵押人通过划拨方式取得土地使用权，并以该划拨土地使用权为债权提供担保。

潜在的风险：划拨土地使用权是指土地使用权通过各种方式依法无偿取得的土地使用权。对划拨土地使用权和地上建筑物，如需转让、出租、抵押的，须经政府土地管理部门和房产管理部门批准，转让土地使用权的需缴纳出让金。

应对措施：估值时对处置难度及出让金事项予以充分考虑。

相关法规：《城镇国有土地使用权出让和转让暂行条例》第四十五条

4. 在建工程抵押问题

基本事实：抵押人以正在建设中的房屋或建筑物为债权提供抵押担保，建设工程的价款金额不明，受偿情况不明。

潜在的风险：在建工程抵押指的是抵押人为取得在建工程继续建造资金的贷款，以其合法方式取得的土地使用权连同在建工程的投入资产，以不转移占有的方式抵押给贷款银行作为偿还贷款履行担保的行为。针对建设工程款优先受偿权与抵押权的冲突情形的处理，《最高人民法院关于建设工程价款优先受偿权问题的批复》规定：人民法院在审理房地产纠纷案件时和办理执行案件中，应当认定建筑工程承包人的优先受偿权优于抵押权和其他债权。建设工程价款无须办理登记，受偿额不属于公示公告信息，抵押权人对该风险很难预测与控制。

应对措施：与各方沟通查明工程优先款金额，了解工程总造价、工程款支付条件、支付方式及施工单位垫资建设情况，在估值时将应付未付工程款从抵押物价值中剔除。

相关法规：《民法典》第八百零七条

5. 抵押物抵押顺位问题

基本事实：查档发现债权抵押物非第一顺位抵押，第一顺位抵押担保的债权情况不明。

潜在的风险：如前置顺位债权未获清偿的，仅在前置抵押权灭失后才能受偿。

应对措施：与出让方沟通，调查了解前置债权情况，是否为"借新还旧"情形，充分查明情况后进行合理估值。

相关法规：《民法典》第四百一十四条

6. 房地抵押问题

基本事实：债务人以建设用地使用权为抵押物为标的债权提供抵押担保后，抵押时抵押物为光地，后土地上新增了建筑物。

潜在的风险：土地上新增建筑物不属于抵押财产，该建设用地使用权实现抵押权时，应当将该土地上新增的建筑物与建设用地使用权一并处分。但是，新增建筑物所得的价款，抵押权人无权优先受偿。

应对措施：对新增建筑物按无优先受偿权进行估值。

相关法规:《民法典》第四百一十七条

7. 抵押物涉刑问题

基本事实:尽调查档时发现抵押物上存在刑事案件查封。

潜在的风险:金融案件法院无法直接解除司法机关在刑事案件中的查封,抵押物处置将受到影响,虽然《最高人民法院关于刑事裁判涉财产部分执行的若干规定》规定了对于侦查机关查封、扣押、冻结的财产,人民法院在执行中可以直接裁定处置,无须侦查机关出具解除手续。但在实务中,执行法院可能会出于刑事案件受害人要求追赃等原因对直接裁定处置持较为谨慎的态度,导致涉刑抵押物长期无法处置。

应对措施:进一步了解刑事案件情况,查明抵押物购置款项来源,谨慎估值。

相关法规:《最高人民法院关于刑事裁判涉财产部分执行的若干规定》第五条

8. 抵押物"先租后抵"问题

基本事实:抵押人在将抵押物抵押前,在抵押物上已存在租赁关系。

潜在的风险:根据"买卖不破租赁"规则,租赁关系成立后,即使出租人将租赁财产转让给第三人,承租人仍然可以向受让人主张租赁权,受让人所取得的财产是负担租赁权的财产。如承租期限较长的,后期处置可能需要"带租拍卖",抵押物的变现价值可能受到影响。

应对措施:对承租期限较长可能涉及虚假租赁的,可重点围绕租赁合同的真实性、租赁合同签订的时间节点、案外人是否实际占有案涉房屋等问题向执行机构提供证据线索;分析租约对抵押物资产价值的影响视情况决定是否调整估值。

相关法规:《民法典》第七百二十五条

9. 质押物由第三方监管问题

基本事实：质押人以质押物为标的债权提供质押担保，原债权人、质押人已聘请第三方监管机构对质押物进行现场监管。

潜在的风险：质押人通常怠于支付监管费用，受让人可能需代为承担该费用，如受让人不愿承担该费用的，因质押物被留置，留置权人优于已经设立的抵押权或质权受偿。

应对措施：了解现场监管情况及监管费用支付情况，要求原债权人、质押人结清监管费用，或在估值中对监管费用予以考虑。

相关法规：《民法典》第四百五十六条

(二) 保证类

1. 保证期间问题

基本事实：债权人未在保证期间内对保证人提起诉讼、申请仲裁，也未以其他方式要求保证人承担保证责任，保证期间已届满。

潜在的风险：保证期间是指当事人约定的或者法律规定的，保证人承担保证责任的期限。保证期间届满的，保证人获得免责的法定事由，债权人丧失胜诉权。

应对措施：不对该保证人进行估值。

相关法规：《民法典》第六百九十三条

2. 贷款展期保证人保证责任的问题

基本事实：借款人在贷款到期日前向银行等金融机构申请延长贷款期限，未经保证人书面同意。

潜在的风险：贷款展期的，应当由保证人、抵押人、出质人出具同意的书面证明。如未经保证人同意的，其仅应当在原合同约定的保证期间内承担保证责任。

应对措施：相关的诉讼时效、保证期间以原合同约定的期限计算，以原借款保证合同担保范围为限对保证人进行合理估值。

相关法规：《民法典》第六百九十五条、《贷款通则》第十二条

3. 保证合同约定了限制债权转让条款问题

基本事实：阅档过程中发现保证合同中约定了限制债权转让条款，即债权人如需转让债权的，须征得保证人书面同意，否则债权转让不对保证人产生效力。

潜在的风险：如对债权转让事项未取得保证人书面同意材料的，保证人可以保证合同约定抗辩，对受让人不再承担保证责任。

应对措施：及时与债权出让方沟通，要求出让方补充提供相应材料，如保证人不同意债权转让的，对债权项下保证人不予估值。

相关法规：《民法典》第六百九十六条

（三）其他类

1. 法院裁判文书笔误问题

基本事实：阅档发现法院裁判文书中存在笔误，如抵押物房产证号遗漏或误写；判决书中抵押物描述与权证描述有出入等。

潜在的风险：如未补正的裁判文书，后续进入执行过程后可能面临相关障碍。

应对措施：由裁判文书相关主体联系法院出具补正裁定。

相关法规：《民事诉讼法》第一百五十七条

2. 债务人或保证人破产问题

基本事实：尽调发现债务人或保证人已破产。

潜在风险：管理和处分破产人财产的职责向管理人转移，另需向管理人支付管理人报酬。

应对措施：了解破产进度，调查破产重整或清算方案内容及债权申报认定情况，在估值时充分考虑管理人认定的债权金额、受偿率及

管理人报酬等要素。

相关法规:《企业破产法》第二十五条

本 章 小 结

不良资产法律尽职调查，主要指专业机构和人员自身或委托律师事务所等中介机构，运用法律专业技能，通过原始材料阅档、现场查勘、相关部门查询、网络搜索、访谈等现场或非现场手段方法，对拟收购的不良资产法律相关事项进行调查及分析判断，为顺利实施不良资产收购或处置项目提供决策参考和依据的过程。不良资产法律尽职调查的实施通常分为阅档、工商登记不动产权属调查、查询相关网站公开披露的资料、现场调查、访谈、形成尽调报告等步骤，过程中需对业务合规性、债权资产真实性及有效性、债务人主体、债务人股权结构、还款来源、物权担保措施、保证担保等要素进行调查。不良资产法律尽职调查应遵循客观性、保密性、审慎性原则，是收购方决策的前提、估值定价的依据、制定处置预案的基础。

本章重要术语

不良资产法律尽职调查　阅档　现场调查　抵押顺位

复习思考题

A公司向B银行借款1 300万元人民币并签署《借款合同》，C公司以其名下资产为该笔债权提供最高额2 250万元担保并与B银行签署最高额抵押合同并办理登记手续，最高额抵押合同中约定为2012年8月29日至2014年8月28日发生的债权提供抵押（合同中约定不论该主债权是否在上述期间届满时已经到期，也不论该债权是否在最高额抵押权设立前已经产生，最高额抵押范围包括本金、利息、复利、罚息、损害赔偿金、实现债权费用等）。2014年8月1日，A公司与B银行签署《网贷通循环借款合同》，循环借款额度为1 300万元，展期期限至2015年3月。2014年8月25日，B银行向A公司发放20万元，2014年9月4日，B银行向A公司陆续发放贷款1 280万元，2015年2月24日A公司向B银行陆续归还20多万元及利息，后续未偿还本金及利息，B银行将A公司及C公司诉至法院。

思考：上述案例有何启示？

第三章

不良资产民事诉讼理论与实务

在不良资产处置中，债权人通过自力救济方式例如调解或和解、自行催收等，仍无法实现自身利益或权利时，就必须借助公权力介入，法院代表公权力以中立的立场审理和裁判当事人之间的民事争议，并通过执行制度保障裁判的实现，这就是民事诉讼制度。

不良资产民事诉讼主要以基本民事制度为基础，结合与资产管理公司相关的司法解释与监管规定从而形成其特有的诉讼程序。除了基本民事制度中的一审、二审诉讼程序，不良资产民事诉讼在管辖、保全、诉讼主体变更等方面都有特殊规定，了解和掌握这些特殊规定，对不良资产处置有着重要意义。

第一节 民事诉讼概述

一、不良资产管理与民事诉讼的关系

在不良资产处置中，债权人通过自力救济方式例如调解或和解、自行催收等，仍无法实现自身利益或权利时，就必须借助公权力介入，法院代表公权力以中立的立场审理和裁判当事人之间的民事争议，并通过执行制度保障裁判的实现，这就是民事诉讼制度。

民事诉讼[①]是指民事争议的当事人向人民法院提出诉讼请求，人民法院在双方当事人和其他诉讼参与人的参加下，依法审理和裁判民事争议的程序和制度。广义的民事诉讼制度除了审判程序以外，还包括

---

① 张卫平：《民事诉讼法》（第五版），法律出版社，2019年，第5页。

执行程序。民事诉讼制度是不良资产处置手段中相对较为复杂的方式，它在各个阶段设置了严格的程序和行为要件，一方面最大限度保障公平公正，另一方面也影响了效率和灵活性，但其具备国家强制力的保障，例如，被告必须应诉的强制性、裁定或判决的强制履行。因此，民事诉讼也是较为常用的争议解决方式。特别是对资产管理公司而言，组织专门的人力和物力以及足够的资源、熟练掌握民事诉讼的程序和行为要件以及诉讼技术是非常重要的。

二、民事诉讼的基本制度

民事诉讼的基本制度决定了民事诉讼活动的基本方式和基本框架，使民事审判具有自身特色并明显区别于其他争议解决机制。关于民事诉讼的基本制度的规定是："人民法院审理民事案件，依照法律规定实行合议、回避、公开审判和两审终审制度。"

（一）合议制度

合议制度是指由三名以上且为单数的审判人员组成合议庭，并由合议庭对民事案件进行审判的制度。

根据我国《民事诉讼法》的规定，不同的审判程序存在不同的合议庭组成形式。

1. 第一审程序中合议庭的组成

《民事诉讼法》第四十条规定："人民法院审理第一审民事案件，由审判员、陪审员共同组成合议庭或者由审判员组成合议庭。合议庭的成员人数，必须是单数。适用简易程序审理的民事案件，由审判员一人独任审理。基层人民法院审理的基本事实清楚、权利义务关系明确的第一审民事案件，可以由审判员一人适用普通程序独任审理。"根据上述规定，除了简易程序适用独任制以外，修改后的《民事诉讼法》扩大了独任制的适用范围，即增加了基层人民法院审理的"基本事实清楚、权利义务关系明确"的第一审民事案件，打破了以往独任制与简易程序的绑定，实现独任制与审理案件本身难度进行灵活匹配，提高审判效率。

此外，根据《民事诉讼法》第四十一条规定，第二审人民法院发回重审的案件，原审人民法院应当按照第一审程序另行组成合议庭，即原来一审程序合议庭成员不能再参与审判。

2. 第二审程序中合议庭的组成

《民事诉讼法》第四十一条第一款规定："人民法院审理第二审民事案件，由审判员组成合议庭。合议庭的成员人数，必须是单数。"与第一审程序合议庭组成相比较，第二审程序合议庭必须全部都是审判员，没有陪审员。如此设计主要是因为第二审程序不仅仅是终审程序，更是对第一审的审判活动进行审查和监督，对合议庭成员的专业素养要求更高。

此外，《民事诉讼法》第四十一条第二、三款规定："中级人民法院对第一审适用简易程序审结或者不服裁定提起上诉的第二审民事案件，事实清楚、权利义务关系明确的，经双方当事人同意，可以由审判员一人独任审理。发回重审的案件，原审人民法院应当按照第一审程序另行组成合议庭。"

修改前的《民事诉讼法》对二审民事案件统一规定适用合议制审理，修正后的《民事诉讼法》增加了适用独任制的情形以及限制条件，不仅合理控制二审独任制的适用范围，又推动二审民事案件繁简分流，提升司法整体效能。

3. 再审程序中合议庭的组成

《民事诉讼法》第四十一条第四款规定："审理再审案件，原来是第一审的，按照第一审程序另行组成合议庭；原来是第二审的或者是上级人民法院提审的,按照第二审程序另行组成合议庭。"上述两种情形的再审合议庭都必须另行组成,即原来的审判人员不能成为合议庭成员,确保再审程序的公正性。此外,原来如果第一审程序是简易程序采用独任制,该一审案件再审时,应采用合议庭形式进行审理。

4. 关于独任制适用的约束

新修正的《民事诉讼法》在扩大独任制适用范围的同时,也对独任制适用制定了"负面清单",划定适用边界,防止独任制的不恰当广泛适用。即以下民事案件,不得采用独任制。

(1)涉及国家利益、社会公共利益的案件;

(2)涉及群体性纠纷,可能影响社会稳定的案件;

(3)人民群众广泛关注或者其他社会影响较大的案件;

(4)属于新类型或者疑难复杂的案件;

(5)法律规定应当组成合议庭审理的案件;

(6)其他不宜由审判员一人独任审理的案件。

此外,在独任制适用程序中,新《民事诉讼法》不仅给了民事案件当事人救济权,即如果当事人认为案件违反独任制适用标准或适用范围,不符合法律法规中关于应当适用合议制的有关规定的,可以向人民法院提出异议,强化当事人对独任制适用的制约监督;也赋予了人民法院自身纠正机制,即人民法院发现案件存在案情复杂、社会影响较大、法律适用疑难等情形,不宜由审判员一人独任审理的,以及当事人异议成立的,裁定转由合议庭审理。

(二)回避制度

回避制度是指在民事诉讼中,审判人员以及其他人员存在法律规定或者其他应当回避的情形时,主动或者经诉讼当事人申请,退出案件审理程序的制度。

1. 回避的主体

根据《民事诉讼法》第四十七条规定，回避主体的范围包括：审判人员、书记员、翻译人员、鉴定人员、勘验人。其中《最高人民法院关于适用〈中华人民共和国民事诉讼法〉的解释》（简称《民事诉讼解释》）第四十八条规定，《民事诉讼法》前述规定所规定的审判人员，包括参与涉案审理的人民法院院长、副院长、审判委员会委员、庭长、副庭长、审判员和人民陪审员。

2. 应当回避的情形

应当回避的情形包含两种。

第一种情形是根据《民事诉讼解释》第四十三条规定，具体包括：（一）是本案当事人或者当事人近亲属的；（二）本人或者其近亲属与本案有利害关系的；（三）担任过本案的证人、鉴定人、辩护人、诉讼代理人、翻译人员的；（四）是本案诉讼代理人近亲属的；（五）本人或者其近亲属持有本案非上市公司当事人的股份或者股权的；（六）与本案当事人或者诉讼代理人有其他利害关系，可能影响公正审理的。其中，与本案当事人有利害关系的规定是一条弹性规定，在实务中可能指身份关系，如同学、朋友、恋人等；也可能是财务关系，例如债权债务关系、赠予关系等。

第二种情形是根据《民事诉讼解释》第四十四条规定，审判人员有下列情形之一的，当事人有权申请其回避：（一）接受本案当事人及其受托人宴请，或者参加由其支付费用的活动的；（二）索取、接受本案当事人及其受托人财物或者其他利益的；（三）违反规定会见本案当事人、诉讼代理人的；（四）为本案当事人推荐、介绍诉讼代理人，或者为律师、其他人员介绍代理本案的；（五）向本案当事人及其受托人借用款物的；（六）有其他不正当行为，可能影响公正审理的。

3. 回避的方式和程序

回避的方式有三种：积极回避、消极回避和指令回避。积极回避是指应当回避的人员在遇到法定回避事由时，主动提出回避并退出审判程序的情形；消极回避是指当事人或其诉讼代理人根据民事诉讼法规定，申请审判人员或相关人员退出本案审理程序的情形；指令回避，是指遇到法定回避事由时，当事人以及应当回避的人员均未提出回避申请，为保证审判程序的公平公正，由院长或审判委员会直接作出回避的决定。

回避的程序主要依据《民事诉讼法》第五十条规定，人民法院对当事人提出的回避申请，应当在申请提出的三日内，以口头或者书面形式作出决定。申请人对决定不服的，可以在接到决定时申请复议一次。复议期间，被申请回避的人员，不停止参与本案的工作。人民法院对复议申请，应当在三日内作出复议决定，并通知复议申请人。

（三）公开审判制度

公开审判制度是指除法律规定的特殊情况以外，人民法院在审理民事诉讼案件过程中的审判活动应当予以公开的制度。

1. 公开审判制度的具体内容

（1）开庭公告。开庭公告应当明确双方当事人的姓名或名称、具体的案由以及开庭时间、开庭地点。公开公告上述信息，不仅为社会大众参与庭审旁听活动提供方便，还便于广大媒体进行采访和报道。

（2）开庭举证。在人民法院开庭审理过程中，应当公开开庭的案件，其中公开开庭过程要做到公开举证、质证，公开举证、质证是对公开审判的细化。

（3）判决和裁定。人民法院应当公开宣判，即判决和裁定应当公开。《民事诉讼解释》对公众可以查阅判决、裁定的程序作了进一步细化的规定。例如，大部分判决或裁定都会在中国裁判文书网公开，社会大众可以自行查阅；如果遇到没有在网络上公开的，可以依程序向法院申请查阅。

2. 公开审判制度的例外情形

公开审判制度是民事诉讼法的基本制度，但是有些特殊案件如果公开审理，允许他人或者媒体旁听，可能导致国家秘密、商业秘密或者个人隐私泄露。因此，民事诉讼法规定以下几种案件不公开审理。

（1）有关国家秘密的诉讼案件。国家秘密包括执政党、政府以及军队的秘密。有关国家秘密的界定应当参照相关法律、规章等制度，如没有具体规定的，人民法院有自由裁量权。

（2）有关个人隐私的诉讼案件。隐私目前并没有权威或者统一的定义。但个人隐私应当是指对个人生活有严重影响，可能会给个人情感带来伤害的信息，例如特殊生理、原生家庭、性生活、恋爱经历等等。

（3）离婚案件以及有关商业秘密的案件。离婚案件可以不公开审理的理由与上述涉及个人隐私的案件基本一致。商业秘密，是指不为公众所知的商品生产、经营的技术信息和经营信息，商业秘密对于所有权人而言是非常具有价值的，一旦泄露或公开会使当事人遭受经济损失的秘密，例如，商品的生产工艺、配方等。故根据《民事诉讼法》第一百三十七条规定，上述两类诉讼案件经当事人申请可以不公开审理。

（四）两审终审制度

根据《民事诉讼法》相关规定，我国民事案件最多经过两级人民法院审理。两审终审制度并不是所有民事案件都必须经过两次审理程序才能终结，是否需要第二审程序，取决于当事人是否不服第一审程序作出的裁判，从而提起上诉。如果当事人不提起上诉，一审就可以终结审理。当事人如果对二审裁判仍不服，是不能再提起上诉的。对于生效判决有错误的，可以通过审判监督程序予以纠正。

我国大部分民事诉讼案件都是两审终审制，但也存在例外。

（1）最高人民法院受理的第一审民事案件。最高人民法院作为我国最高司法裁判机关，当事人是无法提起上诉的，因此，实际上是一审终审制。

（2）特别程序案件。根据特别程序进行审理的案件一审即告终结。例如，实现担保物权诉讼，在不良资产诉讼实务中经常采用，特别程序效率高，可以尽快对抵押物等担保财产予以变现。

（3）小额诉讼案件。民事诉讼案件标的额为各省、自治区、直辖市上年度就业人员年平均工资百分之三十以下的，也是采取一审终审制度。主要考虑到这类案件金额小，社会影响低，更加侧重于缩短案件周期，提高解决纠纷效率，优化整合司法资源。

第二节 一审诉讼程序

一、诉讼程序分类

我国民事诉讼一审程序主要包含以下两种程序：简易程序和普通程序。

（一）简易程序

简易程序是普通程序的例外情形，相较于普通程序，简易程序是更为简单易行的一审程序。根据《民事诉讼法》第一百六十条规定，简易程序只适用于审理事实清楚、权利义务关系明确、争议不大的简单的民事案件。简易程序主要在以下几个方面予以简化：（1）审理前准备，例如，诉讼费减半收取、诉讼文书的发送、权利义务告知、举证期限、证据交换、法院调解等；（2）开庭审理，例如，审判员独任审判，审理期限等；（3）宣判，例如，可以采用简易裁判文书等。

根据《民事诉讼解释》第二百五十七条规定，以下案件不适用简易程序：（1）起诉时被告下落不明的；（2）发回重审的；（3）当事人一方人数众多的；（4）适用审判监督程序的；（5）涉及国家利益、社会公共利益的；（6）第三人起诉请求改变或者撤销生效判决、裁定、调解书的；（7）其他不宜适用简易程序的案件。

（二）普通程序

普通程序是我国民事诉讼法规定的一种基本的普遍适用的程序，除了根据法律规定可以适用简易程序以外，都应当适用普通程序。除了法律专门规定以外，普通程序相关规定，例如，诉讼中止、诉讼终结等，都适用于简易程序。另外，中级人民法院及以上的人民法院审理的一审案件、二审案件、发回重审或再审适用一审程序的案件都应当适用普通程序。

（三）不良资产诉讼案件中对一审诉讼程序的适用

涉不良资产案件，绝大多数由资产管理公司从银行等金融机构受让不良资产后继受诉讼执行权利。此类金融借款纠纷，证据充分、借款事实清晰、债权人（银行）与债务人债权债务关系明确，在起诉立案时，法院一般会采用简易程序审理，对银行或金融资产管理公司提高诉讼催收效率有很大的帮助。但是，不良资产诉讼案件在审理过程中，往往会发现被告下落不明，人民法院无法向被告送达相关法律文书，这种情况则不适用简易程序，案件则会转为普通程序审理。

二、起诉与受理

（一）起诉条件

原告想要起诉必须满足以下四个条件。

（1）原告是与本案有直接利害关系的公民、法人和其他组织；

（2）有明确的被告；

（3）有具体的诉讼请求和事实、理由；

（4）属于人民法院受理民事诉讼的范围和受诉人民法院管辖。

（二）起诉的方式和起诉状的内容

公民、法人或者其他组织起诉时，应当向人民法院递交书面诉状，并提供与被告人数相当的诉状副本，方便法院后期向被告送达诉状。

其中，起诉状至少应当包含以下内容：（1）原告的基本信息和联系方式；（2）被告的基本信息；（3）原告的诉讼请求以及相关事实与理由；（4）证据及其来源，证人姓名和住所。

（三）不良资产诉讼案件起草诉状应当注意的事项

不良资产诉讼案件起诉状需要重点关注的是诉讼请求的全面性和表述准确性。诉讼请求至少应当包含以下内容。

（1）依法判令被告一向原告归还借款本金；

（2）依法判令被告一向原告支付利息、罚息（暂计至　年　月　日，此后罚息以本金余额为基数，按合同约定的利率计算至实际付清之日）；

（3）依法判令被告一承担原告为实现债权而支付的费用；

（4）依法判令被告二、三、四等对上述3项诉请承担连带清偿责任；

（5）依法判令原告对被告一所有的抵押物拍卖或变卖后所得价款优先受偿；

（6）依法判令由所述几位被告承担实现本案的全部费用。

针对上述内容，需要注意以下事项。

1. 关于实现债权费用的请求

（1）律师费。实践中如果在诉讼请求中增加律师费的，必须是实际发生的，在开庭审理中，法庭需要核对律师代理合同、发票，有的法院更为严格——要求提供转账记录。因此，如果是风险代理的情形，即要求回收一定金额或者取得胜诉判决才支付律师费的，这种情形就很难提前在诉讼请求中要求支付律师费。

（2）其他费用。如果在诉讼案件中申请保全或者采取保全担保并支付保全费用的，建议在诉讼请求中明确败诉方承担的诉讼费包括保全费及担保保险费。在实务中，有判例因为银行在起诉状中没有明确由被告承担，即使银行是胜诉方，法院仍判决要求银行承担诉讼费。上述判决是否有瑕疵不予置评，但是各地区各法院再到各法官，实务操作总会千变万化，而作为银行或者资产管理公司为避免上述操作风险，只能完善起诉状的内容，确保债权人权益全部得以保障。

2. 关于抵押权实现的表述

目前，不动产担保物权登记系统内容及规则，不同省份、不同地区并不一致，大部分省区市的登记系统以及不动产权证内容都不含"担保范围"，仅需要登记固定数字，即被担保主债权数额（最高债权数额）。而银行等金融机构在抵押合同中又往往约定担保物权的担保范围，包括借款本金、利息、罚息、违约金等相关权益，上述金额无法在担保物权设立之初就固定下来，是一个不停浮动和增加的数据。因此，这致使合同约定的担保范围与登记内容经常不一致，也让银行等金融机构或者资产管理公司在追索债权时无法实现自身利益最大化。

在不良资产诉讼案件中，作为债权人，在起诉时可以对诉请表述予以规范，来实现债权人利益最大化。例如，最高额抵押担保的，可以表述为"在本金×××金额（登记金额）以及利息、罚息、违约金、赔偿金以及实现债权费用范围内优先受偿"，这样描述会比"在最高数额×××金额范围内优先受偿"的表述范围更广；对于一般抵押，尽管有的登记部门可能也会登记债权数额，实务也有判例，法官认为应当在登记金额债权范围内优先受偿,但这可能与《民法典》关于一般抵押的精神是不符的。因此,从债权人角度,建议诉讼请求按照上文所列示范进行表述,以保障债权人的权益。

3. 关于债务履行截止日的表述

在实践中,会有判决书判决如下:"罚息暂计算至某年某月某日,此后按中国人民银行有关规定及合同约定计算至本判决确定的履行期限届满之日止。"而在不良资产诉讼案件中,债务人逃废债、拖延还款、无力还款等情况屡见不鲜,常常无法按期履行判决书内容,需要进入执行阶段处置债务人名下财产,但有执行法官看到上述判决书后,在分配执行款中,就将罚息计算至本判决确定的履行期限届满之日,如果执行期限很长,对于债权人而言这期间的利罚息就无法收取。因此,为避免此种情形,建议作为债权人首先在起诉状的诉讼请求中明确利罚息结算截止日为实际付清之日,其次尝试与法官沟通关于此项内容的表述,维护债权人合法权益。

判例

银行A不服某中院执行回转裁定提起复议申请的执行裁定。

案情

银行A取得对债务人B的胜诉判决,其中判决内容如下:"B应当于本判决生效之日归还A本金×××元,并支付利息、罚息、复利×××元,利息、罚息、复利均计算至某年某月某日止,从某年某月某日止起至生效判决确定的给付日止的罚息、复利按照某借款合同的约定计付。"后案件进入执行,抵押物拍卖后银行A获得分配款,其中罚息、复利计算至拍卖成交之日。案外人B对银行A参与债务人B抵押物财产分配的金额有异议,认为分配方案中对罚息、复利计算至拍卖成交之日有误。

裁判要点

某中院支持了案外人的申请，故银行A向某高院提起复议。高院认为：根据本案执行依据民事判决的主文，债务人B对银行A的罚息、复利应当计算至判决主文确定的给付日，而某中院执行中将罚息、复利计算至拍卖成交日，确有错误，故撤销某中院某执行裁定拍卖所得款项发放的执行行为，据此发还的款项予以追回。

在实践中，法院判决内容大多根据起诉状的表述。因此，作为债权人，在起诉状的诉讼请求中应明确利罚息结算截止日为实际付清或实际清偿之日。

（四）受理

受理是指人民法院对当事人提交的诉讼材料进行审查，如符合起诉条件的，则同意受理立案，从而触发诉讼程序开始进行。

1. 起诉的审查和立案

起诉的审查工作一般由立案庭负责，主要审查两个方面：（1）审查原告起诉是否符合法律规定（《民事诉讼法》一百二十二条规定）。（2）审查起诉的手续是否完备，例如，起诉状的内容，是否按被告人数提交了起诉状副本等等，对于手续不完备的应当补正后再申请立案。

2. 受理的法律效果

人民法院对起诉进行审查决定立案以后，有以下法律效果：（1）从人民法院角度出发，受理意味着取得了该案件的审判权，同时，也有义务按照法律规定的期限对该案件进行审理并依法作出裁判。（2）就双方当事人而言，自法院立案之日起，双方当事人取得了民事诉讼上原告和被告的法律地位，并就此享有或承担相应的权利或义务。（3）诉讼时效中断。即自人民法院受理之日起，诉讼时效重新计算；

但如果人民法院裁定不予受理的，则自裁定生效之日起诉讼时效连续计算。

三、管辖

（一）管辖概述

1. 管辖的定义

民事诉讼中的管辖，是指纵向不同级别的人民法院和横向同一级别但是不同区域不同分工的人民法院之间，对受理和审判第一审民事诉讼案件的分工。

在确定某一民事纠纷应当由哪个或哪几个法院进行受理时，通常要进行两次分配。第一次分配是确定该民事纠纷应当由哪一级人民法院管辖。我国人民法院从下到上一共有四级：基层人民法院、中级人民法院、高级人民法院以及最高人民法院。因此，需要对上述四级人民法院在受理第一审民事案件时如何进行分工予以明确。第二次分配是指在第一次分配的基础上，进一步明确在各个同级法院之间的分工。在我国，除了最高人民法院之外的各个级别法院都不止一个。因此，要结合便于诉讼、便于审判执行以及均衡工作量等因素，在同级法院中确定一个或者多个管辖法院。

2. 管辖恒定

管辖恒定是指以案件起诉时为标准，已经获得案件管辖权的人民法院，不因确定管辖的事实发生变化而变化，因此，也可以称为管辖权的固定。管辖恒定有助于保障诉讼稳定性，诉讼不稳定不仅浪费司法资源，更是增加了当事人的诉累。

在实践中，原告在诉讼中增加或减少诉讼请求，原则上仍适用管辖恒定原则，但如涉及违反级别管辖、专属管辖规定的除外。

(二)不良资产诉讼中管辖法院的确定

不良资产诉讼中如何确定管辖法院主要考虑以下几个因素。

1. 级别管辖

民事诉讼法主要根据案件的性质、难易程度以及社会影响范围三个方面来确定管辖法院。目前,在司法实务中,最高人民法院主要还是把争议标的金额作为确定级别管辖的重要标准。对于不良资产诉讼案件,案情相对简单,债权债务关系清晰,且基本都是金融借款纠纷,在确定级别管辖法院上,主要还是看诉讼请求的标的金额(借款金额)。根据最高人民法院《关于调整高级人民法院和中级人民法院管辖第一审民事案件标准的通知》(法发〔2019〕14号)、《关于调整中级人民法院管辖第一审民事案件标准的通知》(法发〔2021〕27号)规定,高级人民法院管辖诉讼标的额50亿元(人民币)以上(包含本数)或者其他在本辖区有重大影响的第一审民事案件;当事人住所地均在或者均不在受理法院所处省级行政辖区的,中级人民法院管辖诉讼标的额5亿元以上的第一审民事案件;当事人一方住所地不在受理法院所处省级行政辖区的,中级人民法院管辖诉讼标的额1亿元以上的第一审民事案件。

2. 地域管辖

地域管辖是指从横向的角度出发,同一级别但是在不同区域或者有不同分工的人民法院之间,对受理和审判第一审民事诉讼案件的分工,包括一般地域管辖、特殊地域管辖、协议管辖、专属管辖、合并管辖和选择管辖。在不良资产诉讼中,采用最多的就是一般地域管辖和协议管辖。

(1)一般地域管辖。一般地域管辖,是指依据当事人的所在地予以确定第一审民事案件的管辖人民法院。当事人又分为原告和被告,一般地域管辖以"原告就被告"为原则，即以被告所在地确定管辖的法院。

被告如果为公民的，一般由其住所地或者经常居住地人民法院管辖。住所地是指被告的户籍所在地，经常居住地是指被告离开住所地至起诉时已连续居住满一年的地方，如果两个地址不一致的，以经常居住地的法院为准。

被告如果为法人或其他组织的，由其住所地人民法院管辖。这里的住所地主要是指法人或其他组织的主要办事机构所在地，如果住所地不能确定的，则以被告的注册地或登记地作为住所地。

（2）协议管辖。协议管辖，是指双方当事人通过书面形式约定管辖法院。协议管辖主要是尊重当事人对管辖的处分权。

《民事诉讼法》第三十五条对协议管辖的适用范围、适用方式等进行规定，即合同或者其他财产权益纠纷的当事人可以书面协议选择被告住所地、合同履行地、合同签订地、原告住所地、标的物所在地等与争议有实际联系的地点的人民法院管辖，但不得违反本法对级别管辖和专属管辖的规定。

银行等金融机构在与借款人签署借款合同时，为了便于债务催收，合同里往往会约定管辖法院，且一般约定由银行住所地的人民法院管辖。如银行打包转让债权的，上述关于产生纠纷后管辖法院确定的约定，在不违反法律法规的前提下，对债权受让人还是继续有效的。

此外，资产管理公司受让不良资产以后，在不违反法律法规的前提下，可以与债务人对诉讼管辖进行重新约定。

(三) 管辖权异议

管辖权异议，是指在第一审民商事诉讼案件中，被告质疑诉讼受理法院的管辖权，如图3-1所示。

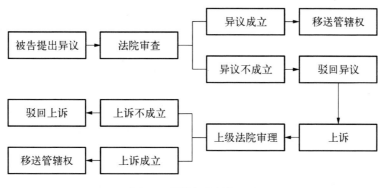

图3-1　管辖权异议流程图

在不良资产诉讼案件中,因为借款合同中一般约定了管辖法院,所以一般都采取协议管辖模式。被告即债务人提管辖权异议一般是拖延诉讼时间的手段,一审法院驳回以后,被告也往往会因此提起上诉。故在此种情形下金融资产管理人或者债权人只能积极应诉,尽量加快诉讼流程。

四、保全

(一)保全的概念和类型

保全是指人民法院依据当事人或利害关系人的请求或者依职权,对当事人的财产采取限制处分或转移等强制性保护措施。根据保全时间节点不同,可以分为诉前保全和诉讼财产保全。由于采取诉前保全有较为严格的前提条件,在不良资产诉讼实务操作中,采用较多的是诉讼财产保全,即在起诉的同时一并提交保全申请。

诉讼财产保全是指在民事诉讼案件中,为确保生效判决后续顺利执行,法院可以依当事人申请或者职权采取相应的强制性措施。诉讼财产保全可以防止当事人在得知被起诉后,恶意转移、藏匿、处分或毁损财产,致使日后判决无法执行或难以执行。根据《民事诉讼法》第一百零三条规定，采取诉讼财产保全措施的前提必须是因当事人一方的行为或者其他原因，使判决难以执行或者造成当事人其他损害。当事人的行为主要是指转移、藏匿、处分或毁损财产等行为，其他原因主要是指客观上的原因，例如，因为财产本身容易腐烂变质等。

在不良资产处置过程中，诉讼案件案情简单，一般取得胜诉裁判并不难，最关键还是如何确保生效判决得以执行，而想要执行顺利开展，诉讼保全则是关键。银行以及资产管理公司都在内部规章中要求尽职资产保全，确保不良资产回收最大化，避免因管理不当导致资产减值。

（二）保全的对象和措施

1. 保全的对象

根据《民事诉讼法》第一百零五条规定，保全限于请求的范围，或者与本案有关的财物。该法条包含两层意思，一是指采取保全的财产总价值不能超过诉讼请求的总金额。二是采取保全的标的应当与案件有关，或者有助于判决履行的其他财物，例如，抵押物、质押物、留置物，抑或是被告名下的财产，例如，银行账户、财产性保单等。

此外，根据《民事诉讼解释》第一百五十七——一百五十九条规定，财产保全对象还包括如下2项。

（1）抵押物、质押物、留置物。

（2）被告所享有的债权。一种是被告可能分配到的收益，人民法院可以对其采取强制措施，限制其自由支取，并通知有关单位协助执行。还有一种是到期债权的偿还款项，资产管理公司可以向法院申请被告的债务人不得对被告直接清偿，相应的款项可以支付至人民法院，由法院予以提存。

2. 保全的措施

《民事诉讼法》关于保全方法的规定比较笼统，即财产保全采取查封、扣押、冻结或者法律规定的其他方法，《民事诉讼解释》第一百五十六条也仅仅规定，人民法院采取财产保全的方法和措施，依照执行程序相关规定办理。

关于保全期限，《民事诉讼解释》规定，人民法院冻结被执行人的银行存款的期限不得超过一年，查封、扣押动产的期限不得超过两年，查封不动产、冻结其他财产权的期限不得超过三年。上述期限到期之前保全申请人也可以申请延长期限，或者法院也可以依职权延长期限。

（三）保全申请和担保

1. 保全申请

当事人或利害关系人申请财产保全，应当向法院提出书面申请，申请书应当载明以下事项。

（1）申请保全人与被保全人的身份、送达地址、联系方式；

（2）请求事项和所根据的事实与理由；

（3）请求保全数额或者争议标的；

（4）明确的被保全财产信息或者具体的被保全财产线索；

（5）为财产保全提供担保的财产信息或资信证明，或者不需要提供担保的理由；

（6）其他需要载明的事项。

人民法院接受财产保全申请后，应当在五日内作出裁定；需要提供担保的，应当在提供担保后五日内作出裁定；裁定采取保全措施的，应当在五日内开始执行。一般都是交由执行机构实施。

在实务中，资产管理公司申请保全要注意是否超额保全。首先，保全申请书应当明确以诉讼标的额为限；其次，向法院提供的财产信息，不能大大超过诉讼标的金额。如被认定保全申请错误，被保全人可以依据《民事诉讼法》第一百零八条规定主张民事赔偿。

2. 保全担保

根据《民事诉讼法》第一百零三条，人民法院采取保全措施，可以责令申请人提供担保。根据《最高人民法院关于人民法院办理财产保全案件若干问题的规定》，保全担保分为财产担保、第三人保证、保险担保以及保函担保。

在不良资产诉讼案件中，申请保全对案件顺利执行尤为重要，是否需要提供保全担保分为以下4个方面。

（1）收包之前已由银行申请保全，则根据《最高人民法院关于人民法院办理财产保全案件若干问题的规定》第九条，银行可以不提供担保。或者收包以后继续以银行名义进行处置诉讼的，也可以不提供保全担保。

（2）收包以后由资产管理公司申请保全，根据《最高人民法院关于人民法院办理财产保全案件若干问题的规定》第九条的规定，可以不要求金融资产管理公司提供担保。

（3）收包以后由地方资产管理公司申请保全。地方资产管理公司是否可以适用上述法律规定，目前没有明文规定。地方性资产管理公司在本省范围内展业时，可以与法院沟通，申请参照国有金融资产管理公司免予保全担保的同等待遇。在实践中，大部分法院还是较为认可本省地方性资产管理公司的资质和偿债能力的，大都同意免于提供担保。

（4）地方性资产管理公司省外展业或者民间投资人购买债权以后申请保全的，以及在实务中需要提供财产保全的，不良资产诉讼实务采用最多的是担保公司提供担保或者保险公司提供诉讼保全责任险的担保方式。

五、开庭审理

（一）开庭前准备

根据《民事诉讼法》第一百二十八——一百三十六条以及《民事诉讼解释》的相关规定，审理前的准备工作主要有以下5项内容。

（1）在法定期限内送达诉讼文书。对于原告，法院应当在受理案件后向原告送达受理案件通知书，受理案件通知上会载明本案案号、受理时间。对于被告，则在立案之日起5日内，向被告发送起诉状副本、应诉通知书、开庭通知书、合议庭组成人员、答辩通知书等。

（2）追加当事人。例如，通知必须共同诉讼的人参加诉讼，如有第三人的通知第三人参加诉讼。

（3）审查诉讼材料，归纳双方当事人的争议焦点。

（4）收集证据。双方当事人根据对方的起诉或答辩内容收集相应证据，人民法院收集应当由其收集的证据。

（5）申请勘验或委托鉴定。当事人可以在开庭前申请勘验或鉴定，由人民法院委托有关部门进行。例如，在金融借款合同纠纷案件中，会有担保人提出笔迹鉴定，认为保证合同非其本人签字，从而主张脱保。

（二）开庭审理

开庭审理是指由人民法院通过传票的形式指定具体日期、具体法庭，各方当事人在法官主持下，依照法定程序和形式，对各方之间的争议进行陈述和答辩的过程。开庭审理可以通过以下3个方面理解。

（1）必须采用法庭审理。法庭审理既指合议庭审理，也指专门开庭审理的场所。

（2）开庭审理原则上是公开审理，除法律有规定可以不公开审理。

（3）必须采用言词审理形式，即不能采用书面审理形式。言词审理能充分保障诉讼当事人的辩论权和其他权利。

根据《民事诉讼法》规定，开庭审理主要包括：开庭准备、法庭调查、法庭辩论、案件评议和宣告判决等程序。

1. 开庭准备

开庭准备是指查明当事人和其他诉讼参与人是否到庭，宣布法庭纪律。核对当事人，宣布案由，宣布审判人员、书记员名单，告知当事人有关的诉讼权利义务，询问是否提出回避申请。

2. 法庭调查

法庭调查是指通过当事人陈述和证人作证，法庭核实各项书证、物证等证据材料和当事人质证、举证的活动。《民事诉讼法》第一百四十一条规定了法庭调查的具体顺序。

3. 法庭辩论

法庭辩论是指在此前法庭调查已经查明的事实和证据材料基础上，双方当事人及其诉讼代理人针对有争议的事实和法律问题进行辩论、阐明观点、论述意见、反驳对方主张，从而维护自己合法权益的活动。根据《民事诉讼法》第一百四十四条第一款规定，法庭辩论按照以下顺序进行：（一）原告及其诉讼代理人发言；（二）被告及其诉讼代理人答辩；（三）第三人及其诉讼代理人发言或者答辩；（四）互相辩论。法庭辩论结束后，法庭都会给各方当事人总结陈词的机会，在此前辩论基础上总结自己的观点并予以陈述。

4. 案件评议和宣告判决

案件评议是指在法庭辩论结束后，合议庭就案件事实、适用的法律、是非责任等作出结论。在不良资产诉讼实务中，因为案情简单，债权债务关系较为清晰，多数情况下庭审过程都没有进行评议。

宣告判决可以分为当庭宣判或者定期公开宣判。在不良资产诉讼实务中，多数采用定期公开宣判。

5. 在线诉讼的法律效力

2022年1月1日修改后的《民事诉讼法》正式施行，其中确定了在线诉讼的法律效力，明确了：（1）在线诉讼需要双方当事人同意；（2）在线民事诉讼活动与线下诉讼活动具有同等法律效力。信息科技发展、新冠肺炎疫情影响等原因，推动了民事诉讼方式与信息化时代相适应，为未来具体的在线诉讼规则等奠定了基础。

六、诉讼主体的变更

（一）诉讼主体变更的基本类型

当双方当事人发生争议，一方诉诸法院时，双方发生诉讼法律关系，但这个诉讼法律关系不是固定的，参与诉讼的主体可能会变化。这种变化大致有两种类型。

1. 诉讼主体消亡

例如，作为自然人的当事人死亡、作为非自然人的法人因为合并或者分立而消灭，在上述情形下，一般由继承财产的继承人、法人或其他组织等权利义务承继者继续承继诉讼。

2. 权利义务转让，一方当事人将作为诉讼标的的权利义务转让给第三人

例如，在金融借款合同纠纷中，银行将其享有的债权转让给资产管理公司。针对这类案件，目前司法解释认为，将受让权利义务的第三人变更为当事人承继该诉讼。

（二）不良资产诉讼过程中诉讼主体变更

《最高人民法院关于金融资产管理公司收购、处置银行不良资产有关问题的补充通知》（法〔2005〕62号）第三条规定："金融资产管理公司转让、处置已经涉及诉讼、执行或者破产等程序的不良债权时，人民法院应当根据债权转让协议和转让人或者受让人的申请，裁定变更诉讼或者执行主体。"最高人民法院印发《关于审理涉及金融不良债权转让案件工作座谈会纪要》的通知（法发〔2009〕19号）第十条指出："金融资产管理公司转让已经涉及诉讼、执行或者破产等程序的不良债权的，人民法院应当根据债权转让合同以及受让人或者转让人的申请，裁定变更诉讼主体或者执行主体。"

从上述相关规定可以看出，针对金融资产管理案件适用诉讼承继原则，但对于金融不良债权多次转让后，其他普通受让人是否适用上述规定，法律并没有明确规定。在不良资产诉讼实务中，受让人如果不是金融资产管理公司（如为地方资产管理公司或其他主体），大部分法院可能不会准予变更诉讼主体。

此外，金融资产管理公司在变更主体过程中需要提交以下材料：《债权转让协议》《债权转让确认书》等。在实务中，对于需要提交支付对价凭证存在争议，有的法院对主体变更可以不要求提供对价支付凭证，也有地方高院（沪执复〔2020〕124号）认为人民法院在执行中，因债权转让而变更申请执行的，需以债权转让的真实性、合法性为前提，在仅凭双方签订的《债权转让协议》《债权转让确认书》，而无支付对价凭证等其他证据予以佐证的情况下，不足以证明双方之间真实合法有效的债权转让关系。因此，金融资产管理公司在进行主体变更时，要提前与法院沟通，留存债权转让的各种凭证，必要时向法院提供。

七、诉讼代理人

（一）诉讼代理人的概念

诉讼代理人是指在权限范围内，代民事诉讼当事人进行民事诉讼活动的人。

诉讼代理人有以下特点。

（1）有诉讼行为能力的人。有完全民事行为能力的人才有诉讼行为能力，未成年人和患有精神疾病的成年人是没有诉讼行为能力的。

（2）以被代理人的名义进行诉讼活动。诉讼代理人是"替"当事人打官司的，是为了当事人的合法权益，因此，必须以被代理人的名义进行诉讼活动。

（3）在授权范围内实施诉讼行为。授权范围是基于法律规定或者当事人（委托人）明确授权的，超过上述授权范围实施的诉讼行为不会产生法律上的效果且是无效的，如给被代理人造成损失的，还要负赔偿责任。

（4）诉讼代理的法律后果由被代理人承担。

（5）在同一诉讼案件中，代理人不能同时代理另外一方当事人。因为双方当事人的利益是冲突的，为任何一方争取利益最大化的时候都会损害另一方当事人的利益，这与代理的本质是相违背的。

（二）诉讼代理人的类型

根据《民事诉讼法》规定，诉讼代理人分为法定诉讼代理人和委托诉讼代理人。

1. 法定代理人

法定代理人是指在当事人无诉讼行为能力的前提下，由法律明文规定确定的代理人,例如,监护人或者法院指定的代理人。关于监护人的范围可参照《民法典》相关规定。

2. 委托代理人

委托代理人是根据委托人(当事人、法定代表人或法定代理人)和受托人双方共同达成意思表示一致,由受托人以委托人的名义在授权范围内进行诉讼行为的人。

根据我国《民事诉讼法》第六十一条规定,委托代理人的范围包括:(1)律师、基层法律服务工作者;(2)当事人的近亲属或当事人的工作人员;(3)当事人所在社区、单位或者有关社会团体推荐的人。

3. 不良资产诉讼案件主要代理方式

在不良资产诉讼案件实务中,采用最多的委托代理方式是员工代理和律师代理。

(1)员工代理。银行等金融机构或者资产管理公司,对于案情简单的诉讼案件,在人员充足的前提下,往往会委托员工代理诉讼案件。除此之外,有些纯保证的债权,债务人和保证人名下也无可供执行的财产,司法诉讼是为了维护诉讼时效并获得胜诉判决书,这种情形出于经济考虑也可以委托员工代理案件。

如员工代理的,法院通常要求提供员工证明以及劳动合同。如果债权多次转让,但是诉讼主体仍为原债权人,受让人可能要求原债权人对自己的员工出具授权委托书,此种情形可能日后会引起不必要的劳动纠纷,要审慎出具。

(2)律师代理。在不良资产诉讼案件中,如果员工人手不足或者案件较为疑难复杂,为了加快案件处置进程,往往会聘请律师代理案件。诉讼阶段因为债权债务关系明确、证据充分,所以律师费一般不会很高，律师主要作用还是体现在执行阶段，但是不排除不良资产诉讼案件也会遇到复杂情况，例如，担保人申请脱保、债务人请求确认转让合同无效等。这种情形聘请专业对口律师也是很有必要的，能有助于债权人获得胜诉判决，同时，相应的律师费用也会比普通金融借款纠纷案件高。

资产管理公司聘请律师一般代理流程如下图所示。

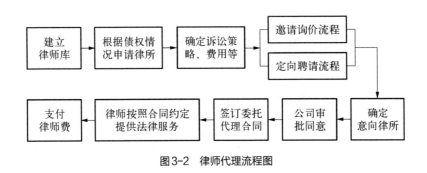

图3-2　律师代理流程图

（3）不良资产业务中律师聘请常见问题。第一，律师代理模式。目前，代理方案主要分为一般代理和风险代理模式。一般代理是指委托人向律所支付固定费用，支付方式可以一次性支付或者分阶段支付。风险代理主要指按照委托方净回收现金额的一定比例支付剩余律师费，或以委托方净回收现金额达到一定数额作为支付剩余律师费的前提条件。代理方案可以是上述其中一种模式，也可以是上述两种模式的结合。

不良资产案件的处置过程，如果单纯聘请律师推进案件进程，取得生效判决，推进执行程序，此种情形多采用一般代理模式，并分阶段支付律师费；如果案件已经到了执行阶段，遇到抵押物难处置、债务人故意干扰司法程序或者当地司法环境不理想，此种情形多采取风险代理，确保律师代理对案件回款有实质性作用才予以支付律师费。为了确保律师聘请后取得一定的清收处置成效，资产管理公司一般会设置清收目标，要求达到清收目标，才予以支付律师费，且为了提高律师积极性，可以适当提高律师费比例，具体可以根据计算基数或者各地区行情来予以确定。

第二，委托代理合同的承继。银行等金融机构与资产管理公司签订资产转让协议时，往往会在协议中明确约定资产管理公司承继与律所等签订的中介服务协议。在这种情形下，资产管理公司就需要银行提供中介服务协议，并核实有无未付的律师费。等资产包交割完毕后，方便后续律师费支付以及在起诉中增加相应律师费的诉讼请求，资产管理公司可以和律所重新签订委托代理合同。

第三，通过债权转让实现回收如何支付律师费。若不良资产在律师代理期间发生了债权、收益权转让或者与债务人、担保人完成和解的，资产管理公司原则上是不支付律师费的。但若律师确实在债权转让或者和解过程中发挥了实质性作用，需要业务部门提供律所与投资人、债务人的谈判记录、聊天记录作为律师发挥实质性作用的佐证，待资产管理公司完成内部审批后予以支付相应律师费，可以按照委托代理合同全额支付，也可以打折支付。

第四，律师库的维护。由于资产管理公司合作的律所以及律师数量多、区域广等特点，特别是全国展业的公司，对于律师库的维护就尤为重要。律师库维护主要是入库和清退。入库阶段需要设置一定入库条件，例如，律所成立的年限、正式律师的人数、相关代理经验以及过往业绩等等。清退，也是律师库维护重要内容之一，资产管理公司开展定期或不定期公司律师库的调整，通过服务评价体系、律师画像等工作安排，将评分较低、代理效果不佳的律所从律师库内清退，以实现公司律师库有进有退、动态管理。

八、缺席审判

在不良资产案件中,很多债务人无法取得联系,法院在送达传票和起诉状副本时也经常遇到无法送达的情况。在此种情形下,法院可能会选择公告送达。如果债务人在借款时提供过"送达地址承诺函"或者借款合同约定送达地址的,法院会选择对承诺函的地址或合同约定送达地址进行送达,无论被送达人是否签收,都视为送达。在无法取得联系的情况下,债务人大概率不会在指定开庭时间和指定开庭地点参与庭审,为了维护债权人利益,法院是允许缺席审判和缺席判决的。

缺席审判是指法院在一方当事人无正当理由拒不到庭或者未经法庭许可中途退庭后,仍然继续开庭审理;缺席判决是指在上述缺席审判的前提下,法院对案件所作出的判决。缺席审判和缺席判决的正当性在于一方当事人缺席无正当理由,也是为了全面维护各方当事人的诉讼权利和合法权益。我国《民事诉讼法》第一百四十六——一百四十八条和《民事诉讼解释》规定了可以缺席审判和缺席判决的情形。

判例

张剑羽、浙江稠州商业银行股份有限公司福州分行金融借款合同纠纷再审案(〔2020〕最高法民申2088号)

裁判要旨

合同对于送达地址约定"合同项下的任何通知或各种通讯联系均应以书面形式按本合同封面记载的地址、电传号或其他联系方法送达对方"。该约定不违反法律规定,本案进入诉讼程序后,原审法院依据案涉合同约定的送达地址向当事人送达诉讼材料被退回,退回之日应视为送达之日。

在实践中,资产管理公司在收购债权进行基础材料交接时,应当注意合同中有无相关送达地址约定,例如,应当向债权人询问是否有送达地址承诺函等类似文件,否则如需公告送达,会大大延长资产管理公司取得生效判决的时间。

九、撤诉

(一)撤诉的概念

撤诉是指原告撤回诉讼请求的行为。其中广义的撤诉还包括被告撤回反诉、第三人撤回参加之诉。

(二)撤诉的条件

撤诉应当符合以下条件:

(1)撤诉必须是口头或者书面向受诉法院明确提出撤诉内容的申请;

(2)撤诉的意思表示必须是真实的;

(3)撤诉申请应当在宣判之前提出;

(4)申请撤诉的目的是否正当、合法。当事人如有违反法律的行为需要依法处理的,人民法院可以不准许撤诉。即原告申请撤诉是否正当、合法,受诉人民法院应当进行审查。

(三)按撤诉处理的情形

按撤诉处理是指原告或其代理人消极行为,法院按撤诉处理的情形。主要包括以下4种情形。

(1)原告经传票传唤,无正当理由拒不到庭的,或者未经法庭许可中途退庭的,可以按撤诉处理。(《民事诉讼法》第一百四十六条)

（2）应当补交而没有按期足额补交的。(《民事诉讼解释》第一百九十九条）

（3）无民事行为能力人的当事人的法定代理人，经传票传唤，无正当理由拒不到庭，属于原告方的，可以按撤诉处理。(《民事诉讼解释》第二百三十五条）

（4）有独立请求权的第三人，经传票传唤，无正当理由拒不到庭或者未经法庭许可中途退庭，可以按撤诉处理。(《民事诉讼解释》第二百三十六条）

（四）法律效果

原告申请撤诉会产生如下法律效果。

（1）诉讼程序终结。因此，撤诉也是法院结案方式之一。

（2）视为没有起诉过。撤诉被认为是当事人对自己的诉讼权利进行了处分，而非实体权利，撤诉以后还是可以再重新起诉。但是，如果案件已经判决、裁定或调解的，当事人就同一事项起诉的，视为重复起诉，裁定不予受理，符合法定条件的可以提起再审。

（3）可能引起诉讼时效中断。但是，目前实践中有两种观点，一种认为是构成诉讼时效中断，诉讼时效应当重新开始计算，即认为从受诉人民法院作出准许撤诉裁定之日起，诉讼时效重新计算；第二种观点认为不构成诉讼时效中断，撤诉被认为自始没有起诉过，因此，诉讼时效不应当重新计算。在通常实务中，是否构成诉讼时效中断还应当区分不同情形，关键是看诉讼文书等是否送达被告。例如，在开庭后各方达成和解，于是原告撤诉，这种应当视为诉讼时效中断；如果原告因为没有缴纳诉讼费视为撤诉，诉讼程序一直停留在受理阶段，法院也没有送达过起诉状副本等诉讼材料，此种情形应当不构成诉讼时效中断。

十、裁判

法院的裁判行为最终是以某种形式体现出来的。在《民事诉讼法》中，法院的裁判行为分为判决、裁定和决定等形式。

（一）判决

判决是指人民法院在案件审理程序终结时，对案件实体问题作出权威性的判定。判决是人民法院代表国家对有争议的民事实体问题作出判定，任何其他机关都无权审理和作出判决，也不能干涉法院审理和作出判决。

判决是人民法院对案件审理之后作出的终局性判定。判决必须以事实为依据、以法律为准绳。因此，只有在经过法庭调查、法庭辩论等阶段以后，才能作出最后的判定。

判决是人民法院行使国家审判权的具体体现，具有法律权威性，对当事人具有约束力，任何机关、个人都不能随意推翻判决所认定的事实和关系，都得按照判决内容予以执行。

判决书一般包括以下内容：（1）诉讼参加人的基本情况；（2）案由、诉讼请求、争议的事实和理由；（3）判决认定的事实和理由、适用的法律和理由；（4）判决结果，即判决结论，是判决的最主要部分；（5）诉讼费用的负担；（6）上诉期间和上诉法院。

（二）裁定

裁定是指人民法院对民事诉讼和执行的程序问题以及部分实体问题所作出的权威性判定。民事裁定主要是解决程序性问题，在个别情况下也用于实体问题的判定，例如，对于财产保全的裁定。对于程序性问题的裁定不仅在诉讼审判程序中适用，也在执行程序中适用，例如，中止或终结执行的裁定。

人民法院为保障民事诉讼程序的顺利进行，往往都需要用到民事裁定。

民事裁定与民事判决的主要区别在于：（1）处理的对象不同，判决用于处理实体问题，裁定主要用于程序性问题；（2）适用阶段的不同，裁定贯穿民事诉讼审判和执行阶段，而民事判决只能在诉讼终结时使用；（3）上诉期限不同，民事裁定的上诉期为10日，民事判决的上诉期为15日；（4）形式不同，裁定可以用书面或者口头形式，而判决必须用书面形式。

《民事诉讼法》第一百五十七条明确规定了适用裁定的法定情形，包括：（1）不予受理；（2）对管辖权有异议的；（3）驳回起诉；（4）保全和先予执行；（5）准许或者不准许撤诉；（6）中止或者终结诉讼；（7）补正判决书中的笔误；（8）中止或者终结执行；（9）撤销或者不予执行仲裁裁决；（10）不予执行公证机关赋予强制执行效力的债权文书；（11）其他需要裁定解决的事项。对前款第一项至第三项裁定，可以上诉。

（三）决定

民事决定是指人民法院针对某些特殊性事项作出的权威性判定。民事决定不涉及实体问题，也一般不涉及诉讼程序的变化，主要解决诉讼过程中发生的妨碍或阻却诉讼程序正常进行的问题。

不同于民事裁定，民事决定都是不能上诉的。民事决定在形式上与民事裁定类似，既可以用口头形式也可以用书面形式，但是民事裁定仍以书面为主。

根据《民事诉讼法》相关规定，以下情形应当采用民事决定：（1）是否回避；（2）对妨害民事诉讼的人采取强制措施的；（3）关于当事人申请诉讼费的减、免、缓的问题；（4）对于重大疑难问题的处理，适用这一类决定的主体一般都是审判委员会，所处理的问题不直接用于当事人,例如,关于是否提起审判监督程序;(5)关于当事人提出顺延诉讼期限的申请。

十一、诉讼中止与诉讼终结

(一)诉讼中止

诉讼中止是指因法定原因的出现使诉讼无法进行或者继续进行有困难的,必须暂停诉讼程序,待上述情形消失后再予以恢复。

根据《民事诉讼法》第一百五十三条规定,诉讼中止的原因主要如下。

(1)一方当事人死亡,需要等待继承人表明是否参加诉讼的;

(2)诉讼一方当事人丧失诉讼行为能力,尚未确定法定代理人的;

(3)作为一方当事人的法人或者其他组织终止,尚未确定权利义务承受人的;

(4)一方当事人因不可抗拒的事由,不能参加诉讼的;

(5)本案必须以另一案的审理结果为依据,而另一案尚未审结的;

(6)其他应当中止诉讼的情形。

诉讼中止可以由当事人提起,也可以由法院依职权裁定。诉讼中止的裁定一经作出即发生法律效力,当事人不能对诉讼中止提出上诉。

诉讼中止的法定事由消除后,法院应当恢复诉讼程序,从法院通知或准许当事人双方继续进行诉讼时起算。

(二)诉讼终结

诉讼终结是指,因出现法定情形,导致诉讼无法进行或没有必要进行,受诉法院裁定终结本案诉讼程序。

根据《民事诉讼法》第一百五十四条规定,诉讼终结的原因主要如下。

（1）原告死亡，没有继承人，或者继承人放弃诉讼权利的；

（2）被告死亡，没有遗产，也没有应当承担义务的人的；

（3）离婚案件一方当事人死亡的；

（4）追索赡养费、扶养费、抚育费以及解除收养关系案件的一方当事人死亡的。

终结裁定一经作出，就发生法律效力，当事人不能提起上诉，也不能提起复议。为进一步方便了解第一审程序，可参考如下流程图。

图3-3 一审程序流程图

第三节 第二审程序

第二审程序是指任何一方当事人若对一审判决或者裁定不服，在判决或者裁定生效之前有权向上级人民法院提起上诉，由上级人民法院对案件进行审理的程序。

第二审程序的设置有重大意义，一方面是当事人在认为第一审裁决有误时，可以向上级法院提出请求，审查一审裁决的合法性和正确性，以维护自己的合法权益；另一方面在第二审程序审理过程中，上级人民法院也对下级人民法院进行监督和检查，维护司法的公平公正及统一性。

一、上诉的提起和撤回

（一）上诉的提起条件

（1）必须是依法允许上诉的判决、裁定。即一审判决（包括发回重审后作出的判决），关于不予受理、驳回起诉和对管辖权异议的裁定。

以下裁决不能提起上诉：最高院作出的判决和裁定，中级人民法院以上作出的第二审判决和裁定，适用特别程序、督促程序、公示催告程序以及小额诉讼程序审理案件所作出的判决和裁定。

（2）必须有法定的上诉人和被上诉人。上诉人是提起上诉的当事人，被上诉人是与上诉人有直接利害关系的一审程序的对方当事人。

（3）必须在法定期限内提出上诉。《民事诉讼法》第一百七十一条规定，不服判决的上诉期间为判决送达之日起15日，不服裁定的上诉期间是裁定送达之日起10日。上诉期满如果没有当事人提出上诉，一审程序的判决或裁定予以生效。

（4）必须提交上诉状。当事人拟提出上诉的，必须向人民法院提交上诉状，当事人如果口头提出是不能视为提出上诉的。上诉状的内容要求可以参考《民事诉讼法》第一百七十二条的相关规定。

（二）上诉的提起程序

（1）向原审法院提交上诉状。同时，应当提交对方当事人人数的上诉状副本。如果当事人直接向二审法院提交上诉状，二审法院应当接受并于5日内将上诉状发交给原审法院。

（2）原审法院收到上诉状以后应当在5日内将上诉状副本送达对方当事人，并告知其在15日内提交答辩状。法院收到答辩状以后应当在5日内将答辩状送达至上诉人。如果对方当事人不答辩，也不影响二审程序的进行。

（3）原审法院在收到上诉状和答辩状以后，应当在5日内连同全部案卷和证据移送第二审人民法院。接下来由第二审人民法院审理案件。

（三）上诉的撤回

上诉的撤回是指上诉人在提起上诉以后，在第二审人民法院判决宣告前，申请撤回上诉，是否准许由第二审人民法院裁定。第二审人民法院准许撤回上诉以后，说明上诉人放弃了自己的上诉权利，即使法院裁定准许撤回上诉时，法定上诉期间未届满，当事人也不得再行上诉了。

二、上诉案件的审理

（一）上诉案件的审理范围

第二审人民法院应当对上诉请求的有关事实和适用法律进行审查。也就是"不告不理"的原则，即上诉请求没有涉及的事实问题和法律问题，不是二审法院的审理范围。但一审判决违反法律禁止性规定，或者损害国家利益、社会公共利益、他人合法权益的除外。

（二）上诉案件的审理方式

上诉案件原则上应当开庭审理，不开庭审理需满足一定的程序上和实体上的条件，具体见《民事诉讼法》第一百七十六条规定。

第二审程序是为了维护公平和公正，而开庭审理是保证第二审程序公正的重要手段。因此，不开庭审理是例外情形。为了规范不开庭审理的适用情况，《民事诉讼解释》第三百三十一条规定了第二审人民法院可以不开庭审理的案件类型。

（三）上诉案件的裁判

第二审人民法院对上诉案件审理之后，应当对案件的不同情况作出相应的裁判。

1. 驳回上诉、维持原判

第二审人民法院认为原判决、裁定认定事实清楚，适用法律正确的，则应当以判决、裁定方式驳回上诉，维持原判决、裁定。

2. 依法改判

对于以下两种情形，可以依法改判：（1）原判决、裁定认定事实错误或者适用法律错误的，以判决、裁定方式依法改判、撤销或者变更；（2）原判决认定基本事实不清，裁定撤销原判决，可选择查清事实后依法改判。

3. 裁定撤销原判决，发回重审

（1）可以选择发回重审的情形。原判决认定基本事实不清的，二审法院可以裁定撤销原判决，发回原审人民法院重审。（2）应当发回重审的情形。例如，原判决遗漏当事人或者违法缺席判决等严重违反法定程序的，二审法院应当裁定撤销原判决，发回原审人民法院重审。详见《民事诉讼解释》第三百二十三条关于严重违反法定程序的四种情形。

对于发回重审的案件，由原审人民法院另行组成合议庭。发回重审后原审法院作出的判决，仍然属于一审判决，当事人有权提起上诉。

重审意味着一审的审理程序重新开始，法院应当重新审理。包括重新确定举证期限、质证、开庭审理、法庭调查、法庭辩论等。如果原来已经申请保全的，可以不用重新申请，原来已采取措施的仍然有效。

4. 对不服第一审裁定的处理

《民事诉讼法》第一百七十八条规定，第二审人民法院对不服第一审人民法院裁定的上诉案件的处理，一律使用裁定。

5. 第二审裁判的法律效力

第二审的裁判是终审裁判，一经作出就发生效力。主要体现为：（1）不能再上诉。（2）不能重新起诉。双方当事人就争议事项或标的已经上诉法院审理完结以后，根据"一事不再理"原则，双方不能就同一争议事项或标的提起新的诉讼。(3)可以申请强制执行。二审裁判生效后，负有履行义务的当事人无正当理由拒不履行的，享有权利的一方当事人有权提起强制执行。为进一步方便了解第二审程序，可参考如下流程图。

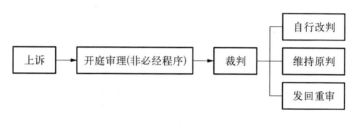

图3-4 二审程序流程图

第四节 诉 讼 时 效

一、诉讼时效的概念和类别

诉讼时效是指民事权利受到侵害的权利人在法定的时效期间内不行使权利，当时效期间届满时，债务人获得诉讼时效抗辩权。即法律只保护权利人在诉讼时效有效期内的胜诉权，超过诉讼时效可能会有败诉的风险。在超过诉讼时效后，权利人才提起诉讼的，人民法院应当受理。受理后，如另一方当事人提出诉讼时效抗辩且查明无中止、中断、延长事由的，法院应当判决驳回其诉讼请求。如果另一方当事人未提出诉讼时效抗辩，则视为其自动放弃该权利，法院不得依照职权主动适用诉讼时效（《民法典》第一百九十三条），应当受理支持其诉讼请求。设立诉讼时效制度的主要目的，是客观地促进法律关系安定，及时结束权利义务关系的不确定状态，稳定法律秩序，降低交易成本，即"法律帮助勤勉人，不帮助睡眠人"。

包括诉讼时效在内的任何时效,都由法律法规进行规定,具有法律强制性,如对诉讼时效进行延长、缩短、放弃的约定或者单方承诺都是无效的。

诉讼时效分为以下三种。

(1)一般诉讼时效,由《民法典》第一百八十八条予以规定,普遍适用于各种民事法律关系。一般诉讼时效期间为3年,自权利人知道或者应当知道权利受到损害以及义务人之日起计算。《民法典》第一百八十九——一百九十一条对诉讼时效期间的起算时间另有规定。如《民法典》第一百八十九条规定分期履行情况下诉讼时效起算时点是最后一期履行期限届满之日。

(2)特别诉讼时效,是指由《民法典》以及其他民事特别法规定的适用于某些民事法律关系的时效期限,不同于一般诉讼时效。根据特别法优于普通法的原则,特别诉讼时效优先于一般诉讼时效适用。

(3)最长诉讼时效,是不适用诉讼时效中止、中断规定的时效期间。《民法典》第一百八十八条规定,最长诉讼时效为20年。即如果权利受到侵害的事实发生之后,权利人一直不知道或者不应当知道权利受到损害以及义务人的,则从权利受到损害之日起计算,超过20年的,人民法院不予保护。

诉讼时效期间届满的,义务人产生抗辩权,可以提出不履行义务的抗辩。抗辩权,是抗辩他人行使权利的对抗权。诉讼时效期间届满产生的抗辩权是永久性抗辩权,抗辩权人行使抗辩权对抗请求权后,就永久发生拒绝给付、不履行义务的法律效力。对于权利人而言,其实体权利并没有消灭,而是在诉讼时效届满以后其实体权利转为自然权利,不受法律强制力保护。但是如果诉讼时效届满以后,义务人同意履行的,不得以诉讼时效期间届满为由抗辩;义务人已经自愿履行的，不得请求返还，因为上述两种行为，义务人都已经放弃了抗辩权。

二、诉讼时效中断、中止

（一）诉讼时效中止

诉讼时效中止，是指在诉讼时效期间的最后6个月内，因发生了法定事由从而使诉讼时效停止计算，待中止时效的原因消除后诉讼时效继续进行的制度。

诉讼中止制度设计考虑到了在诉讼时效进行过程中，会出现权利人主张权利的客观障碍，会导致权利人无法在诉讼时效期间内及时主张权利，可能会导致不公平的结果。

引起诉讼时效中止的法定障碍事由是：（1）不可抗力。须有符合《民法典》第一百八十条规定的"不能预见、不能避免且不能克服的客观情况"出现。（2）无民事行为能力人或者限制民事行为能力人没有法定代理人，或者法定代理人死亡、丧失代理权、丧失民事行为能力。因为无民事行为能力人或者限制行为能力人不能独立实施民事行为，不能独立开展诉讼行为，法定代理人缺位会对其权利行使造成客观障碍，诉讼时效若继续进行会损害权利人的合法权益。（3）继承开始后未确定继承人或者遗产管理人。主要指继承人未确定时，无法向被继承人的债务人行使权利，或被继承人的债权人也不知道向谁主张权利。如果未确定遗产管理人的，遗产的权利还不能分割。（4）权利人被义务人或者其他人控制。这是指权利人被义务人或者其他人以非法拘禁等方式限制人身自由，会导致权利人无法主张权利。还有权利人是义务人的控股子公司，子公司如果想要提起诉讼可能需要母公司授权等，但母公司显然不会对子公司对自己提起诉讼进行授权或同意，以上都属于客观障碍。（5）其他导致权利人不能行使请求权的障碍。法律不可能逐一列举中止诉讼时效的全部事由，考虑社会生活以及司法实践的复杂性，设定本兜底条款。例如，原告或者被告在正处于战争状态的武装部队服役。

诉讼时效中止须发生在诉讼时效期间的最后6个月内。只要在诉讼时效期间的最后6个月内出现中止时效的原因，就一律在中止时效的原因消除之日起，再加上6个月，诉讼时效期间才届满。

（二）诉讼时效中断

诉讼时效期间中断，是指在诉讼时效期间进行过程中，出现了权利人积极行使权利等法定事由，从而使已经经过的诉讼时效期间归于消灭，重新开始计算诉讼时效期间的制度。

引起诉讼时效期间中断的法定事由有如下4项。

（1）权利人向义务人提出履行请求。提出履行请求意味着权利人积极行使自己的权利，应当发生诉讼时效中断的效力。请求分为提起诉讼请求和诉外请求。诉讼请求主要是指提起诉讼，诉外请求是权利人在司法程序外向义务人催促履行义务。根据《最高人民法院关于审理民事案件适用诉讼时效制度若干问题的规定》第八条规定，具有以下情形的应当认定产生诉讼时效中断的效力：（一）当事人一方直接向对方当事人送交主张权利文书，对方当事人在文书上签字、盖章或者虽未签字、盖章但能够以其他方式证明该文书到达对方当事人的。对方当事人为法人或者其他组织的，签收人可以是其法定代表人、主要负责人、负责收发信件的部门或者被授权主体；对方当事人为自然人的，签收人可以是自然人本人、同住的具有完全行为能力的亲属或者被授权主体。（二）当事人一方以发送信件或者数据电文方式主张权利，信件或者数据电文到达或者应当到达对方当事人的。（三）当事人一方为金融机构，依照法律规定或者当事人约定从对方当事人账户中扣收欠款本息的。（四）当事人一方下落不明，对方当事人在国家级媒体或者下落不明的当事人一方住所地的省级有影响的媒体上刊登具有主张权利内容的公告的，但法律和司法解释另有特别规定的，适用其规定。

（2）义务人同意履行义务。是指义务人知道权利的存在，并通过一定方式（口头的或书面的）向权利人作出愿意履行义务的承诺。这种承诺往往是权利人积极主张权利而取得的结果，总之权利人没有怠于行使自己的权利，因此诉讼时效应当中断。

（3）权利人提起诉讼或者申请仲裁。在诉讼时效期间内，当事人向法院提起诉讼，或者向仲裁机构提出申请的，已表明其已经积极开始行使自己的权利。诉讼时效从起诉之日起中断。

（4）与提起诉讼或者申请仲裁具有同等效力的其他情形。例如，调解、申请支付令、申请破产、申报破产债权，为主张权利而申请宣告义务人失踪或死亡，申请诉前财产保全、诉前临时禁令等诉前措施，申请强制执行，申请追加当事人或者被通知参加诉讼，在诉讼中主张抵销等，都属于与提起诉讼或者仲裁具有同等效力的情形，可以引起诉讼时效中断。

诉讼时效期间中断后，重新计算时效期间起算点的方法是：(1)以起诉或仲裁、调解而中断的，自判决、裁定、调解协议生效之时起重新计算；(2)以其他方式主张权利而中断的，自中断原因发生时重新计算；(3)因债务人同意履行债务而中断的，自中断原因发生时重新计算。

（三）不良资产实务中诉讼时效中断相关问题

1.资产转让过程中转让公告及催收公告是否构成诉讼时效中断

（1）金融资产管理公司在受让银行的不良债权之时以及受让之后，在全国或省级有影响的报纸上发布有催收内容的债权转让公告或通知可以中断诉讼时效。法条依据：《关于贯彻执行最高人民法院"十二条"司法解释有关问题的函》、《关于金融资产管理公司收购、处置银行不良资产有关问题的补充通知》、《海南会议纪要》第十一条。

（2）地方资产管理公司或其他主体受让不良债权后直接通过报纸催收公告的方式主张权利不发生诉讼时效中断的效果。

在司法实践中，地方资产管理公司或其他主体受让人受让不良资产债权转让的，以在报纸上发布的催收公告作为诉讼时效中断的证据的，人民法院不予支持。根据《最高人民法院对〈关于贯彻执行最高人民法院"十二条"司法解释有关问题的函〉的答复》（法函〔2002〕3号）规定，只有金融资产管理公司在全国或省级有影响的报纸上发布的有催收内容的债权转让公告或通知才构成诉讼时效中断。

（3）非《海南会议纪要》界定的银行在全国或省级有影响力的报纸发布债权转让并有催收内容的公告不构成诉讼时效中断。

实践中应注意若不属于《海南会议纪要》界定的国有银行，不属于政策性不良债权或商业性不良债权，则在全国或省级有影响的报纸上发布的债权转让及催收公告或通知，不会产生诉讼时效中断的法律后果。

《海南会议纪要》关于国有银行范围的界定及适用范围存在较大争议，《海南会议纪要》中列明的银行和未列明的银行对外转让中新形成的不良资产能否适用《海南会议纪要》是很多新型不良资产收购过程中不得不面对的法律问题。在办理类似案件过程中，建议严格按照《海南会议纪要》所规定的适用范围执行，不属于《海南会议纪要》列明范围内的银行所转让的债权遵照《民事诉讼法》关于时效中断的方式进行催收。

《最高人民法院关于审理涉及金融不良债权转让案件工作座谈会纪要》第十二条"关于《纪要》的适用范围"：会议认为，在《纪要》中，国有银行包括国有独资商业银行、国有控股商业银行以及国有政策性银行；金融资产管理公司包括华融、长城、东方和信达等金融资产管理公司和资产管理公司通过组建或参股等方式成立的资产处置联合体。国有企业债务人包括国有独资和国有控股的企业法人。受让人是指非金融资产管理公司法人、自然人。不良债权转让包括金融资产管理公司政策性和商业性不良债权的转让。政策性不良债权是指1999年至2000年上述四家金融资产管理公司在国家统一安排下通过再贷款或者财政担保的商业票据形式支付收购成本从中国银行、中国农业银行、中国建设银行、中国工商银行以及国家开发银行收购的不良债权；商业性不良债权是指2004年至2005年上述四家金融资产管理公司在政府主管部门主导下从交通银行、中国银行、中国建设银行和中国工商银行收购的不良债权。

2. 对部分连带保证人主张权利引起诉讼时效中断的效力是否及于其他连带保证人

根据《最高人民法院关于审理民事案件适用诉讼时效制度若干问题的规定》第十五条第二款关于"对于连带债务人中的一人发生诉讼时效中断效力的事由，应当认定对其他连带债务人也发生诉讼时效中断的效力"的规定，债权人向部分连带保证人主张权利，诉讼时效的中断效力及于其他连带保证人。（最高人民法院〔2015〕申字第1621号）

3. 何种债务催收方式可能不会引起诉讼时效中断

（1）以注册地址邮寄了催收通知也可能不会发生诉讼时效中断的效果。

有的债务人登记注册地址无明确具体的街道、门牌，亦无联系电话，客观上存在邮寄送达的不确定性。建议还是在合同中约定详细的联系地址及联系电话作为邮寄地址，增加送达的准确性。

（2）债务催收未经债务人签收或者未采用公证送达方式，不构成诉讼时效中断效果。

银行等债权人未采用公证等方式向债务人进行催收的,或者也没有其他相关证据证明债务催收函已经债务人签收或者拒收(例如,邮政系统显示已签收或拒收),应当不构成诉讼时效中断。

关于签收人的资格,如果债务人为自然人,则签收人应为本人或者其授权人;如果为法人或者其他组织,在实务中有争议,除非合同有明确规定,公司法定代表人、主要负责人、董事会或者不设董事会的执行董事,监事会或不设监事会的公司的监事或者公司收发室等都可以代表公司签收相关文书。

(3)债务人并未"下落不明"时债权人直接采用登报公告的方式催收债权并不产生诉讼时效中断的效力。

非金融资产管理公司债权人,根据《最高人民法院关于审理涉及金融不良债权转让案件工作座谈会纪要》第十一条、第十二条的规定,以在报纸上发布公告的方式催收债权不能构成诉讼时效的中断。且根据《最高人民法院关于审理民事案件适用诉讼时效制度若干问题的规定》第八条第一款第四项的规定,如果非金融资产管理公司债权人在债务人并未"下落不明"时,即采用登报公告的方式催收债权,亦不产生诉讼时效中断的效力。

(4)超过诉讼时效后,公告催收或者给债务人发送催收通知书不能再构成诉讼时效中断。

根据《最高人民法院关于审理民事案件适用诉讼时效制度若干问题的规定》第十九条规定,"诉讼时效期间届满,当事人一方向对方当事人作出同意履行义务的意思表示或者自愿履行义务后,又以诉讼时效期间届满为由进行抗辩的,人民法院不予支持"。

对于上述规定中"作出同意履行义务的意思表示"应作严格解释,即债务人应当明确表示抛弃时效利益,同意履行剩余的还款义务,如达成还款协议、签订债权确认书等。

如果债权人仅仅是公告催收或者给债务人发送催收通知书，不属于债务人对原债权债务重新确认的情形，因此，不属于诉讼时效中断的情形。

第五节　资产管理公司对不良资产案件管理内容

一、管理模式

目前，资产管理公司对不良资产案件管理分为两种模式：一种是业务部门主导、中后台审核模式；另外一种是中后台（例如法律合规部）直接参与不良资产案件模式。在实践中，第一种模式会采用得比较多，资产管理公司主要经营不良资产，而不良资产的主要处置手段就是司法诉讼，这样就会导致公司的诉讼案件非常多，如果均由法律合规部或者其他职能部门参与，则必须配备足够的法律专业人才，除此之外，业务团队的清收处置主动权也会弱化。目前，各资产管理有限公司采取较多的是两种模式相结合，相辅相成的模式，一些案情较为简单的诉讼案件采取第一种管理模式，而针对一些案情复杂、标的金额巨大、影响较大的案件则采取第二种模式，对诉讼案件进行分类管理，更加具有针对性，不仅提高效率，也能控制风险。

二、管理内容

（一）起诉准备

1.起诉申请与审批

首先，资产管理公司在收购不良资产后，应当在收包交割后或者法定时效期限届满前一定期限内予以起诉。

其次，对于未诉的不良资产拟提起诉讼申请的，应当包括以下内容：（1）项目基本情况；（2）债务人的基本情况、偿债意愿、偿债能力的分析，担保人的基本情况和承担担保责任能力的分析；（3）拟提起的诉讼请求及诉讼可行性、必要性分析，诉讼风险预测及控制措施；（4）诉讼费支出及回收情况预测分析，律师代理方案情况说明；（5）其他需说明的情况。

最后，是否同意起诉由资产管理公司设置的审核部门予以审批。审核部门应从诉讼目的、诉讼请求、法律关系、证据材料、诉讼风险等方面进行审查，并从以下方面出具审查意见：（1）证明案件事实情况的证据材料的完整性和充分性；（2）诉讼请求的可行性分析；（3）诉讼风险预测和控制措施；（4）诉讼费用预测；（5）是否同意提起诉讼；（6）是否申请保全；（7）是否同意/需要聘请律师事务所代理；（8）聘用律师提交的诉讼方案和代理意见（如有）。但是一般来说，诉讼是不良资产的常规处置手段，且需符合《民事诉讼法》严格程序规定，因此一般是形式审核。

此外，对于起诉申请也可以采取报备制度，即由业务部门自主决定是否起诉，但是起诉以后应当在规定时间向管理部门报备，报备内容包括：（1）案件基本情况说明；（2）提起的诉讼请求；（3）诉讼必要性、可行性的分析；（4）诉讼风险分析、已采取的应对措施和应诉工作安排；（5）其他需要说明的事项。

2. 起诉流程

资产管理公司对于诉讼获得审批或者报备后，可以按照以下流程操作。

（1）指定经办人员、代理人。资产管理公司应当对不良资产案件指定案件主办人，由其负责监督不良资产案件的时效、进展等。对于诉讼案件，可由业务人员自行代理或与公司法务人员共同代理，也可由法务人员自行代理或与聘请律师共同代理。对于聘用律师代理的，应按照公司的律师事务所聘用管理规程的规定予以聘用。为控制代理人权限，防范代理人未经审批私自越权决策，代理人原则上被授予一般代理权限。如需特别授权的，应经公司有关机构批准。

（2）准备诉讼材料。一般来说，不良资产诉讼案件一般需要包括以下材料。

① 业务合同，包括但不限于借款合同、担保合同、债权转让协议和公告材料等；

② 向债务人、担保人等主张权利的证据，如催收通知、公告等；

③ 抵押物登记、质押物的登记和交付情况，担保财产价值评估情况，业务部门已掌握的除抵押、质押物外的其他可供保全财产情况；

④ 拟诉对象的企业法人营业执照、年检情况、经营情况等；

⑤ 拟诉对象的其他涉诉情况；

⑥ 其他与案件起诉相关的材料。

（3）支付诉讼费、律师费等相关费用。业务人员根据法院通知缴纳诉讼费，以及根据与律师签署的代理合同约定支付律师费。

（二）诉讼材料审核流程

1. 常规诉讼材料审核

对外出具的诉讼材料，均需中后台审批，主要是法律合规部和其他负责不良资产处置管理职能的部门。主要审核内容包括诉讼材料的合法合规性、完整性、有效性等等。例如，起诉状诉请是否完整，授权委托书是否合法合规等，如图3-5所示。

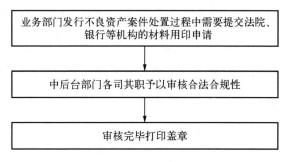

图3-5 诉讼材料审核流程图

2. 特殊诉讼事项审批

一般诉讼材料可以根据上述审核流程直接用印,但针对特殊事项诉讼材料用印,公司往往会设置前置审批程序,且根据涉及内容不同设置不同审批程序,一般包括以下事项。

(1)涉及程序性事项让渡权利的事项,包括但不限于:撤诉/撤回执行、申请解除保全措施、申请终结执行等。

(2)涉及实体性权利放弃的事项,包括但不限于:调解/和解、变更诉讼请求、解除抵押/质押等担保措施、申请低于法律规定的折扣拍卖/变卖资产、一审裁判未支持公司全部或主要诉讼请求且拟不上诉等。

(3)涉及具体商业判断且未放弃任何权利的特殊事项,包括但不限于:以物抵债、抵押物议价、支付诉讼执行过程非必须由公司承担的费用。

(三)重大诉讼案件管理

重大诉讼案件一般是指由公司法律合规部直接管理和参与指导,由业务团队具体处理的诉讼案件。

重大案件认定一般需要满足以下一个或多个条件。

(1)标的额一定金额以上的案件,或标的额虽不足上述金额,但案情复杂、重大、社会影响面较广，判决结果可能严重影响资产管理公司声誉或者造成重大经济损失的案件；

（2）在最高人民法院或者省高级人民法院审理的案件；

（3）跨省级行政区域审理的案件；

（4）其他疑难复杂的诉讼项目。

在重大诉讼案件办理过程中，资产管理公司法律合规部门应加强案件集体论证，对上述重大、疑难、复杂或者高诉讼风险的个案进行论证，组织案件主办人、公司总法律顾问、法务人员、高校法学教授、公司常年法律顾问、相关领域知名律师及中介机构等进行集体论证，分析个案中的法律关系，并为个案的处理寻求解决方案。诉讼方案制定和调整、代理律师的聘用等，由公司法律合规部管理和指导，业务团队负责具体的处理工作。

对于上述重大案件，除了案件主办人，公司中后台部门包括但不限于法律合规部应当确定专人负责，有必要的话形成工作小组，加强案件的沟通协调，定期或实时报送案件进展。

（四）不良资产案件结案认定

资产管理公司出现以下情形的，可以认定案件结案。

（1）法院准许撤诉、初审法院裁定驳回起诉，并经终审法院维持的；

（2）终审判决完全胜诉或基本胜诉的，且对方当事人已将生效法律文书中所确定的义务全面履行完毕；

（3）在案件审理过程中或执行过程中，与对方当事人等达成和解，且和解协议已履行完毕；

（4）全部、主要诉讼请求未得到法院生效判决支持；

（5）被执行人未全面履行生效裁判，公司权益未能全面实现，但法院裁定终结执行的（裁定终结本次执行的除外）；

（6）以其他方式将案件所涉资产等处置完毕。

不良资产诉讼案件结案后，案件主办人可以针对诉讼案件填写结案报告，报公司审批同意结案。案件结案后，应按照公司的档案管理办法规定对案件档案进行归档。

（五）诉讼台账数字化

1. 诉讼台账数字化背景和意义

资产管理有限公司主要经营逾期债权，诉讼执行是较为常见的处置手段。资产管理有限公司管理着上千个诉讼案件，如果这类案件均用手工台账予以登记、更新诉讼状态，势必工作量巨大，且也容易出现纰漏。因此，对于诉讼台账数字化管理就尤为重要，主要有如下意义：(1)具有完整台账信息，方便各中后台查询数据；(2)精细化过程化痕迹化管理，提高整体管理效率和综合管理能力，降低过程中发生的风险；(3)诉讼时效、查封时效维护等，起到提醒功能；(4)方便形成相关报表数据，为公司决策提供数据支持。

2. 诉讼台账数字化管理内容

（1）诉讼全流程管理。数字化系统对资产管理公司的诉讼案件，包括诉讼/仲裁、执行、破产的过程进行流程化管理，在包括但不限于诉讼立案阶段、开庭审理阶段、判决阶段、申请执行阶段、执行过程阶段、申请破产阶段、债权人会议阶段、破产清算/重整/和解表决等案件的重要节点，经办人员或者律师应当在数字化系统内录入相应信息以及上传上述法律文件，以便资产管理公司可以更精确地掌握案件进展；同时，也应对诉讼过程中的重要信息和材料予以留档，做到精细化管理。

（2）诉讼相关时效管理。诉讼时效管理主要针对开庭、诉讼费缴纳、保全时效、诉讼时效、执行时效等情况进行维护和管理。可以设置时效提醒功能，当上述时效即将到期时，数字化系统会提前一定时间提醒经办人员或者律师，防止错过上述时效而导致公司权益受损。

（3）对不同业务模式下的诉讼案件分类管理。资产管理公司经营模式主要是收包、处置或者转让，针对处置和转让，不同公司还会有其他不同业务模式，而这整个过程是动态的。通过数字化管理，将每个诉讼案件与债权处置或转让状态予以关联，对于已转让或者委托清收的债权进行分类管理，不仅提高工作效率，还能确保诉讼台账的准确性和及时性。

本 章 小 结

本章主要阐述了基本民事诉讼制度的内容，包括一审程序中起诉与受理、管辖、保全、开庭审理、诉讼主体的变更、诉讼代理人、缺席审判、撤诉、裁判、诉讼中止与诉讼终结、诉讼时效制度以及二审程序的相关内容，并对每一部分内容结合不良资产相关司法解释、监管规定以及实务操作进行分析与探讨。此外，本章最后针对民事诉讼案件流程特点，介绍了资产管理公司相应的内部管理制度，包括但不限于诉讼管理、诉讼行为审批、诉讼案件台账数字化管理等等。

本章重要术语

民事诉讼　管辖　财产保全　裁判　诉讼时效

复习思考题

1. 民事诉讼基本制度包含哪些内容？
2. 民事诉讼一审程序包含哪些流程？
3. 诉讼时效中断的事由？

第四章

不良资产强制执行
实务

强制执行的关键是要掌握被执行人的基本情况和财产状况，以便后续的清偿和处置，申请执行人在向人民法院申请强制执行时，需要主动向法院提供被执行人的基本情况及财产线索。

在不良资产业务领域，多数案件结案后都会进入强制执行程序。强制执行对多数人来说是一个既熟悉又陌生、既面临机遇又充满挑战的全新领域。学习、了解并熟练掌握强制执行理论知识，了解强制执行实操，抓住更多机会融会贯通诉讼执行全过程，完成从诉讼争议解决到强制执行实现权利的闭环，对于丰富不良资产清收处置专业技能，实现诉讼审判与强制执行相互助力，最终达到权利实现目的具有重要意义。

第一节　不良资产管理与强制执行

一、不良资产与强制执行的关系

不良资产的产生必然有其主客观原因，从诉讼执行的不同阶段可以区分为未起诉、已起诉未判决、已判决未申请执行、已申请执行、已破产等不同状态。假如债务人或担保人等主体能够及时向债权人履行既定义务，则后续债权人无申请强制执行的必要。正是义务的履行依靠债务人或担保人的高度自觉，而债务人或担保人在主客观上的履行不能，造成债权人权益不能得到及时实现。在此种情形下，债权人通过申请强制执行，依靠国家强制力实现权益，具有其他处置方式所不具备的特殊优势。

通常认为，强制执行存在广义与狭义的区分。广义的强制执行包括民事强制执行、刑事强制执行和行政强制执行；狭义的强制执行是指民事强制执行。在不良资产业务中，涉及较多的为民事强制执行，为统一论述的方便，如无特别说明，本书中强制执行仅限于民事强制执行。

强制执行，是指在义务人不履行已发生法律效力的民事判决、裁定、调解书、仲裁裁决等法律文书情形下，由人民法院依照权利人申请，强制义务人履行相应义务，从而实现权利人权利的活动。

其中强制执行的具体流程详见下图。

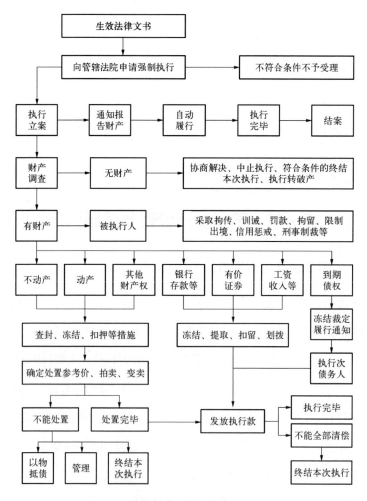

图4-1 强制执行流程图

二、强制执行的分类

依据不同的标准,强制执行可以界定为不同的类别。通过对强制执行的分类,可以较为清晰地界定不同阶段、不同类别的强制执行,有助于针对个案采取差异化的强制执行措施。

从强制执行的标的来看,强制执行可以分为对人的强制执行和对物的强制执行。前者以义务人的身体、名誉、自由等为执行对象,从而强制其履行义务,因而称为"人身执行";后者以义务人的财产权利作为执行对象进行强制执行,又称为"财产执行"。在不良资产业务所涉执行中,多为财产执行,但部分债务人或担保人会采取多种举措规避强制执行。在此种恶意情形下,对债务人或担保人采取一定的人身执行方式十分具有必要性。

从强制执行依据所载明的债权性质而言,强制执行可分为金钱执行与非金钱执行。前者是指执行依据上载明金钱债权的执行,在义务人无金钱可供执行时,就需要对其财产,包括动产、不动产或其他财产性权利进行执行;后者则是执行依据为非金钱债务,而是交付物或者完成某种行为的执行。

从强制执行的执行效果来说,强制执行可以分为终局执行和保全执行。前者又称为满足执行,是指债权人的债权得以全面实现或得以满足的执行,如依据确定的给付判决所为的执行,债权人的权益得以全部满足;后者是指通过对债务人财产现状的维护,为保全将来债权人债权全面实现或满足的执行,如依法对债务人的财产进行查封、冻结、扣押等措施限制其处分财产。但需要注意的是,终局执行对于债权权益具有较大影响,如所得权益没有得到完全实现,需要慎重采取终局执行措施。

三、执行依据

(一) 执行依据

执行依据，是指记载债权人、债务人姓名（或名称）及债权内容，且具有具体给付内容和执行力，经当事人申请执行、审判庭移送执行时法院据以执行的生效法律文书。执行依据不同，债权人在向法院申请强制执行时的程序、文件等略有差异。

根据《民事诉讼法》等法律规定，以下发生法律效力的具有给付内容的法律文书是人民法院据以强制执行的依据。

（1）民事判决，准予实现担保物权、确认调解协议、财产保全、证据保全、先予执行等民事裁定、民事调解书、民事制裁决定、支付令；

（2）行政判决、裁定、调解书；

（3）刑事裁判涉财产部分内容；

（4）仲裁裁决、调解书；

（5）劳动人事争议仲裁裁决书、调解书；

（6）公证债权文书；

（7）法律、司法解释规定的其他应由人民法院执行的法律文书。

就不良资产强制执行所涉及的执行依据而言，主要涉及上述第（1）项、第（3）项、第（4）项、第（6）项，即人民法院作出的执行依据、仲裁机关作出的执行依据、公证机关作出的执行依据三类，不同机关作出的执行依据在形式上表现出较大差别。

(二) 执行依据的类别

1. 法院作出的执行依据

法院作出的执行依据，可以分为民事判决书、民事裁定书、民事调解书、民事决定书和支付令。其中，就民事判决书而言，如果经过两审终审的,在申请执行时应一并提交一审、二审法律文书。民事裁定书包括先予执行裁定书、财产保全裁定书、实现担保物权裁定书、确认调解协议裁定书、执行回转裁定等类别。

2. 仲裁机关作出的执行依据

仲裁机关作出的执行依据,可以分为仲裁裁决书、调解书。申请执行裁决或者调解书时,除需提交生效的法律文书外,还应向法院提交含有仲裁条款的合同或仲裁协议书供审查。

3. 公证机关作出的执行依据

公证机关作出的执行依据,包括赋予强制执行效力的债权文书和确定强制执行范围的执行证书。在申请强制执行公证债权文书时,应同时向法院提交赋予强制执行效力的债权文书和确定强制执行范围的执行证书。

(三)执行依据不清晰时的救济措施

执行依据应明确具体、具有可执行性。然而,在司法实践中,执行依据文意不清、歧义或内容表达不准确等情况客观存在,导致在强制执行时存在众多困难。在执行依据的内容不清晰、不明确,当事人存在争议的时候,如何进行救济?

《民事诉讼解释》第四百六十一条对执行依据的确定性作出要求,但未明确执行依据不确定时的解释机制。2018年5月28日,最高人民法院发布《最高人民法院关于人民法院立案、审判与执行工作协调运行的意见》,对立案、审判、执行工作如何衔接进行规范,其中对执行依据不明确时的应对作出了较为详细的规定。但在司法实践中,除对法院裁判文书中轻微的错漏可依照有关程序进行补正外,在执行依据不明确的情形下,法院还存在着采取不予受理或驳回申请、书面征询审判部门意见、执行人员进行调解或者要求当事人申请再审、另行起诉等处理方式。

（四）不良资产业务中执行依据不清晰的救济举措

强制执行作为不良资产业务开展的重要处置手段，经常会因为执行依据中内容不清晰而导致整个处置过程受阻，不良资产业务中涉及的执行依据不清晰主要表现在以下几种情形：一是执行依据中对具有优先受偿权的债权范围表述不够严谨，造成执行中对优先受偿债权的范围存在异议；二是执行依据中对利息、计算标准等表述存在理解上的歧义，执行中无法进行有效计算；三是执行依据中对实现权益的方式表述不明确，造成执行中无法操作。例如，某资产管理公司不服法院执行裁定提出执行异议一案，法院根据《最高人民法院关于人民法院立案、审判与执行工作协调运行的意见》第十五条的规定，在当事人对判决主文理解发生分歧时，由执行机构向审判部门征询意见。在审判部门出具的意见基础上，执行机构结合审判程序中原告提请的诉讼请求、对相关内容的通常理解、相应诉讼风险由谁承担以及是否具备相应救济途径等，认为资产管理公司提出的诉讼请求确与其真实意思不符，因其表述不当所导致的不利后果，应由其自行承担。即使银行因自身原因遗漏了相关诉讼请求，其仍可另行主张权利以寻求救济，后法院裁定驳回了资产管理公司的执行异议。

资产管理公司受让前手银行（或资产管理公司）债权后，需对原债权文书资料、生效法律文书资料进行充分研读，避免因为前手银行（或资产管理公司）在起诉时诉求的不完善导致后续执行时理解的歧义或遗漏必要的权益主张。

四、执行程序的启动

从强制执行的启动方式来看，强制执行可分为两种，一种是因为当事人的申请而启动；另一种是人民法院依照法律规定依职权主动移送执行。

（一）申请强制执行

根据《最高人民法院关于人民法院执行工作若干问题的规定（试行）》（法释〔2020〕21号）第十六条规定，当事人向人民法院申请强制执行，需要符合以下5个条件。

（1）申请执行依据已生效；

（2）申请执行人是生效法律文书确定的权利人或其继承人、权利承受人；

（3）申请执行的法律文书有给付内容，且执行标的和被执行人明确；

（4）义务人在生效法律文书确定的期限内未履行义务；

（5）属于受申请执行的人民法院管辖。

对于符合上述条件的申请，人民法院应当在七日内予以立案；不符合上述条件之一的，人民法院应在七日内裁定不予受理。

（二）申请强制执行时应提交的文件和材料

当事人申请执行，应当向法院提交如下文件资料和证件。

（1）申请执行书。申请执行书应当写明当事人基本情况、申请执行的理由、事项、执行标的、送达地址、联系方式以及申请执行人所了解的财产状况等内容。

（2）生效法律文书副本。

（3）申请执行人的身份证明材料。自然人提交的，应当出示身份证、护照等身份证明；法人申请的，应当提交营业执照副本（或者统一的社会信用代码副本）、法定代表人身份证明；其他组织申请的，应当提交营业执照（或统一社会信用代码证书）副本、主要负责人身份证明。如果是继承人或者权利承受人申请执行的，还应提交其继承或者承受权利的证明文件。比如，资产管理公司受让银行或者资产管理公司持有的债权，需提交债权转让协议。在实务中，除了债权转让协议，部分法院还要求提供前手债权人的债权转让确认函。

（4）委托代理人申请执行的，应当提交符合法律规定的委托代理手续等材料。

（5）已申请财产保全的，应提交相关财产保全材料。

（6）其他应当提交的文件或证件。

对于申请执行人递交的执行材料符合执行立案要求的，人民法院应当在立案后七日内确定承办人。如果执行立案后法院发现不符合申请执行受理条件的，人民法院可以裁定驳回执行申请。申请执行人对裁定不服的，可以自裁定送达之日起十日内向上一级法院申请复议。

对于符合受理条件的，执行人员在接到申请执行书等执行材料后十日内向被执行人发出执行通知，并可以立即对被执行人采取强制执行措施。执行通知书中包括但不限于责令被执行人履行法律文书确定的义务、承担迟延履行利息及迟延履行金、提示纳入失信被执行人名单以及其他逾期不履行义务的法律后果。

（三）不良资产业务申请强制执行时应注意事项

不良资产因多数从前手银行（或资产管理公司）受让而来，与一般的生效法律文书申请强制执行具有一定的不同，申请强制执行请求需要体现如下内容。

（1）强制执行×××号民事判决/民事裁定/仲裁裁决/公证债权文书。

（2）强制执行被申请人向申请人归还本金×××元，利息、罚息×××元（暂计至××年××月××日，此后罚息以×××元为基数，按×××利率计算至实际付清之日）。

（3）强制执行被申请人承担申请人为实现债权而支付的费用×××元。

上述三项暂共计×××元。

（4）强制执行被申请人二、三、四、五对上述2项向申请人承担连带清偿责任。

（5）强制执行被申请人所有的×××抵押物，申请人对拍卖或变卖后所得价款在上述第1、2、3项债权范围内优先受偿。

（6）由被申请人一、二、三、四、五依法向申请人支付迟延履行期间的债务利息。

针对上述申请强制执行内容，需要注意的是，申请执行书中向法院申请强制执行的内容，必须为生效法律文书确定的给付义务，且需要对被执行人履行情况作出较为准确的描述，不能出现遗漏事项。对于部分聘请律师进行代理的疑难案件，可在申请执行书或授权委托书中列明律师的联系电话等，方便案件申请执行后法院与其联系。

五、执行时效

（一）执行时效的定义

执行时效，是指当事人向人民法院请求司法强制执行生效法律文书的期间。当事人逾期不申请的，将丧失寻求司法强制力保护的权利。就不良资产的强制执行而言，执行时效具有特别重要的意义，这就要求受让人在债权资产包符合强制执行条件时，应及时向法院申请强制执行保护自身的债权权益。

《民事诉讼法》第二百四十六条规定："申请执行的期间为二年。申请执行时效的中止、中断，适用法律有关诉讼时效中止、中断的规定。前款规定的期间，从法律文书规定履行期间的最后一日起计算；法律文书规定分期履行的，从规定的每次履行期间的最后一日起计算；法律文书未规定履行期间的，从法律文书生效之日起计算。"《民事诉讼解释》第四百八十一条规定："申请执行人超过申请执行时效期间向人民法院申请强制执行的，人民法院应予受理。被执行人对申请执行时效期间提出异议，人民法院经审查异议成立的，裁定不予执行。被执行人履行全部或者部分义务后，又以不知道申请执行时效期间届满为由请求执行回转的，人民法院不予支持。"上述两个条款是我国关于执行时效制度的主要内容。

（二）适用执行时效时的注意事项

与诉讼时效类似，当事人违反法律规定，约定延长或者缩短申请执行时效的期间、预先放弃申请时效利益的，人民法院均不予认可。此外，在实务中需要注意的是，根据《民法典》第一百八十八条规定，向人民法院请求保护民事权利的诉讼时效期间为三年，而《民事诉讼法》第二百四十六条第一款规定，申请执行的期间仍为二年。在《民事诉讼法》未对申请执行期间作出调整的情况下，在申请执行的期限和起算时间上，仍适用《民事诉讼法》的相关规定。

（三）不良资产执行案件中执行时效需注意事项

在不良资产执行案件中，资产管理公司受让前手银行（或资产管理公司）的债权中，处于执行状态的债权不在少数，有效甄别并及时提请申请执行，对于维护债权权益具有重大意义。

例如，某银行对借款合同赋强公证执行后起诉一案中，银行与债务人、担保人等签订借款合同并在公证处办理赋予强制执行公证，借款到期后，债务人和担保人均未能按时偿还。银行在执行证书到期2年后向法院起诉，被法院驳回起诉。

究其原因，执行时效适用法律有关诉讼时效中断的规定，包括申请执行时效因申请执行、当事人双方达成和解协议、当事人一方提出履行要求或者同意履行义务而中断。首先，从《民事诉讼解释》等来看，通过向法院提出请求而引起执行时效中断，其法定方式应是申请执行，向法院提起诉讼并不是可以引起执行时效中断的事由。

其次，通过提起诉讼的方式引起诉讼时效中断，应适用于债权人享有的债权尚未经生效法律文书确认，尚未取得强制执行依据的情形。而一旦债权已经取得可以据以申请强制执行的法律文书，债权人就丧失了提起诉讼的权利，如果债务人不履行债务，债权人只能通过申请强制执行力寻求公权力救济并获得执行时效中断的效果。这也正是相关司法解释未将提起诉讼作为引起执行时效中断事由的根本原因。

最后，具有强制执行效力的公证债权文书，本身即是法律所认可的执行依据。当债务人不履行债务时，债权人应依法直接向人民法院申请强制执行，而无权就相关债权债务关系再启动诉讼程序。银行在明知本案所涉债权债务已经公证并取得强制执行效力的情况下，本应在申请执行时效期间内及时申请执行，但其却错误地选择提起诉讼程序，导致被法院驳回起诉。银行的起诉因违反法律规定而不具有引起执行时效中断的法律效力，银行应自行承担因自身过错而产生的不利后果。最终，法院裁定驳回起诉，对债权文书公证书和执行证书不予执行。

对于资产管理公司受让前手银行（或资产管理公司）的债权，要在交割后及时对各种时效问题进行全方位梳理，对于临近诉讼/执行时效的债权，要及时进行权益主张，避免时效利益丧失，成为自然债权。

六、执行管辖

执行管辖，是指人民法院在不同执行案件上的权限与分工。执行管辖主要有地域管辖、级别管辖、指定管辖和提级管辖等类型。

（一）执行管辖概述

就不良资产而言，如持有生效法律文书且已符合强制执行的条件，在申请执行时，应首先从地域管辖和级别管辖入手，确定执行案件的具体管辖法院。根据《民事诉讼法》第二百三十一条规定："发生法律效力的民事判决、裁定，以及刑事判决、裁定中的财产部分，由第一审人民法院或者与第一审人民法院同级的被执行的财产所在地人民法院执行。法律规定由人民法院执行的其他法律文书，由被执行人住所地或者被执行的财产所在地人民法院执行。"

上述法律条文确定了地域管辖和级别管辖的基本原则，即当事人申请执行的，应向第一审法院或与第一审法院同级别的被执行的财产所在地人民法院提交申请。与民事案件的诉讼管辖可以由当事人约定不同，执行案件的地域管辖，不能由当事人通过协议的方式自由约定。

就民事调解书而言，根据《民事诉讼法》第二百四十一条的规定，依据民事调解书强制执行的，管辖规则与民事判决书、裁定书一致。实现担保物权裁定书、确认调解协议裁定、支付令由作出裁定、支付令的法院或与其同级的被执行财产所在地的法院执行。诉讼保全裁定由受理诉讼案件并作出保全裁定的法院负责执行，不适用选择财产所在地法院作为执行法院的管辖规定。

不同于民事判决的管辖规则，根据《最高人民法院关于适用〈中华人民共和国仲裁法〉若干问题的解释》（简称《仲裁法司法解释》）第二十九条规定：仲裁裁决由被执行人住所地或被执行的财产所在地的中级人民法院管辖。而对于在仲裁中申请保全的，保全执行由被申请人的住所地或者被申请保全的财产所在地、证据所在地的基层人民法院管辖。因此，执行仲裁保全裁定的法院和执行仲裁裁决的法院在级别上并不一致。

在实践中，执行案件中涉及的管辖的连接点有两个，一是被执行人住所地；二是被执行的财产所在地。因受立案登记制改革因素影响，各法院受理案件数量激增，随之执行案件数量剧增，需要在实际操作中根据各法院执行案件受案情况予以灵活掌握，避免因法院案件过多而影响后续执行案件进度。

（二）指定管辖

指定管辖，是指上级法院对符合法定情形的执行案件指定由下级法院管辖。在实践中指定管辖主要有以下四种情形：第一种是不同的法院就同一执行案件的管辖发生争议，向共同的上级法院报请指定管辖；第二种是负责执行的法院怠于执行工作，向上一级法院申请执行监督；第三种是上级法院认为下级法院在执行中存在违法执行等情形，依职权指定其他法院管辖；第四种是对执行案件有管辖权的法院因为特殊原因无法行使管辖权，报请上级法院指定管辖。

（三）提级管辖

提级管辖，是指上级法院对符合法定情形的由下级法院管辖的执行案件从级别上提升至由上级法院自行执行。在实践中提级执行主要有以下几种情形：第一种是下级法院在执行中受到了其他机关等的干扰，致使强制执行程序难以顺利进行，报请上级法院提级执行；第二种是上级法院认为下级法院在执行中存在违法执行等情形，决定将执行案件提升上来自行办理。

在不良资产的强制执行中，司法裁判的理念因各地经济发展、法治环境等区域性差异较为明显，因此，如在强制执行中遇到司法不公或歧视性政策以及难以逾越的执行障碍时，向上一级法院申请提级管辖或指定管辖不失为解决路径之一。

在不良资产执行案件中，出于地域因素或被执行人等原因，很多时候执行进度会受到众多非正常因素干扰,根据案件实际情形,采取申请提级执行或执行监督均是可以排除干扰的备选措施。

例如,某中院提级执行管辖一案。某法院正在执行以债务人A公司等为被执行人的案件,后申请执行人向某中院提出异议,认为本案由某法院执行难度大,且可能会受到当地政府的影响,请求某中院执行。某中院经审查后,裁定提级执行。

七、执行调查

强制执行的关键是要掌握被执行人的基本情况和财产状况,以便后续的清偿和处置,申请执行人在向人民法院申请强制执行时,需要主动向法院提供被执行人的基本情况及财产线索。因申请执行人调查手段受限,能够获得的有效财产线索较少,而法院虽有法律授予的调查取证权力,但受案多人少等因素影响,难以具有针对性地查清债务人的基本情况和财产线索,对债务人难以采取有效的执行措施。因此,进行执行调查工作十分必要。

(一)申请执行人在执行调查中的义务

就申请执行人而言,在申请强制执行立案时,应向人民法院提供被执行人基本情况和财产状况与线索的书面材料。被执行人财产状况及线索的范围主要包括:存款及往来明细;房屋及土地使用权状况;车辆、船舶等交通工具情况;企业登记信息、经营情况;机器设备、库存、往来债权情况;债权、股权、证券、期货、保险等投资收益情况;商标、专利等知识产权持有情况等。此外,在执行过程中,申请执行人如获取了被执行人的财产线索或相关财务信息,也可以及时向执行法官补充被执行人的财产状况。

如申请执行人未能提交的,人民法院会要求申请执行人按照执行工作规定在限期内提供，并承担逾期提供导致的不利后果，即人民法院在穷尽财产调查措施后仍未找到可供执行的财产且满足法律规定的条件时，可终结本次执行程序。

（二）被执行人在执行调查中的义务

对于被执行人而言，在收到人民法院执行通知后，应按照通知要求全面真实地申报自身的财产状况，以证明自身没有或暂时没有履行能力，否则将承担不利法律后果。在涉及金钱案件的执行中，人民法院在发出执行通知时，会同步发出财产报告令。

财产报告令主要包括报告财产的范围、期间、拒绝或者虚假报告的法律后果等相关内容。其中，被执行人报告财产的范围应当是所有的全部可供执行的财产，包括不动产、动产、现金、有价证券、理财产品和其他财产性权利。此外，如果被执行人的财产已出租、已设立担保等权利负担或存在共有、权属争议等情形的，应当一并予以报告。

（三）被执行人拒绝履行执行调查义务时的举措

在被执行人隐匿财产、会计账簿等资料拒不交出时，法院可以依法采取搜查措施。对于被执行人可能隐匿财产或者资料的处所、箱柜等，经责令被执行人开启而拒不开启的，可以强制开启。

若被执行人存在拒绝报告、虚假报告财产情况，隐匿、转移财产等逃避债务情形，或者被执行人作为法人或其他组织时的股东、出资人有出资不实、抽逃出资等情形的，申请执行人可以要求法院对被执行人进行司法审计。

另外，如果被执行人系个人的，人民法院也可以要求其提供在接到执行通知之日起一年内的财产变动情况。如果发现被执行人怠于行使债权、放弃债权、无偿或者以不合理低价转让财产等行为的，可以另行起诉被执行人或行使代位权。除此之外，对于被执行人违反财产申报的法律规定，可能涉嫌触犯拒不执行判决、裁定罪的，也可按照法律规定主张以拒不执行判决、裁定罪追究被执行人的法律责任。

此外，对于被执行人不履行生效法律文书确定义务的，申请执行人可以向法院申请发布悬赏公告，查找被执行人可供执行的财产。

八、强制措施、间接执行措施和刑事处罚

人民法院对妨害执行的行为人，依照规定在司法上可采取强制措施、间接执行措施或刑事处罚。目前，根据我国法律规定，人民法院可采取的措施至少包括以下几种：训诫、拘传、罚款、拘留、限制出境、信用惩戒（纳入失信名单）、公布不履行义务信息、限制高消费、刑事制裁。

（一）训诫

训诫，又称为批评教育，是指人民法院对拒不履行生效法律文书的确定义务的行为人或妨碍执行的相关人员，告知其行为的危害以及可能的法律后果，并责令其改正，否则承担法律制裁的强制措施。训诫是执行措施中最为轻微的强制措施。

（二）拘传

拘传，是指法院对在强制执行中经过两次传唤拒不到法院接受调查、谈话的被执行人或者相关人员，强制将其带到法院的强制措施。在执行实践中，执行法官经常将拘传作为拘留的前置程序，如在申请执行人找到失踪的被执行人要求拘留时，法院通常会现场以拘传手续带回，后续再审查是否符合拘留条件。

（三）罚款

罚款，是指法院对拒不履行生效法律文书的被执行人或阻碍执行的个人和单位予以金钱处罚，以此来惩罚行为人并预防其继续实施妨

害执行行为的强制措施。根据法律规定，对个人的罚款限额为人民币十万元以下，对单位的罚款额为人民币五万元以上一百万元以下。在司法实践中，人民法院也会依据"谦抑性原则"和"比例性原则"，根据被罚款人的过错责任与经济条件灵活适用罚款措施。

（四）拘留

强制执行中的拘留，属于司法拘留，是指法院为了保证执行活动正常开展，对于拒不履行生效法律文书确定的义务或严重妨碍执行的人，短期剥夺其人身自由的一种强制措施。司法拘留作为在执行程序中对行为人采取的较为严厉的强制措施，单次拘留时间不超过15日，事关行为人重大利害，事关基本人权保障，因此，在适用上较为严格。总的来说，在执行程序中采取拘留措施必须是具有妨碍执行的行为且达到一定的严重程度，即行为人对自己妨碍执行的行为具有主观故意，在客观上实施了妨碍执行的行为，而且采取拘留措施具有一定必要性。在适用拘留措施时，法院内部需经合议庭审议并由院长批准，须制作并送达拘留决定书，同时，还需将被拘留人移送公安机关看管。

（五）限制出境

限制出境，又称边控措施，是指为了防止执行案件中的被执行人或被执行人的法定代表人、主要负责人以及影响债务履行的直接责任人员出境后可能导致案件无法执行或难以执行时，法院通过法定程序限制其离开国（边）境的一种强制措施。根据司法解释规定，启动限制出境措施，以申请人申请为原则，执行法院依职权启动为例外。作为一项执行措施，在司法实践中，一般要求出入境机关不予办理出境审批备案手续。

（六）信用惩戒（纳入失信名单）

信用惩戒（纳入失信名单），是指对于被执行人具有履行能力却拒不履行生效法律文书确定的义务，法院在征信系统内记录其不履行义务的信息，通过相关部门的联动，限制其融资、投资、置产等自由，从而对被执行人实施信用惩戒、限制被执行人行为的制度。信用惩戒（纳入失信名单）这项措施，申请人可以在执行过程中向法院提出申请，也可以由法院依职权启动。

（七）公布不履行义务信息

对于公布不履行义务信息，目前法院采取的方式较多，如通过报纸、广播、电视、网络、法院公告、向被执行人单位发通知等方式进行公布，达到广而告之，对失信被执行人形成压力，督促其尽快履行法律义务。

（八）限制高消费

限制高消费，是指法院对被执行人不履行生效法律文书确定的义务时，通过法定程序限制其除生活、工作必须消费之外的其他消费行为的强制措施。限制高消费的涉及面比较广，对被执行人而言，包括不能乘坐飞机、列车软卧、轮船二等以上舱位，不能在星级宾馆、高尔夫球场等场所进行高消费，不能购买不动产或新建、扩建、高档装修房屋等其他非生活和工作必需的消费行为。具体而言，限制高消费的启动，以申请人申请为原则，执行法院依照职权启动为补充。

（九）刑事制裁

刑事制裁，是指法院对于拒不履行生效法律文书确定的义务，严重妨碍执行行为的被执行人或其他行为人，依法追究其刑事责任的制裁措施。具体而言，依法追究被执行人或其他行为人拒不履行生效法律文书确定的义务的刑事责任，主要涉及以下三种：第一种是拒不执行判决、裁定罪；第二种是非法处置查封、扣押、冻结的财产罪；第三种是妨害公务罪。其中，拒不执行判决、裁定罪需达到情节严重的情形才会被法院定罪。如果被执行人采取隐匿、转移、变卖、销毁等方式处置法院已经查封、冻结、扣押的财产，可能会导致拒不执行判决、裁定罪和非法处置查封、扣押、冻结的财产罪的竞合。对于妨害公务罪而言，只要行为人以暴力、威胁等方法妨碍法院工作人员依法执行判决、裁定的，不论行为人的行为是否影响了判决、裁定的执行，都可依照妨害公务罪追究刑事责任。

（十）不良资产执行中采取执行措施的注意事项

对于不良资产中的执行措施而言，拘留、拘传以及刑事制裁措施均会对被执行人采取一定的人身限制措施。在被执行人的人身、财产等均被采取限制措施后，部分被执行人难免会采取一些过激行为，可能会对后续的强制执行推进措施产生不利影响。因此，在对被执行人拟采取具有人身限制的执行措施时，应事先充分论证及风险评估。

第二节　财产处置与分配

在执行程序中，发现被执行人财产后，法院可以根据财产的种类、性质等，及时采取查封、扣押、扣留、冻结、提取、划拨等措施。比如，对于被执行人的银行存款，申请执行人可以向法院申请予以冻结、划拨。对于其他种类的财产，法院有权在保留被执行人及其所扶养家属的生活必需品后，查封、冻结、扣押被执行人应当履行义务部分的财产，以其价值足以清偿法律文书确定的债权额及执行费用为限。

查封的财产如系不动产的，法院可张贴封条或公告，并可提取保存有关财产权利的证书。如果是不动产尚未办理权属登记的，法院可以通知管理人或其实际控制人，并在显著位置张贴公告。对于符合预查封登记条件的，法院可以在登记部门办理预查封登记。对于已登记的不动产、特定动产及其他财产权，法院在查封、冻结、扣押时应通知登记部门办理手续，并将执行裁定书副本、协助执行通知书一并送达协助执行人。

法院冻结被执行人的银行存款期限不得超过一年，查封、扣押动产的不得超过两年，查封不动产、冻结其他财产权的期限不得超过三年。申请执行人如申请续行查封、扣押、冻结财产的，应在上述查封、冻结、扣押期限届满前向法院申请，逾期申请或者未申请的，自行承担不能续行查封、扣押、冻结的法律后果。

一、首封法院

在强制执行中，经常会面临同一债务人被多个债权人追偿的情况，除设有担保物权或其他享有优先权的债权人外，还有众多的普通债权人。在此种情形下，一般由首先采取查封、扣押或冻结等财产保全措施的法院负责处分查封财产，原则上首封法院即执行法院，将首先进入执行程序并获取对债务人采取保全措施财产的处置权。除对被执行人尚不享有物权的土地、房屋等不动产进行预查封措施外，首封法院的查封措施可产生正式查封的全部效力。

因在不良资产强制执行中多面临较多债权人情形，为有效保证债权人权益，应在受让不良资产后，及时在诉讼、执行阶段采取查封、冻结或扣押等财产保全措施，便于取得首封优势及后续在执行阶段取得对债务人财产的优先处置权。

二、轮候查封

对于已经被法院采取查封、扣押、冻结的财产，其他法院可以进行轮候查封、扣押、冻结，同一法院在不同案件中可以对同一财产采取轮候查封、扣押、冻结措施。

如查封、扣押、冻结措施解除的，那么登记在先的轮候查封、扣押、冻结自动生效，此时，轮候查封、扣押、冻结自转为正式查封、扣押、冻结之日起开始计算查封、扣押、冻结期限。

需要注意的是，轮候查封不产生正式查封、扣押、冻结的效力，因此，不需要续行轮候查封、扣押、冻结。如人民法院对已查封、扣押、冻结的全部财产进行处分后，该财产上的轮候查封自始未产生查封、扣押、冻结的效力。但是，法院在办理轮候查封执行措施时，可以在协助执行通知书中载明轮候查封转为正式查封后的查封期限。

三、财产评估

对于查封、扣押、冻结的财产，人民法院对需要拍卖、变卖的财产，应当在采取上述措施后三十日内启动确定财产处置的参考价程序。

确定财产处置的参考价，人民法院可以采取当事人议价、定向询价、网络询价、委托评估等方式。

（一）当事人议价

人民法院拟采取当事人议价方式确定参考价的，除一方当事人拒绝议价或者下落不明外，人民法院应当通过适当的方式通知或者组织当事人进行协商，当事人应当在指定期限内提交议价结果。如果双方当事人提交的议价结果一致且不损害他人合法权益的，议价结果作为参考价。

（二）定向询价

当事人议价不能或者不成，且财产有计税基准价、政府定价或者政府指导价的，法院应当向确定参考价时财产所在地的有关机构进行定向询价。双方当事人一致要求直接进行定向询价，且财产有计税基准价、政府定价或者政府指导价的，法院应当准许。

（三）网络询价

定向询价不能或者不成，财产无须由专业人员现场勘验或者鉴定，且具备网络询价条件的，法院应当通过司法网络询价平台进行网络询价。双方当事人一致要求或者同意直接进行网络询价，财产无须由专业人员现场勘验或者鉴定，且具备网络询价条件的，法院应当准许。

（四）委托评估

法律、行政法规规定必须委托评估、双方当事人要求委托评估或者网络询价不能或不成的，法院应当委托评估机构进行评估。

采取委托评估方式确定参考价的，法院应当通知双方当事人在指定期限内从名单分库中协商确定三家评估机构以及顺序；双方当事人在指定期限内协商不成或者一方当事人下落不明的，采取摇号方式在名单分库或者财产所在地的名单子库中随机确定三家评估机构以及顺序。双方当事人一致要求在同一名单子库中随机确定的，法院应当准许。

（五）评估结果不满意后的救济

法院应当在收到定向询价、网络询价、委托评估、说明补正等报告后三日内发送给当事人及利害关系人。

如果当事人、利害关系人认为评估报告具有财产基本信息错误、超出财产范围或者遗漏财产、评估机构或者评估人员不具备相应评估资质、评估程序严重违法任一情形的，可以在收到报告后五日内向法院提出书面异议，人民法院应当自收到书面异议之日起十五日内审查，理由成立的，裁定撤销或者改正；理由不成立的，裁定驳回。

需要说明的是，如果采取当事人议价方式或定向询价方式确定评估结果的，如当事人、利害关系人对议价或者定向询价提出异议的，法院将不予受理。

(六) 不良资产涉及评估时的注意事项

不良资产的评估对于债权权益具有重大影响，选择合适的评估方式有助于推进处置进度及权益实现。虽然司法解释规定了众多评估方式，但国有独资或国有控股的资产管理公司需要注意评估方式的合规性要求，即评估方式是否符合国有资产监管对资产处置评估的具体要求，是否满足国有资产处置所必须的程序性、资格性要求，避免因评估方式不当违反国有资产监管的有关要求。

四、司法拍卖

司法拍卖是法院在执行过程中对涉案财产进行司法处置的变价方式，主要目的是将财产变换为价款清偿债权人的债权。财产变卖价款越高越有利于实现债权，也越有利于保护债务人的合法利益。

目前，司法拍卖主要有委托拍卖和网络拍卖两种方式。

(一) 委托拍卖

对于委托拍卖而言，法院采取随机方式选取拍卖机构。在选取拍卖机构时，法院应当提前通知各方当事人到场，各方当事人不到场的，可以将选择机构的情况以书面形式送达当事人。选定拍卖机构后，法院应向选定的机构送达委托书，委托书中载明委托的要求和期限等内容。

拍卖不动产的，应在拍卖十五日前公告。拍卖动产的，应在拍卖七日前公告。拍卖公告的范围和媒体由当事人协商确定，协商不成的，由法院确定。如果拍卖财产具有一定专业属性的，应当同时在专业性报纸上公告。如果当事人申请在其他媒体上公告或扩大公告范围的，法院应当准许，但该部分增加的公告费用由其自行承担。

如果当事人参与竞买的，应当于拍卖前向法院预交保证金，如果是申请执行人参与的，可以不预交保证金。保证金的数额由法院确定，不得低于评估价或市价的5%。对于具有优先权人的，法院应当在拍卖五日以前以书面或其他方式，通知当事人或优先权人。

拍卖财产经过评估的，评估价即为第一次拍卖的保留价；未作评估的，保留价由人民法院参照市价确定，并应当征询有关当事人的意见。拍卖时无人竞买或竞买人的最高应价低于保留价，到场的申请执行人或者其他执行债权人不申请以该次拍卖所定的保留价抵债的，应在六十日内再行拍卖。

对于第二次拍卖仍流拍的不动产，法院可以将其作价交申请执行人或其他执行债权人抵债。申请执行人或其他执行债权人拒绝接受或者依法不能交付其抵债的，应当在六十日内进行第三次拍卖。

拍卖成交的，买受人应在拍卖公告确定的期限或法院指定期限内将价款交付至法院或汇入法院指定账户。

法院委托拍卖后，如遇到依法应当暂缓执行或者中止执行情形的，应当决定暂缓执行或裁定中止执行，并及时通知拍卖机构和当事人。

（二）网络拍卖

网络司法拍卖是指法院通过指定的互联网拍卖平台，以网络电子竞价方式公开处置所涉案件财产的行为。

目前，最高人民法院公布的司法拍卖网络服务机构包括淘宝网、京东网、人民法院诉讼资产网、公拍网、中国拍卖行业协会网、工商银行融e购和北京产权交易所。

网络司法拍卖公告除法定途径外，还应在指定司法拍卖网络服务机构公开发布，如拍卖标的系不动产的，应当在拍卖三十日前公告。拍卖标的系动产的，应当在拍卖十五日前公告。对于具有优先权人的，法院应当在拍卖三日以前以书面或其他方式，通知当事人或优先权人。

保证金的数额由法院在起拍价的5%—20%范围内确定。竞买人应当在参加拍卖前以实名交纳保证金，如果是申请执行人参与拍卖的，可以申请不预交保证金，但如果债权小于保证金数额的按差额部分交纳。取得资格的竞买人，可以向司法拍卖网络服务机构获得竞买代码、参拍密码等，做好竞买前的必要准备工作。

网络司法拍卖应当确定保留价，拍卖保留价即为起拍价。起拍价由人民法院参照评估价确定；未作评估的，参照市价确定，并征询当事人意见。起拍价不得低于评估价或者市价的百分之七十。网络司法拍卖从起拍价开始以递增出价方式竞价，竞价幅度由法院确定。竞买人以低于起拍价的出价无效。网络司法拍卖的竞价时间不少于24小时，竞价程序结束前5分钟无人出价的，最后出价即为成交价，有出价的，竞价时间自该出价时点顺延5分钟。

网络司法拍卖成交的，由司法拍卖网络服务机构以买受人真实身份自动生成确认书并公示。

网络司法拍卖竞价期间无人出价的，本次拍卖流拍。流拍后应当在三十日内在同一司法拍卖网络服务机构再次拍卖，拍卖不动产的应当在拍卖十五日前公告，拍卖动产的应当在拍卖七日前公告。再次拍卖的起拍价降价幅度不得超过前次起拍价的20%。

对于第二次拍卖仍流拍的动产，法院可以将该动产作价交申请执行人或其他执行债权人抵债。

五、财产变卖

财产变卖可以分为直接变卖和后续变卖两种。

（一）直接变卖

直接变卖是当事人双方及相关权利人同意将涉案财产予以变卖。

具体流程为法院对已经查封、扣押的财产作出变卖裁定，并送达被执行人和有关单位，此时确定变卖价格，可以由当事人双方及相关权利人协商确定，也可在无约定情况下参考市价确定，没有市价也不宜确定的应当委托评估机构确定价格。按照评估价格变卖不成的，可以降价变卖，但是不得低于评估价的二分之一。

直接变卖成功的，收取变卖价款，法院出具变卖成交裁定，解除强制执行措施并交付买受人，需要办理财产变更或过户手续的，法院依法出具协助手续。变卖不成功的，将该涉案财产交申请执行人或其他执行债权人抵债，申请执行人或其他执行债权人拒绝接受抵债或依法不能交付抵债的，法院应当解除查封、扣押，将该不动产退还被执行人，但能采取其他执行措施的除外。

（二）三拍流拍后变卖

三拍流拍后变卖是指法院在对不动产第三次拍卖终结之日起7日内发出变卖公告。自公告之日起60日内没有买受人愿意以第三次拍卖的保留价买受该不动产的，且申请执行人或其他执行债权人拒绝接受抵债或依法不能交付抵债的，法院应当解除查封、扣押，将该不动产退还被执行人，但能采取其他执行措施的除外。

与不动产的拍卖不同，对于第二次拍卖仍流拍的动产不能进行第三次拍卖，法院可以将动产交申请执行人或其他执行债权人抵债，申请执行人或其他执行债权人拒绝接受抵债或依法不能交付抵债的，法院应当解除查封、扣押，将该动产退还被执行人。

六、以物抵债与强制管理

在执行阶段的抵债分为两种情形，一种是合意抵债，一种是无法拍卖、变卖财产后的抵债。

（一）合意抵债

合意抵债，即经过申请执行人和被执行人同意，且在不损害其他债权人合法权益和社会公共利益的前提下，人民法院可以不经拍卖、变卖、直接将被执行人的财产作价交申请执行人抵偿债务。对剩余债务，被执行人应继续清偿。

（二）无法拍卖、变卖财产后的抵债

无法拍卖、变卖财产后的抵债，即被执行人的财产无法拍卖或变卖的，经申请执行人同意，且不损害其他债权人合法权益和社会公共利益的，法院已将该项财产作价后交付申请执行人抵偿债务。

除可进行上述以物抵债外，在符合法律规定情形的条件下，也可以对被执行人的财产进行强制管理，即经申请执行人申请或者同意，且不损害其他债权人合法权益和社会公共利益，法院可以将适宜管理的被执行人财产交付申请执行人管理，以所得收益清偿债务。

将被执行人的财产进行强制管理应符合如下任一条件，即被执行人的财产不能或者不宜拍卖、变卖的；被执行人的财产已经法定程序拍卖、变卖未成交，申请执行人不接受抵债或者依法不能交付其抵债的；法院认为可以交付申请执行人管理的其他情形。

七、参与分配

（一）参与分配的条件

参与分配有广义和狭义两种概念。广义的参与分配，是指不管被执行人是否为企业法人，只要涉及多个债权人对其财产申请分配的，执行法院均应按《最高人民法院关于适用〈中华人民共和国民事诉讼法〉执行程序若干问题的解释》第十七条的规定启动分配程序；而狭义的参与分配，则特指被执行人为公民或者其他组织时，在其财产不能清偿所有债权的情况下，按债权比例公平清偿的分配方式。

对于被执行人为公民或其他组织的案件，在执行程序开始后，其他已取得执行依据的债权人如发现被执行人的财产不足以清偿所有债权，可以向法院申请参与分配。对于普通债权人而言，如参与分配，应符合如下条件：（1）已经取得执行依据；（2）在执行程序开始后被执行的财产执行终结前提出申请；（3）向主持分配的法院申请。

对于法院查封、扣押、冻结的财产具有优先权、担保物权的债权人，不论是否取得执行依据，可以直接向主持分配的法院申请参与分配，主张行使优先受偿权。

除法律、司法解释另有规定外，对参与被执行人财产的具体分配，应当由首先查封、扣押或冻结的法院主持进行。被执行人的多项财产分别被不同法院查封，符合参与分配条件的，由各项财产的在先查封法院分别进行分配。

（二）参与分配的顺序

在狭义的参与分配执行中，执行所得价款扣除执行费用，并清偿应当优先受偿的债权后，对于普通债权，原则上按照其占全部申请参与分配债权数额的比例受偿。清偿后的剩余债务，被执行人应当继续清偿。债权人发现被执行人有其他财产的，可以随时请求法院执行。

在被执行人为企业法人，且当事人不同意移送破产或者被执行人住所地人民法院不受理破产的情况下，按照财产保全和执行中查封、扣押、冻结财产的先后顺序清偿。

（三）参与分配方案的救济

多个债权人对执行财产申请参与分配的，执行法院应当制作财产分配方案，并送达各债权人和被执行人。债权人或者被执行人对分配方案有异议的，应当自收到分配方案之日起十五日内，向执行法院提出书面异议。债权人或者被执行人对分配方案提出书面异议的，执行法院应当通知未提出异议的债权人、被执行人。

未提出异议的债权人、被执行人自收到通知之日起十五日内未提出反对意见的，执行法院依异议人的意见对分配方案审查修正后进行分配；提出反对意见的，应当通知异议人。异议人可以自收到通知之日起十五日内，以提出反对意见的债权人、被执行人为被告，向执行法院提起诉讼；异议人逾期未提起诉讼的，执行法院按照原分配方案进行分配。在诉讼期间进行分配的，执行法院应当提存与争议债权数额相应的款项。

（四）非参与分配中的案款分配

多份生效法律文书确定金钱给付内容的多个债权人分别对同一被执行人申请执行，各债权人对执行标的物均无担保物权的，按照执行法院采取执行措施的先后顺序受偿。

多个债权人的债权种类不同的，基于所有权和担保物权而享有的债权，优先于金钱债权受偿。有多个担保物权的，按照各担保物权成立的先后顺序清偿。

一份生效法律文书确定金钱给付内容的多个债权人对同一被执行人申请执行，执行的财产不足清偿全部债务的，各债权人对执行标的物均无担保物权的，按照各债权比例受偿。

在主持分配法院对查封财产的处置权是商请首封法院移送的情形下，首封债权的清偿顺位不因财产移送执行而改变。如果首封法院的债权尚未经生效法律文书确认的，主持分配法院制作分配方案时应按照首封债权的清偿顺位预留相应的份额。

（五）执行款发放

被执行人可以将执行款直接交付给申请执行人，法院也可以将执行款从被执行人账户直接划至申请执行人账户。但是有争议或需再分配的执行款，或法院认为确有必要的，应将执行款划至执行款专户或案款专户。

执行人员原则上不直接收取现金和票据；确有必要直接收取的，应当不少于两名执行人员在场，及时向交款人出具收取凭证并制作收款笔录，由交款人和在场人员签名。

人民法院发放执行款，一般应采取转账方式。执行款应当发放给申请执行人，确需发放给申请执行人以外的单位或个人的，应当组成合议庭进行审查，但依法应当退还给交款人的除外。

第三节 执行救济与终结程序

在执行过程中，当事人、利害关系人认为执行机构采取的执行措施或程序出现违反法律规定侵害合法权益情形的，此时就有必要启动执行救济程序。

执行救济，是指在执行程序中，当事人或利害关系人的合法权益因违法或不当执行行为受到侵害时，请求司法机关予以补救的制度。目的在于当执行行为违法时，为当事人或利害关系人提供相应救济，纠正违法行为，补救受到侵害的合法权益，最大限度保护当事人和利害关系人的合法权益。

我国执行立法之中规定了较为完善的执行救济制度，具体的救济方法主要有执行异议、执行复议、执行异议之诉、案外人异议之诉、第三人撤销之诉以及案外人申请再审等制度。

一、执行异议与执行复议

（一）执行异议

执行异议，是指当事人和利害关系人认为执行程序、执行措施、方法等违反法律规定侵害其合法权益，请求法院予以救济的制度。

提出执行异议的主体可以是当事人、利害关系人，也可以是案外人。区别在于，对执行行为的异议，提出主体是当事人和利害关系人，对执行标的的异议，提出的主体是案外人。

具体而言，执行行为不仅包括执行法院所采取的执行措施，如查封、扣押、冻结，也包括执行法院在强制执行时应当遵守的程序与作出的某些法律文书，如拍卖中的先期公告程序、强制迁出房屋、协助执行通知书、执行通知等，还包括其他侵害当事人、利害关系人合法权益的执行行为，如违法追加、变更执行当事人，对法律禁止执行的财产予以执行，对迟延履行期间的债务利息或迟延履行金计算错误，执行机构直接裁定分割被执行人与案外人共有的财产等。对该类行为，当事人和利害关系人均可按照法律规定提出异议，以资救济合法权益。如当事人、利害关系人对驳回裁定不服的，可以自裁定送达之日起十日内向上一级法院申请复议。

（二）案外人异议

案外人异议所执行的是执行标的所涉及的实体权利本身，即其主张对执行标的享有足以排除执行标的的转让、交付等实体权利。具体而言，案外人基于执行标的提出异议的，一般是执行标的的所有权人、共有权人、用益物权人、部分担保物权人、承租人（租赁权形成于查封之前）、无过错的买受人、特定债权人以及隐名股东、信托财产的受托人、破产管理人、遗嘱执行人等。

案外人异议,应当以书面形式向执行法院提出。执行法院应在收到案外人申请后15日内审查,异议理由成立的,应当裁定中止对该标的的执行。如执行法院裁定驳回案外人异议的,此时,案外人可通过案外人异议之诉或提起审判监督程序进行救济。

(三)执行复议

执行复议,是执行异议人对部分执行异议裁定不服,按照规定向上级人民法院提起复议。执行异议的类型较为广泛,但并非所有的执行异议裁定都能提起复议。主要涉及以下类型:(1)根据《民事诉讼法》第二百二十五条对驳回执行行为异议裁定不服的;(2)依据《最高人民法院印发〈关于执行案件立案、结案若干问题的意见〉通知》第十条规定的案件;(3)申请人、被申请人或其他执行当事人对法院作出的变更、追加裁定或驳回裁定不服的;(4)当事人对法院案外人申请裁定不予执行仲裁裁决或仲裁调解书不服的;(5)案外人对法院驳回或不予受理案外人提出的不予执行仲裁裁决或仲裁调解书申请的。

案外人、当事人对关于执行标的的执行异议裁定不服的,可直接提起诉讼或通过审判监督程序救济。

二、执行异议之诉

案外人对驳回异议裁定不服的,有权以申请执行人为被告提起案外人执行异议之诉排除执行;申请执行人对中止裁定不服的,有权以案外人为被告提起许可执行之诉请求继续执行。

(一)案外人异议之诉

案外人执行异议之诉是案外人主张就执行标的享有足以排除强制执行的权利,请求法院不得对该标的执行的诉讼。此时,案外人并不认为原裁定错误,而是主张其享有权益能够对抗裁判的执行。此时,案外人应当就其对执行标的享有足以排除强制执行的民事权益承担举证证明责任。案外人提起执行异议之诉,除应符合《民事诉讼法》第一百二十二条规定外,还应当具备以下条件:(1)案外人的执行异议申请已被人民法院裁定驳回;(2)有明确的排除对执行标的执行的诉讼请求,且诉讼请求与原判决、裁定无关;(3)自执行异议裁定送达之日起15日内提起。

(二)申请执行人许可执行之诉

基于平等保护案外人和申请执行人权益的考虑,对于案外人异议成立而中止执行的,法律同样赋予了申请执行人提出异议之诉请求对执行标的许可执行的权利。即申请执行人提起许可执行异议之诉,除应符合《民事诉讼法》第一百二十二条规定之外,还应具备如下条件:(1)依案外人执行异议申请,人民法院裁定中止执行;(2)有明确的对执行标的继续执行的诉讼请求,且诉讼请求与原判决、裁定无关;(3)自执行异议裁定送达之日起15日内提起。

三、第三人撤销之诉与案外人申请再审

第三人撤销之诉是指非出于自己的原因未参加他人之间诉讼的第三人。由于该诉讼结果损害了其合法权益,第三人为维护自己权益,向法院提起要求撤销他人判决、裁定、调解书部分或全部内容的程序。

虽然案外人在提起执行异议裁定被驳回后,可进一步根据其是否系对作为执行依据的裁判本身提出异议而选择案外人执行异议之诉或案外人申请再审,但案外人申请再审并不需要以案外人提出执行异议被驳回为前提条件。也就是说,案外人可以不提出执行异议,直接向法院申请再审。

需要注意的是，案外人申请再审与第三人撤销之诉的救济功能近似，如果案外人既可以申请再审，又符合提起第三人撤销之诉的条件，此时，案外人是否可以行使选择权，《民事诉讼解释》对此采取了限制的司法态度。依据《民事诉讼解释》第三百零一条的规定，按照案外人启动程序的先后，案外人只能选择相应救济程序；如案外人先启动了第三人撤销之诉的，即使在执行程序中又提起了执行异议，也只能继续进行第三人撤销之诉，而不能依照《民事诉讼法》第二百三十四条的规定申请再审；如案外人先启动执行异议程序的，对执行异议裁定不服，认为原裁判内容损害其合法权益的，只能向作出原裁判的法院申请再审，而不能提起第三人撤销之诉。

四、执行监督

执行监督，是指根据法律规定，由上级法院或检察机关等主体对执行过程中的违法和不当执行的裁定、行为和措施进行监督的制度。

根据执行监督主体的不同，可以分为内部监督和外部监督。其中，内部监督包括执行法院对本院执行的监督、上级法院对下级法院的执行监督；外部监督包括党委监督、人大监督、社会监督、舆论监督以及检察监督。其中，内部监督和民事执行检察监督是执行工作中最主要的监督形式。

上级法院发现下级法院在执行工作中作出的裁定、决定、通知或具体执行行为不当或有错误时，应当及时指令下级法院纠正，并可以通知有关法院暂缓执行。此外，对于当事人反映下级法院消极执行或者怠于执行导致案件长期不能执行终结的，上级法院可以督促下级法院及时采取执行措施，或者在指定期限内办结。此外，对于超过六个月未执行的，申请执行人可以向上一级法院申请执行。

五、终结执行

（一）终结执行

终结执行或执行终结，是指在执行程序中出现法定事由或某种特殊情况，进而使得执行程序没有必要或不可能再继续进行，从而结束执行程序的一种制度。

作为执行案件的一种执行方式，终结执行与执行完毕不同。在执行完毕的情形下，说明生效法律文书裁定的义务已全部实现，从而正常结束执行程序；而终结执行是因为出现了法定事由或特殊情形，进而导致正常的执行程序终止，此时，执行的债权有可能尚未实现或全部完全实现。因此，以终结执行方式结案的，对申请执行人权益影响较大，为防止法院滥用这种方式损害申请执行人权益，只有在出现法定的事由时，法院才可以终结执行。

根据最高人民法院《关于执行案件立案、结案若干问题的意见》第十七条规定，符合终结执行的法定事由共有十三种。需要注意的是，终结执行的程序启动以法院以职权启动为原则，以当事人申请启动为例外。如果当事人对终结执行不服的，可以依照《民事诉讼法》第二百三十二条提出异议。在符合恢复执行条件时，当事人可以向法院申请执行。

（二）终结本次执行程序

终结本次执行程序，主要适用于被执行人无财产可供执行或虽有财产但难以执行的金钱债权执行案件，在符合法定条件下，法院采取的一种执行案件的结案方式。

根据规定，只有在满足如下条件时，法院才能裁定终结本次执行程序：（1）已向被执行人发出执行通知书；（2）已向被执行人发出报告财产令，责令被执行人报告财产；（3）已穷尽财产调查措施，未发现被执行人有可供执行的财产或发现的财产不能处置;(4)自执行案件立案之日起已超过三个月;(5)被执行人下落不明的,已依法予以查找;被执行人或其他人妨害执行的,已采取罚款等强制措施,构成犯罪的,已启动刑事责任追究程序;(6)已对被执行人采取限制高消费及纳入失信被执行人名单措施。

需要注意的是,终结本次执行后,法院对被执行人采取的执行措施和强制措施继续有效,且法院应当在每六个月通过网络执行查控系统查询一次被执行人的财产,并将查询结果告知申请执行人。申请执行人发现被执行人有可供执行财产的,可以向法院申请恢复事项。申请恢复执行不受申请执行时效期间限制。

六、执行转破产

执行转破产,是指在人民法院执行过程中,作为被执行人的企业法人符合破产条件的,执行法院可以将案件移送至破产法院管辖,由执行程序转换为破产程序清偿债务的制度。

执行案件移送破产,需要具备以下条件:(1)被执行人为企业法人;(2)被执行人符合《企业破产法》第2条第1款规定的情形,即企业不能清偿到期债务,并且资产不足以清偿全部债务或者明显缺乏清偿能力;(3)申请执行人之一或者被执行人同意将案件移送破产。

在执行过程中,执行法院发现被执行人符合破产条件的,应在执行分配前及时向申请人、被申请人提出执行案件移送破产审查的意见,并征询申请执行人或被执行人是否同意将被执行人纳入破产程序的意见。

执行案件符合移送破产审查条件的,经执行机构同意移送破产审查的,执行法院应在作出对移送破产程序的被执行人中止执行的裁定时，中止对该被执行人的执行。

本 章 小 结

强制执行的使命在于运用国家的司法强制力保障生效法律文书所确认的权利最终得以实现，强制执行对于已经生效的法律文书确定的权益予以实现具有不可替代的保障作用。同时，与诉讼程序不同，强制执行具有单向性，即执行机构针对被执行人采取执行行为，均以被执行人的责任财产作为执行标的，同时限制或禁止被执行人处分执行物，进而实现债权清偿的目的。就强制执行流程而言，涉及执行依据、执行管辖、执行调查、对妨害执行的制裁、对执行标的的处置，以及执行过程中的救济措施等等。作为最重要的清收处置手段之一，认真学习理解强制执行中的程序和各项法律规定，有助于采取合适手段和方法做好不良资产的处置回收，达到不良资产价值实现的终极目的。

本章重要术语

强制执行　执行依据　终结执行　终结本次执行
首封法院　轮候查封　司法拍卖　网络拍卖　以物抵债
执行异议　执行复议

复习思考题

1. 与民事判决书、民事裁定书相比，公证债权文书、仲裁文书在强制执行程序启动上有何不同之处，三者之间的选择有何优劣之处？

2. 执行案件中的首封和轮候查封有何不同？作为担保物权人，如果在执行案件中非首封，如何保障自身的合法权益？

3. 被执行人为公民或其他组织，以及被执行人为法人，在债权为普通债权或担保物权，或者针对不同的文书针对同一被执行人，在责任财产不足以清偿全部债务时，如何确定清偿顺序，清偿的具体原则有何不同？

4. 终结执行和终结本次执行有何区别？是否都受强制执行时效影响？如果案件被裁定终结执行，有哪些问题是需要注意的？

第五章

不良资产破产管理
法律实务

法院在认定债务人资产不足以清偿全部债务时,一般会根据有资质的评估机构出具的债务人资产评估报告、审计机构出具的债务人审计报告或债务人的资产负债表等材料进行判断。

破产是集中解决债务人的全部负债的终极方式，可分为清算、和解、重整三种程序。破产清算是指债务人在达到法定破产条件后，经法院依法宣告其破产，对其全部财产进行变价，并在债权人之间进行分配的程序。破产和解是指债务人在法院受理破产申请后，在破产宣告前提出申请，由债权人会议通过并经法院裁定同意按照和解协议对债务进行集中清理的程序。破产重整是指在债务人已达到法定破产条件，但仍有挽救价值和再生希望的情况下，通过实施债务重组、营业优化等方式对其进行挽救的程序。

第一节　破产程序的适用

一、《企业破产法》的适用主体

（一）完全适用主体

　　根据《企业破产法》第二条的规定，只有企业法人可以适用该法。企业法人主要指的是有限责任公司和股份有限公司，其主要特征是以其全部财产独立承担民事责任，经主管机关（工商部门）核准登记取得法人资格，并以营利为目的。

（二）参照适用主体

　　《企业破产法》第一百三十五条规定："其他法律规定企业法人以外

的组织的清算，属于破产清算的，参照适用本法规定的程序。"从该条款的字义来理解，适用的仅有破产清算程序，并不包括和解及重整程序。但也有学者认为，严格依照文义解释将参照适用的范围限定为清算程序，是不妥的，应当作出扩充解释，允许和解与重整程序的参照适用。①

根据现行法律（包括司法解释）②的规定，可以参照适用的主体主要有以下四类：合伙企业、民办学校、农民专业合作社、个人独资企业。

二、《企业破产法》的适用情形

适用《企业破产法》③进行破产清算、和解的情形有：（1）不能清偿到期债务且资产不足以清偿全部债务；（2）不能清偿到期债务且明显缺乏清偿能力。适用《企业破产法》进行破产重整的原因除以上两点外，还包括"有明显丧失清偿能力可能"。

在理解上述破产情形时，需要注意以下三个方面。

（一）不能清偿到期债务

《最高人民法院关于适用〈中华人民共和国企业破产法〉若干问题的规定（一）》（简称《破产法解释一》）第二条规定："下列情形同时存在的，人民法院应当认定债务人不能清偿到期债务：（1）债权债务关系依法成立；（2）债务履行期限已经届满；（3）债务人未完全清偿

---

① 王欣新：《破产法》（第四版），中国人民大学出版社，2019年，第27页。
② 《中华人民共和国合伙企业法（2006修订）》（主席令第55号）第九十二条、《最高人民法院关于对因资不抵债无法继续办学被终止的民办学校如何组织清算问题的批复（2020修正）》（法释〔2020〕18号）、《中华人民共和国农民专业合作社法（2017修订）》（主席令第83号）、《最高人民法院关于个人独资企业清算是否可以参照适用企业破产法规定的破产清算程序的批复》（法释〔2012〕16号）。
③ 《企业破产法》第二条："企业法人不能清偿到期债务，并且资产不足以清偿全部债务或者明显缺乏清偿能力的，依照本法规定清理债务。企业法人有前款规定情形，或者有明显丧失清偿能力可能的，可以依照本法规定进行重整。"

债务。"

（二）资产不足以清偿全部债务

法院在认定债务人资产不足以清偿全部债务时，一般会根据有资质的评估机构出具的债务人资产评估报告、审计机构出具的债务人审计报告或债务人的资产负债表等材料进行判断。当上述材料显示债务人资产已不足以清偿全部债务时，如果债务人同时符合不能清偿到期债务的认定标准，法院就会据此裁定受理破产申请。债务人或债权人认为上述材料不能全面反映债务人的偿债能力且能提供相应证据证明债务人的资产能够偿付全部负债的，则应当在《企业破产法》规定的异议期[①]或破产宣告前[②]向法院提出。

（三）明显缺乏清偿能力

明显缺乏清偿能力的常见情形主要有以下四种。[③]

一是，企业虽然账面资产仍大于负债，但资金困难或资产无法变现导致无法清偿债务，此类情形多见于资金密集型行业，典型的如房地产企业。

二是，在法院存在较多经强制执行仍无法清偿债务的执行案件，在此类情形下，法院会根据执行案件的数量、性质、金额等要素综合判断是否符合受理破产申请的条件。

三是，资产无人管理导致无法清偿的，但为防止债务人消极应对资产处置、恶意逃避债务，该情形的适用需要满足法定代表人下落不

[①] 《企业破产法》第十条第一款：债权人提出破产申请的，人民法院应当自收到申请之日起五日内通知债务人。债务人对申请有异议的，应当自收到人民法院的通知之日起七日内向人民法院提出。人民法院应当自异议期满之日起十日内裁定是否受理。

[②] 《企业破产法》第十二条第二款：人民法院受理破产申请后至破产宣告前，经审查发现债务人不符合本法第二条规定情形的，可以裁定驳回申请。申请人对裁定不服的，可以自裁定送达之日起十日内向上一级人民法院提起上诉。

[③] 依据《破产法解释一》第四条。

明的前提条件。

四是,企业长期亏损经营导致无法清偿且根据常规经营判断扭亏困难的。

此外,在认定债务人是否丧失清偿能力时,应仅考虑债务人自身的清偿能力。当事人以债务人的保证人具备清偿能力或存在第三人提供的抵押物为由主张债务人具有清偿能力的,因不符合《破产法解释一》第一条第二款[①]的规定,并不会被法院所支持。

同样,对合伙企业缺乏清偿能力的认定,不以所有普通合伙人均丧失清偿能力为前提。

第二节 破产的申请

一、管辖法院

破产案件由债务人住所地人民法院管辖。关于"住所地"的认定,可以参见本书第三章的内容。

除地域管辖外,确定一个管辖法院还涉及级别管辖。关于级别管辖,《破产法》没有具体规定,目前主要是根据《最高人民法院关于审理企业破产案件若干问题的规定(法释〔2002〕23号)》第二条的规定来确定。即基层人民法院一般管辖县、县级市或者区的工商行政管理机关核准登记企业的破产案件;中级人民法院一般管辖地区、地级市(含本级)以上的工商行政管理机关核准登记企业的破产案件。

---

① 依据《破产法解释一》第一条第二款:相关当事人以对债务人的债务负有连带责任的人未丧失清偿能力为由,主张债务人不具备破产原因的,人民法院应不予支持。

二、破产申请及程序转换

（一）破产申请权人

1. 债务人

根据《企业破产法》第七条第一款的规定，债务人可以申请破产清算、和解和重整。至于债务人内部如何形成申请破产的意思，则需根据债务人公司章程及《公司法》的规定来确认。

2. 债权人

根据《企业破产法》第七条第二款的规定，债权人可以申请破产清算和重整。但是法律并未区分债权类型而作出具体规定，从而导致在实践中存在一定的争议。限于篇幅，本书不对此作专门的分析。本书认为，《企业破产法》第七条第二款将申请主体概括地表述为"债权人"，为担保债权人、税收债权人、职工债权人、国务院金融监管机构申请债务人破产留出了解释的空间，但是在司法实务中如何统一标准、如何受理、如何监督仍需要进一步明确。

3. 清算义务人

根据《企业破产法》第七条第三款的规定，清算义务人仅能向法院申请破产清算，而且此项申请更多是属于履行法定义务。

（二）程序转换

在破产清算期间，债务人或者出资额占债务人注册资本十分之一以上的出资人如果认为破产企业在技术工艺、生产销售、行业前景等方面具备重整价值，则可以在债务人被宣告破产前向人民法院申请转为破产重整。[1]相应地，在破产重整期间，如果重整基础不复存在或者重整无法顺利推进，也可以依法转入破产清算。

---

[1] 依据《企业破产法》第七十条。

具体而言，重整基础不复存在主要表现为三种形式：(1)债务人的经营状况和财务状况持续恶化，从商业逻辑上判断已经无法挽救；(2)债务人存在欺诈、恶意减少债务人财产或者其他显著不利于债权人的行为；(3)债务人不配合导致管理人无法履行职责。在重整基础不复存在的情况下，法院可以依管理人或者利害关系人的申请，裁定终止重整程序，宣告债务人破产。①

重整无法顺利推进也主要表现为三种形式：(1)债务人或管理人未在法定期限内提出重整计划草案交由债权人会议表决；(2)重整计划草案未获债权人会议表决通过，也没有被法院裁定批准；(3)重整计划草案虽经债权人会议表决通过，但未被法院批准。在重整无法顺利推进的情况下，法院可以依职权裁定终止重整程序，宣告债务人破产。②

三、申请材料

债权人向法院申请债务人破产的，需要提交破产申请书和能够证明债务人符合破产受理条件的相应证据。

破产申请书应当载明：(1)申请人、被申请人的基本情况，当申请人为债务人时，只需说明申请人的基本情况；(2)申请目的，指申请开始的是清算程序、和解程序还是重整程序；(3)申请的事实和理由，主要是债权债务的存在、债务人未能清偿债务、债务人发生破产原因等情况；(4)人民法院认为应当载明的其他事项等。

相应证据主要有证明申请人和被申请人身份的材料，以被申请人为债务人的债权凭证，被申请人的执行案件查询情况、被申请人的审计报告、资产负债表或其他可以证明被申请人符合破产受理条件的证

---

① 依据《企业破产法》第七十八条。
② 依据《企业破产法》第七十九条、第八十八条。

据。如果申请人为资产管理公司的，还应当提供其为据以申请破产的债权的合法债权人的相关证据。如申请人为债务人的，还应当提供财产状况说明、债务清册、债权清册、有关财务会计报告、职工安置预案以及职工工资的支付和社会保险费用的缴纳情况。

四、撤回申请

《企业破产法》第九条规定：人民法院受理破产申请前，申请人可以请求撤回申请。该条的规定是基于权利人（包括债权人和债务人）处分权利的自由，法院自当予以尊重。故此，对于《企业破产法》第七条第三款[①]中的清算义务人，因其向法院申请破产是基于法律规定的义务而非其自身的权利，除非破产原因消灭，否则由其提出的破产申请不能被撤回。

第三节 破产的受理

一、受理的程序

法院在收到申请人的破产申请后，需要向申请人出具收到申请及所附证据的书面凭证。之后应当及时对申请人和被申请人的主体资格和破产原因，以及申请人提交的材料和证据等进行审查，并依据《企业破产法》第十条[②]的规定在法定期限内作出是否受理的裁定。

---

① 《企业破产法》第七条第三款："企业法人已解散但未清算或者未清算完毕，资产不足以清偿债务的，依法负有清算责任的人应当向人民法院申请破产清算。"
② 《企业破产法》第十条："债权人提出破产申请的，人民法院应当自收到申请之日起五日内通知债务人。债务人对申请有异议的，应当自收到人民法院的通知之日起七日内向人民法院提出。人民法院应当自异议期满之日起十日内裁定是否受理。除前款规定的情形外，人民法院应当自收到破产申请之日起十五日内裁定是否受理。有特殊情况需要延长前两款规定的裁定受理期限的，经上一级人民法院批准，可以延长十五日。"

如果法院审查后认为申请人应当补充、补正相关材料的，则应当自收到破产申请之日起五日内告知申请人。申请人补充、补正相关材料的期间不计入《企业破产法》第十条规定的期限。

如果法院不接收申请人提出的破产申请，或者未按《企业破产法》第七条的规定接收的，申请人可以向上一级法院提出破产申请。上一级法院接到破产申请后，应当责令下级法院依法审查并及时作出是否受理的裁定；下级法院仍不作出是否受理裁定的，上一级人民法院可以径行作出裁定。①

法院经审查后裁定不受理破产申请的，应当自裁定作出之日起五日内送达申请人并说明理由。申请人对裁定不服的，可以自裁定送达之日起十日内向上一级人民法院提起上诉。

人民法院应当自裁定受理破产申请之日起二十五日内通知已知债权人，并按照《企业破产法》第十四条规定②予以公告。

二、受理的法律效力

（一）个别清偿禁止

债务人的破产申请被受理后，就必须按照法律规定的顺序对所有债权人进行公平清偿。此时，如果债务人对个别债权人进行单独清偿，则会损害其他债权人的受偿权，该个别清偿行为也因违反《企业破产法》第十六条的强制性规定而无效。

---

① 依据《破产法解释一》第九条。
② 《企业破产法》第十四条："人民法院应当自裁定受理破产申请之日起二十五日内通知已知债权人，并予以公告。通知和公告应当载明下列事项：（一）申请人、被申请人的名称或者姓名；（二）人民法院受理破产申请的时间；（三）申报债权的期限、地点和注意事项；（四）管理人的名称或者姓名及其处理事务的地址；（五）债务人的债务人或者财产持有人应当向管理人清偿债务或者交付财产的要求；（六）第一次债权人会议召开的时间和地点；（七）人民法院认为应当通知和公告的其他事项。"

（二）诉讼与仲裁中止

法院裁定受理破产申请后，债务人就不再具有自主行为能力，而是需要根据管理人的决定对外行使权利和履行义务。因此，债务人在破产申请被受理后至管理人接管债务人的财产前，不能作为独立民事主体参加诉讼或仲裁，已经开始而尚未终结的有关债务人的民事诉讼或者仲裁在该期间内必须中止；在管理人接管债务人的财产后，该诉讼或者仲裁继续进行。

（三）保全解除与执行中止

法院受理破产申请后，债务人所有的财产均应归为破产财产，应由管理人统一处置后，对所有债权人按照法定顺序进行公平清偿。如果此时仍旧允许对债务人财产进行保全与执行，则会造成实质上的个别清偿。因此，债务人被裁定受理破产申请后，有关债务人财产的保全措施应当解除，执行程序应当中止。

（四）衍生诉讼集中管辖

法院受理破产申请后，为方便管理人履行职责，也为了破产程序可以更加快速有效推进，根据《企业破产法》第二十一条的规定，破产期间有关债务人的民事诉讼，只能向受理破产申请的人民法院提起。但是，已经开始而尚未终结的诉讼或仲裁，仍在原管辖法院或仲裁委进行审理。

（五）债务人的债务人与财产持有人应清偿或交付

人民法院受理破产申请后，债务人的债务人或者财产持有人应当向管理人清偿债务或者交付财产。

债务人的债务人或者财产持有人在法院受理债务人破产申请后仍故意向债务人清偿债务或者交付财产，使债权人受到损失的，不免除其清偿债务或者交付财产的义务。

（六）出资加速到期

人民法院受理破产申请后，债务人的出资人尚未完全履行出资义务的，管理人应当要求该出资人立即缴纳所认缴的出资，出资人所缴纳的出资作为破产财产由管理人在破产程序中进行分配。

（七）债权加速到期及停止计息

债务人的破产申请被受理后，债权人对债务人的未到期债权在受理当天视为到期；同时，债务人所有的有息负债自破产申请被受理的当天起停止计息。

在主债务人的破产申请被受理后，债权人仍然可以向担保人请求承担担保责任，但是基于"从债务不能大于主债务"的基本原理，根据《最高人民法院关于适用〈中华人民共和国民法典〉有关担保制度的解释》（简称《民法典担保制度解释》）第二十二条规定，担保人可以拒绝承担主债务人破产申请受理日之后的利息。[①]

因此，债务人先于保证人被受理破产申请的，债权人在向保证人申报债权时，应当以人民法院受理债务人的破产申请之日作为截息日。

（八）重整期间担保物权行使限制

为保证重整财产的完整性，更好地招募重整投资人，在重整期间，享有担保物权的优先债权人须暂停行使担保物权。但是，担保物有损坏或者价值明显减少的可能，足以危害担保权人权利的，担保物权人可以向人民法院请求恢复行使担保物权。

（九）保证人诉讼时效不中止、不中断

债务人进入破产程序后，债权人可以根据《民法典担保制度解释》

[①] 《民法典担保制度解释》第二十二条："人民法院受理债务人破产案件后，债权人请求担保人承担担保责任，担保人主张担保债务自人民法院受理破产申请之日起停止计息的，人民法院对担保人的主张应予支持。"

第二十三条第一款①的规定同时进行债权申报和通过诉讼向担保人请求承担担保责任。因此，一般认为，债务人的破产申请被受理并不会造成债权人对保证人的诉讼时效中止、中断，债权人仍应及时做好保证人诉讼时效的维护。

第四节　破产债权的申报、审核及确认

一、债权的申报

（一）申报主体

无论是破产清算、重整、和解，债权申报是债权人参与破产程序的基础。破产管理人会根据项目的实际需求设计《债权申报表》，通常的《债权申报表》样式如图5-1。

××××有限公司破产清算
债权申报表

债权人	名称/姓名			
	住所地/住址			
	法定代表人（法人填写）		职务	
	身份证号码（自然人填写）			
	联系电话：			
委托代理人			委托代理人身份证等证件号码	

---

① 《民法典担保制度解释》第二十三条第一款：人民法院受理债务人破产案件，债权人在破产程序中申报债权后又向人民法院提起诉讼，请求担保人承担担保责任的，人民法院依法予以支持。

续 表

债权性质			
是否已诉讼或仲裁			
申报债权总额		本金	
		利息	
		迟延履行金	
		其他	
申报债权总额	大写		
其中主张有财产担保或优先权的债权金额		抵押物名称	
		权利价值	
是否为连带债权		连带债权人名称	
有无连带债务人		连带债务人名称	
债权形成基本事实及理由			
填表说明	1. 债权人系自然人的需填写身份证号码； 2. 本表金额单位为人民币"元"； 3. 不需要填写的栏目可留空白或写"无"； 4. 债权性质和债权种类栏□里打钩"☑"； 5. 申报债权利息、违约金或赔偿金的，应当另行提交计算清单。		

债权人及其代理人保证所申报的金额与实际债权金额相符，所提供的证据材料与原件相符且真实、合法、有效，如申报不实或提供的证据系虚假伪造的，愿意承担一切法律责任。

债权人盖章：
年 月 日

图5-1 债权申报表式样

（二）申报期限

债权申报期限自人民法院发布受理破产申请公告之日起计算，最短不得少于三十日，最长不得超过三个月。具体的期限，由人民法院确定。

一般而言，债权人应当在人民法院确定的债权申报期限内申报债权。但这并不意味着超过申报期限就无法申报，更不表示未在债权申报期限内申报债权就无法通过破产程序获得清偿。在实务中，在破产财产最后分配前，债权人均可以进行补充申报，但是补充申报的债权人需要承担为审查和确认补充申报债权而产生的费用。而且，补充申报的债权人只能就剩余未分配的破产财产进行分配，已经进行的分配，不再对补充申报的债权人进行补充分配。只有在全部破产财产分配完毕后仍未申报的债权，才无法从破产程序中获得清偿。[①]

二、债权的审查

《破产法解释三》第六条规定："管理人应当依照企业破产法第五十七条的规定对所申报的债权进行登记造册，详尽记载申报人的姓名、单位、代理人、申报债权额、担保情况、证据、联系方式等事项，形成债权申报登记册。管理人应当依照《企业破产法》第五十七条的规定对债权的性质、数额、担保财产、是否超过诉讼时效期间、是否超过强制执行期间等情况进行审查、编制债权表并提交债权人会议核查。"

由此可见，管理人对债权的审查属于实质性审查。而且，实质性审查的对象并不局限于未经生效法律文书确认的债权，还包括经生效法律文书确认的债权。

区别在于，对于未经生效法律文书确认的债权，管理人可直接将审核后的债权金额列入债权登记册，交由债权人会议核查。而对于已

---

① 《企业破产法》第五十六条：在人民法院确定的债权申报期限内，债权人未申报债权的，可以在破产财产最后分配前补充申报；但是，此前已进行的分配，不再对其补充分配。为审查和确认补充申报债权的费用，由补充申报人承担。债权人未依照本法规定申报债权的，不得依照本法规定的程序行使权利。

有生效法律文书确认的债权,管理人应当予以确认。只有在管理人认为债权人据以申报债权的生效法律文书确定的债权错误,或者有证据证明债权人与债务人恶意通过诉讼、仲裁或者公证机关赋予强制执行力公证文书的形式虚构债权债务的,应当依法通过审判监督程序向作出该判决、裁定、调解书的人民法院或者上一级人民法院申请撤销生效法律文书,或者向受理破产申请的人民法院申请撤销或者不予执行仲裁裁决、不予执行公证债权文书后,方可重新确定债权。

三、债权的核查

管理人编制完成债权表后,应当提交第一次债权人会议核查。在实务中,债权人对自己债权的核查普遍在第一次债权人会议前已经完成。但对于其他债权人的债权只有在第一次债权人会议时才得以知晓,如果对其他债权人的债权存在疑问,则需要向管理人申请提供相应的债权申报材料以供核查。

债权人在核查时需要注意以下三方面的问题。

(一)债权申报的范围

1. 债权申报的一般范围

在一般情况下,可申报的债权均是在法院受理破产申请时就已享有的债权。

至于附条件、附期限的债权,如果在法院受理破产申请时就已存在,根据《企业破产法》第四十七条规定,应当允许其申报。至于最终是否确认,确认的金额多少,则应交由管理人审查后经法定程序确认。

需要特别说明的一点,《企业破产法》并未禁止自然债权进行申报,但自然债权人在申报时应当如实阐述债权产生经过,管理人应当按照法律规定进行审查后决定是否予以确认。

2. 破产受理后产生的债权

在特殊情况下，法院受理破产申请后产生的债权也可以进行申报，但应当有法律明确规定。在我国的破产立法上，主要有以下三种。①

（1）管理人行使挑拣履行权解除合同后，对方当事人可以就合同解除所产生的损害赔偿请求权向管理人申报债权。

（2）受托人不知道作为委托人的债务人已经被裁定受理破产申请，仍继续处理委托事务，受托人可以就此产生的委托报酬等请求权向管理人申报债权。但是受托人需要举证证明其不知道债务人破产的事实。

（3）作为票据出票人的债务人已经被裁定受理破产申请，但是该票据的付款人基于其先前作出的承兑行为而向票据持有人支付款项的，付款人可以就此产生的债权请求权向管理人进行申报。需要注意的是，付款人付款是基于其在出票人被裁定受理破产申请前做出的承兑行为。根据《票据法》的规定，承兑人一旦做出承兑，必须在见票时无条件支付承兑款项。因此，在此情形下，法律并不要求票据付款人"不知道出票人已经被裁定受理破产申请"的事实。

3. 连带债务中的债权

当债务人或其保证人的破产申请被法院受理时，如果债务人的其他保证人之一或者其他连带债务人已经代替债务人清偿债务的，履行了代偿义务的保证人或连带债务人可以就代偿部分中可向破产企业行使追偿权的部分申报债权。与代替债权人在债务人的破产程序中受偿不同，此处并不要求保证人或连带债务人代替债务人清偿全部债务，只要已经进行过代偿并具有对破产企业的追偿权，就可以向管理人申

---

① 《企业破产法》第五十三条、五十四条、五十五条。

报债权。

如果债务人的其他保证人之一或者其他连带债务人尚未代替债务人清偿债务，或者债权人未向管理人申报全部债权，其他保证人或连带债务人可以对破产企业的将来求偿权向管理人进行申报。

连带债务人中数人的破产申请均被法院受理的，其债权人有权就全部债权分别在各破产案件中申报债权。

4. 无须申报的债权

根据《企业破产法》规定，仅有职工债权可以不用申报，而是直接由管理人调查后列出清单并予以公示。其中，破产企业董监高超出该企业职工平均工资的部分，虽然无法作为职工债权进行清偿，但其仍然属于企业拖欠职工工资的一部分。因此，董监高亦无须就超出职工平均工资部分另行申报普通债权，该部分债权同样由管理人调查后予以公示即可。

（二）债权类别

1. 船舶优先权

《中华人民共和国海商法》第二十二条规定了五种属于船舶优先权的海事请求，分别是：（1）船长、船员和在船上工作的其他在编人员根据劳动法律、行政法规或者劳动合同所产生的工资、其他劳动报酬、船员遣返费用和社会保险费用的给付请求；（2）在船舶营运中发生的人身伤亡的赔偿请求；（3）船舶吨税、引航费、港务费和其他港口规费的缴付请求；（4）海难救助的救助款项的给付请求；（5）船舶在营运中因侵权行为产生的财产赔偿请求。

具有船舶优先权的海事请求，应当自优先权产生之日起一年内行使。需要注意的是，船舶优先权行使期限属于除斥期间，不得中止或中断。此外，在一般情况下，船舶优先权并不随船舶所有权的转让而消灭。但是，当船舶转让时，船舶优先权自法院应受让人申请予以公告之日起满六十日不行使的，船舶优先权消灭。同时，船舶优先权还会因船舶灭失或被法院强制出售而消灭。

2. 民用航空器优先权

民用航空器优先权主要包括：（1）援救该民用航空器的报酬；（2）保管维护该民用航空器的必需费用。在这些属于民用航空器优先权的报酬或费用中，后发生的先受偿。

但是，民用航空器优先权的行使与其他权利存在不同。民用航空器优先权的行使不仅需要在救援或保管维护工作终了之日起三个月内向国务院民用航空主管部门登记，而且需要在这三个月内完成清偿或与债务人就此项债权的金额达成协议或此项债权已经进入诉讼程序，否则优先权即告消灭。除此之外，虽然《中华人民共和国民用航空法》没有明文规定三个月属于何种性质，但一般认为，三个月的期限也属于除斥期间，不得中止或中断。

当然，与船舶优先权一样，民用航空器优先权同样不因民用航空器所有权的转让而消灭；但是，民用航空器经依法强制拍卖的除外。

3. 购房消费者优先权

在购房消费者优先权没有被新的法律法规、司法解释明确否定前，就我们目前参与的破产实务而言，不论是管理人还是法院，基于生存权大于经营权的考量，都还是根据最高人民法院《关于人民法院办理执行异议和复议案件若干问题的规定》第二十九条[1]的规定认可

---

[1] 《最高人民法院关于人民法院办理执行异议和复议案件若干问题的规定》第二十九条："金钱债权执行中，买受人对登记在被执行的房地产开发企业名下的商品房提出异议，符合下列情形且其权利能够排除执行的，人民法院应予支持：（一）在人民法院查封之前已签订合法有效的书面买卖合同；（二）所购商品房系用于居住且买受人名下无其他用于居住的房屋；（三）已支付的价款超过合同约定总价款的百分之五十。"

购房消费者优先权的存在。需要强调的是，这是破产实务中作出的平衡。因此，对于购房消费者的认定应当严格执行上述标准，不得任意作扩大解释。

4. 建设工程价款优先权

在核查建设工程价款优先权时，需要注意以下3个方面。

（1）建设工程价款优先权的行使主体。《最高人民法院关于审理建设工程施工合同纠纷案件适用法律问题的解释（一）》（简称《建设工程施工合同解释一》）第三十五条将优先权的行使主体明确限定在"与发包人订立建设工程施工合同的承包人"。此处的建设工程，除了通常理解的建造工程，根据《建设工程施工合同解释一》第三十七条的规定也应当包含装饰装修工程。此处的承包人，既可以是与发包人单独订立施工承包合同的施工承包人，也可以是与发包人订立建设工程合同的总承包人。

（2）行使建设工程价款优先权的前提。从《建设工程施工合同解释一》第三十八条和第三十九条可知，建设工程质量合格是行使建设工程价款优先权的唯一前提，建设工程竣工与否并不影响承包人主张建设工程价款优先权。

（3）行使优先受偿权的期限。一般认为可以根据《最高人民法院关于适用〈中华人民共和国民法典〉时间效力的若干规定》的精神，参照新旧诉讼时效的衔接进行处理。具体而言，在《民法典》施行前，如根据已被废止的《最高人民法院关于审理建设工程施工合同纠纷案件适用法律问题的解释（二）》的规定，六个月的优先权行使期限已经届满，则优先权已经消灭，不能再适用《建设工程施工合同解释一》第四十一条的规定；如六个月的优先权行使期限尚未届满，则可以根据《建设工程施工合同解释一》第四十一条的规定确定优先权的行使期限。

5. 土地出让金优先权

破产企业以划拨方式取得的国有土地使用权不属于破产财产，在企业破产时，有关人民政府可以予以收回，并依法处置。

如果企业在以划拨方式取得的国有土地使用权后尚未进行开发利用就被受理破产申请，则划拨的国有土地使用权自然可由政府收回并依法处置，并不会造成其他问题。

但在实际生产经营中，企业在以划拨方式取得的国有土地使用权后，必然对该土地进行开发利用，不可避免地会在土地上建造建筑物，并且很有可能会以地上建筑物甚至直接以土地使用权办理抵押。此时，不论地上建筑物是否合法，因其属于破产财产，必然在破产程序中进行处置。若政府此时强行收回土地使用权，必然导致破产程序无法进行。因此，在破产实务中，出现上述情况时往往是在一并处置后所得价款优先用于补缴土地出让金。

6. 担保物权

根据《民法典》物权编的规定，典型担保物权主要包括抵押权、质权以及留置权。根据《民法典》第四百零三条规定："以动产抵押的，抵押权自抵押合同生效时设立；未经登记，不得对抗善意第三人。"由此可见，我国法律对于动产抵押实行的是登记对抗制度。具体到破产程序中，《民法典担保制度解释》第五十四条规定，抵押人破产，抵押权人就未办理抵押登记的动产主张优先受偿的，人民法院不予支持。

7. 共益债务

共益债务指的是法院受理破产申请后发生的以下六类债务：（1）因管理人或者债务人请求对方当事人履行双方均未履行完毕的合同所产生的债务；（2）债务人财产受无因管理所产生的债务；（3）因债务人不

当得利所产生的债务；(4)为债务人继续营业而应支付的劳动报酬和社会保险费用以及由此产生的其他债务；(5)管理人或者相关人员执行职务致人损害所产生的债务；(6)债务人财产致人损害所产生的债务。

需要特别说明的是，在法条列举的第四种债务中，为债务人继续营业而应支付的劳动报酬和社会保险费用应单指法院受理破产申请后新产生的劳动报酬和社保费用，法院受理破产申请前已经产生的劳动报酬和社保费用应作为职工债权在破产程序中获得清偿。

同时，"为债务人继续营业而产生的其他债务"在破产实务中较为常见的是：破产申请受理后，经债权人会议决议通过，或者第一次债权人会议召开前经人民法院许可，管理人或者自行管理的债务人为债务人继续营业而进行的借款。

8. 连带债务中保证人的追偿权债权

根据《民法典》第七百条的规定，保证人向债务人行使追偿权时，不能损害债权人的利益。因此，在破产程序中，保证人行使追偿权而申报的债权，分配顺序应当位于普通债权之后。换言之，其应当被认定为劣后债权。

(三) 债权金额

1. 连带债务中债权金额的确定

（1）当债务人或保证人的破产申请被受理后，如果债权人在申报债权时尚未从债务人、其他保证人或连带债务人处获得清偿，则其在各破产案件中均可以全部债权金额申报债权，且其从一方破产程序中获得清偿后，其对另一方的债权额不作调整，但债权人的受偿额不得超出其债权总额。

（2）当债务人的破产申请被受理时，如果债权人在申报债权时已经从债务人、其他保证人或连带债务人处获得清偿，则债权人仅能就未获清偿部分申报债权，履行了代偿义务的保证人或已实际承担债务的连带债务人可以就代偿（承担）部分中可向债务人行使追偿权的部分申报债权。

（3）当保证人之一的破产申请被受理时，如果债权人在申报债权时已经从债务人、其他保证人或连带债务人处获得清偿，则债权人仅能就未获清偿部分申报债权，履行了代偿义务的保证人或已实际承担债务的连带债务人可以就代偿（承担）部分中可向破产保证人行使追偿权的部分申报债权。

2.破产企业董事、监事和高级管理人员的工资

破产企业董监高的工资中按照该企业职工的平均工资计算的部分可以计入职工债权优先受偿，剩余部分可作为普通债权清偿。

3.建设工程价款优先受偿的范围

《建设工程施工合同解释一》第四十条第一款明确了工程价款优先受偿的范围，即全部建设工程价款均可优先受偿，而不局限于工程价款中的特定部分。从具体组成而言，主要包括由人工费、施工机具使用费、材料费、企业管理费、规费等组成的成本及税金、利润。从支付节点而言，则包括按进度支付的进度款以及以质量保证金名义留存于发包人处的尾款。但是，逾期支付建设工程价款的利息、违约金、损害赔偿金均不属于优先受偿的范围。

4.最高额抵押金额的确定

最高额抵押金额应当根据不动产登记簿登记的内容来进行确定。在实务中，在没有相反证据的情况下，管理人一般也可以根据不动产权属证书来确定。具体到最高额抵押中，根据他项权证上记载的担保范围来确定最高额抵押的担保金额。如果遇到他项权证上记载的担保金额与合同约定的不一致时，则应当以他项权证上记载的为准。

四、债权的确认

在第一次债权人会议时,债务人、债权人对债权表记载的债权无异议的,由人民法院裁定确认。

债务人、债权人对债权表记载的债权有异议的,应当说明理由和法律依据。经管理人解释或调整后仍然不服的,或者管理人不予解释或调整的,异议人应当在债权人会议核查结束后十五日内向人民法院提起债权确认的诉讼。当事人之间在破产申请受理前订立有仲裁条款或仲裁协议的,应当向选定的仲裁机构申请确认债权债务关系。

经法院审理或仲裁机构仲裁确定的异议债权金额,可以直接作为经确认的债权编入债权表,无须再经债权人会议核查。

第五节 债权人会议

一、债权人会议的组成与召开

(一)债权人会议的组成

根据《企业破产法》第五十九条第一款[①]的规定,无论管理人对债权人的债权审查结果如何,只要依法申报债权的债权人均可以参加第一次债权人会议。除债权人以外,债权人会议也应当有债务人的职工和工会的代表参加。债权人会议设主席一人,由人民法院从有表决权的债权人中指定。

(二)债权人会议的召开

第一次债权人会议由人民法院召集,自债权申报期限届满之日起

---

① 《企业破产法》第五十九条第一款:依法申报债权的债权人为债权人会议的成员,有权参加债权人会议,享有表决权。

十五日内召开。

以后的债权人会议，在人民法院认为必要时，或者管理人、债权人委员会、占债权总额四分之一以上的债权人向债权人会议主席提议时召开。

召开债权人会议，管理人应当提前十五日通知已知的债权人。

二、债权人会议的职权

《企业破产法》第六十一条罗列了债权人会议的十一项职权，分别是：（一）核查债权；（二）申请人民法院更换管理人，审查管理人的费用和报酬；（三）监督管理人；（四）选任和更换债权人委员会成员；（五）决定继续或者停止债务人的营业；（六）通过重整计划；（七）通过和解协议；（八）通过债务人财产的管理方案；（九）通过破产财产的变价方案；（十）通过破产财产的分配方案；（十一）人民法院认为应当由债权人会议行使的其他职权。

三、债权人会议的表决

（一）表决权

1. 表决权的一般规则

《企业破产法》第五十九条第一款规定："依法申报债权的债权人为债权人会议的成员，有权参加债权人会议，享有表决权。"一般认为上述规定应作进一步解释，依法申报债权的债权人为债权人会议的成员，有权参加第一次债权人会议，按其在债权表中所列债权性质及金额享有表决权。对于第二次及以后的债权人会议，已申报债权并被依法确认的债权人为债权人会议的成员，有权参加债权人会议，按其被依法确认的债权性质及金额享有表决权。

2. 债权未确定的债权人的表决权

债权尚未确定的债权人，除人民法院能够为其行使表决权而临时确定债权额的外，不得行使表决权。

在破产程序中，尚未确定的债权主要是指诉讼或仲裁未决的债权、附条件的债权、保证人的将来求偿权、行使别除权后仍未受偿的债权额等。

3. 有财产担保的债权人的表决权

对债务人的特定财产享有担保权的债权人，未放弃优先受偿权利的，对债权人会议通过和解协议与破产财产的分配方案不享有表决权。这是因为，有财产担保的债权人在破产清算和和解程序中均可以通过行使别除权获得优先清偿，该两项决议与其不存在利害关系，因此，无须其参与表决。

4. 职工债权的表决权

根据法律规定及实务中常见做法，职工债权人的表决权一般通过以下方式实现：在职工人数较多时，可以根据《公司法》，通过职工民主推选代表人或公示方式确定职工代表行使表决权；在职工人数较少时，也可以采用一人一票的方式在组内行使表决权。

（二）表决规则

1. 债权人会议表决的一般规则

债权人会议决议的通过，需要由出席会议的有表决权的债权人过半数通过，并且其所代表的债权额占无财产担保债权总额的二分之一以上。这样的表决规则通过人数和债权额两个维度，较好地维持了大额和小额债权人利益的平衡。

2. 重整计划草案的表决

关于破产重整计划草案的表决，应当分组进行，根据《企业破产法》第八十二条①和第八十五条②的规定，一般设置为有财产担保债权组、职工债权组、税收债权组、普通债权组，有需要的还可以设置小额债权组和出资人组。各表决组均通过重整计划草案时，重整计划即为通过。

在各表决组内，出席会议的同一表决组的债权人过半数同意重整计划草案，并且其所代表的债权额占该组债权总额的三分之二以上的，即为该组通过重整计划草案。

部分表决组未通过重整计划草案的，债务人或者管理人可以同未通过重整计划草案的表决组协商。该表决组可以在协商后再表决一次。但双方协商的结果不得损害其他表决组的利益。

3. 和解协议草案的表决

债权人会议通过和解协议的决议，需要由出席会议的有表决权的债权人过半数同意，并且其所代表的债权额占无财产担保债权总额的三分之二以上。

（三）债权人会议的决议

1. 债权人会议决议的生效

在一般情况下，债权人会议决议经债权人会议表决通过后即发生效力。但在以下三种情况下，须经法院裁定认可或批准才发生效力：（1）债权确认；（2）重整计划批准；（3）和解协议认可。

---

① 《企业破产法》第八十二条："下列各类债权的债权人参加讨论重整计划草案的债权人会议，依照下列债权分类，分组对重整计划草案进行表决：（一）对债务人的特定财产享有担保权的债权；（二）债务人所欠职工的工资和医疗、伤残补助、抚恤费用，所欠的应当划入职工个人账户的基本养老保险、基本医疗保险费用，以及法律、行政法规规定应当支付给职工的补偿金；（三）债务人所欠税款；（四）普通债权。人民法院在必要时可以决定在普通债权组中设小额债权组对重整计划草案进行表决。"
② 《企业破产法》第八十五条第二款："重整计划草案涉及出资人权益调整事项的，应当设出资人组，对该事项进行表决。"

如果表决事项未获债权人会议通过，在一般情况下，该项表决内容需要修改后经债权人会议重新表决，直至通过，但表决事项为以下内容时除外。

（1）表决内容为债务人财产的管理方案或破产财产的变价方案时，可直接由法院裁定通过；

（2）表决内容为破产财产的分配方案时，经债权人会议二次表决仍未通过的，可由法院裁定通过；

（3）表决内容为重整计划草案时，未通过的表决组拒绝再次表决或再次表决仍未通过的，经管理人或债务人申请，在符合《企业破产法》第八十七条规定的前提下，可由法院裁定通过。

2. 债权人会议决议的效力

债权人会议的决议，对于全体债权人均有约束力，但是经债权人会议通过并经法院裁定认可的和解协议除外。和解协议仅对债务人和全体和解债权人有约束力，其效力范围并不及与对债务人特定财产享有担保债权的债权人。

3. 债权人会议决议的瑕疵

债权人认为债权人会议的召开或表决违反法定程序、决议的内容违反法律规定或者超出债权人会议的职权范围，并且该次债权人会议通过的决议损害其利益的，可以自债权人会议作出决议之日起十五日内，向法院申请撤销该决议。法院经审查后确认属实的，可以裁定撤销全部或者部分事项决议，责令债权人会议依法重新作出决议。

对于债权人会议未获表决通过，而由法院裁定通过的事项，债权人不服法院裁定的，可以自裁定宣布之日或者收到通知之日起十五日内向该人民法院申请复议，复议期间债权人不能以正在进行复议为由要求停止裁定的执行。具体而言，对债务人财产的管理方案和破产财产的变价方案作出的裁定，任一债权人均可申请复议，没有其他的限制；但对破产财产分配方案作出的裁定，则需要债权额占无财产担保债权总额二分之一以上的债权人才可以提起。

但是法院依据《企业破产法》第八十七条作出通过重整计划草案的裁定不在可申请复议的范围内，就该项裁定，现行法律并未给债权人设置救济途径。

第六节　破产财产的变价、分配及管理人报酬

一、破产清算中破产财产的变价

在破产实务中，破产财产的分配大多以货币形式实现。因此，需要将非货币形态的破产财产转化为货币，这个过程就是破产财产的变价。常见的变价模式主要包括债权人行使别除权①对担保财产进行单独处置和管理人对全部破产财产进行整体处置。

（一）担保财产的单独处置

在破产重整期间，别除权暂停行使，但担保物有损坏或者价值明显减少的可能，足以危害担保权人权利的除外。②在破产和解程序中，自人民法院裁定和解之日起可以行使别除权。③在破产清算程序中，自

---

① 在破产法理论上，通常认为，别除权是指债权人因其债权设有物权担保或享有特别优先权，而在破产程序中就债务人特定财产享有的优先受偿权利。
② 《企业破产法》第七十五条第一款：在重整期间，对债务人的特定财产享有的担保权暂停行使。但是，担保物有损坏或者价值明显减少的可能，足以危害担保权人权利的，担保权人可以向人民法院请求恢复行使担保权。
③ 《企业破产法》第九十六条第二款：对债务人的特定财产享有担保权的权利人，自人民法院裁定和解之日起可以行使权利。

人民法院受理破产申请之日起即可行使别除权,但单独处置担保财产会降低其他破产财产的价值而应整体处置的除外。①

别除权一经行使即消灭,如担保财产单独处置所得价款无法全额清偿其所担保的主债权,则未受清偿部分将作为普通债权受偿。

(二)破产财产的整体处置

管理人应当按照债权人会议通过的或者人民法院裁定确认的破产财产变价方案,适时变价出售破产财产。在出售形式上,除非债权人会议另有决议,变价出售破产财产应当通过拍卖进行。

一般而言,管理人偏向于破产财产的整体处置,但是有财产担保的债权人可以根据《全国法院破产审判工作会议纪要》第二十五条的规定,随时向管理人主张别除权进行优先受偿,且管理人不得以须经债权人会议决议等为由拒绝,但因单独处置担保财产会降低其他破产财产的价值而应整体处置的除外。

二、破产清算中破产财产的分配

(一)分配方案的内容

在破产财产分配方案中,需要特别注意的主要是参分配的债权总额、可供分配的财产数额、分配的顺序、比例及数额以及实施破产财产分配的方法。对于分配数额,在分配顺序正确的情况下,几乎是不存在异议的。因此,本书将在此处重点对包括典型担保物权、法定特别优先权等在内的别除权与其他破产债权的分配顺序作一个较为全面

---

① 《全国法院破产审判工作会议纪要》第二十五条:在破产清算和破产和解程序中,对债务人特定财产享有担保权的债权人可以随时向管理人主张就该特定财产变价处置行使优先受偿权,管理人应及时变价处置,不得以须经债权人会议决议等为由拒绝。但因单独处置担保财产会降低其他破产财产的价值而应整体处置的除外。

的阐述。

1. 第一顺位：法定特别优先权

（1）购房消费者优先权。一般认为，《最高人民法院关于建设工程价款优先受偿权问题的批复》第一条和第二条确认了购房消费者优先权优于建设工程价款优先权>抵押权的优先顺位。尽管该批复在《民法典》施行后已被废止，但在目前的破产实务中，不论破产申请被受理是在《民法典》施行前还是施行后，管理人和法院基于社会价值及稳定等多重因素的考量，通常将购房消费者债权作为最优先债权进行清偿。

（2）建设工程价款优先权。《建设工程施工合同解释一》第三十六条就建设工程价款优先权的清偿顺位作出明确规定，承包人根据《民法典》第八百零七条规定享有的建设工程价款优先受偿权优于抵押权和其他债权。

（3）土地出让金优先权。《民法典担保制度解释》第五十条规定，抵押人以划拨方式取得的建设用地使用权或在划拨建设用地上的建筑物抵押，且已经依法办理抵押登记的，抵押权设立有效。但在实现抵押权时，拍卖、变卖抵押物所得的价款，应当优先用于补缴建设用地使用权出让金。

2. 第二顺位：留置权

《民法典》第四百五十六条规定："同一动产上已经设立抵押权或者质权，该动产又被留置的，留置权人优先受偿。"这一规定确定的清偿顺序在破产程序中同样适用。

包括船舶留置权和民用航空器留置权，在《中华人民共和国海商法》和《中华人民共和国民用航空法》中均有具体规定，所确定的清偿顺序也与此相同。

3. 第三顺位：抵押权、质权

抵押权和质权在破产财产分配中具有优先性，这是其作为别除权的应有之义，在理论和实务中均无异议。

需要特别注意的是，当动产之上出现抵押权和质权并存的情况时，如何确定分配顺序。《民法典》第四百一十五条[①]明确，确认抵押权和质权并存时，按照登记、交付的时间先后确定清偿顺序。

4. 第四顺位：破产费用

破产费用主要包括以下3类：（1）破产案件的诉讼费用。（2）管理、变价和分配债务人财产的费用。主要包括保管费、仓储费、保险费、清理费、维修费等破产财产管理事务中发生的费用。变价债务人财产的费用主要包括评估费、公证费、公告费、拍卖费、变更权属产生的应由债务人承担的税费等。（3）管理人执行职务的费用、报酬和聘用工作人员的费用。

5. 第五顺位：共益债务

共益债务由债务人财产随时清偿。债务人财产不足以清偿所有共益债务的，按照比例清偿。

6. 第六顺位：职工债权

职工债权主要包括破产人所欠职工的工资和医疗、伤残补助、抚恤费用，所欠的应当划入职工个人账户的基本养老保险、基本医疗保险费用，以及法律、行政法规规定应当支付给职工的补偿金。但如前所述，公司董监高的工资中超过本单位职工平均工资的部分，不得作为职工债权受偿。除此以外，因债务人侵权行为造成的人身损害赔偿，其中的补偿部分可以参照职工债权进行受偿。

---

① 《民法典》第四百一十五条：同一财产既设立抵押权又设立质权的，拍卖、变卖该财产所得的价款按照登记、交付的时间先后确定清偿顺序。

7. 第七顺位：欠缴的除职工债权以外的社保费用和税收债权

欠缴的除职工债权以外的社保费用，即是指应当由单位缴入社保统筹账户的费用。

至于税收债权在破产程序中是否享有优先于别除权受偿的超级优先权，存在一定争议。本书认为，《税收征收管理法》第四十五条中规定的税收债权的超级优先权仅适用于执行程序。在破产程序中，应当根据特别规定优于一般规定的原则，适用《企业破产法》第一百一十三条的规定，税收债权仅能作为一般优先债权受偿。

8. 第八顺位：普通破产债权

需要特别注意的是，此处的普通破产债权，不仅包括经法院确认的债权表中分类为普通债权的债权，还包括因行使别除权无法获得全额清偿而转化为普通破产债权受偿的债权以及迟延履行金、各类滞纳金等债权。

9. 第九顺位：劣后债权

破产财产在清偿前序顺位的债权后仍有剩余的，可依次用于清偿破产受理前产生的民事惩罚性赔偿金、行政罚款、刑事罚金等惩罚性债权。在实务中，将这类惩罚性债权称为"劣后债权"。

（二）分配方案的确定

管理人拟订破产财产分配方案，提交债权人会议讨论。债权人会议通过破产财产分配方案后，由管理人将该方案提请人民法院裁定认可。债权人会议未表决通过分配方案的，可以由债权人会议二次表决，仍未通过的，可由法院裁定通过。

（三）分配方案的执行

1. 分配的一般程序

破产财产分配方案经人民法院裁定认可后，由管理人执行。管理人按照破产财产分配方案实施多次分配的，应当公告本次分配的财产额和债权额。管理人实施最后分配的，应当在公告中指明此次分配为最后分配。

2. 分配额的提存

分配额的提存主要存在以下三种情形。

（1）附生效条件或者解除条件的债权的分配额。管理人对附生效条件或者解除条件的债权提存的分配额，在最后分配日仍未分配完毕的，应当在最后分配公告中载明对尚未分配的提存分配款的处置。具体而言，在最后分配公告日，生效条件未成就或者解除条件成就的，应当分配给其他债权人；在最后分配公告日，生效条件成就或者解除条件未成就的，应当交付给债权人。

（2）债权人未受领的破产财产分配额。债权人自最后分配公告之日起满二个月仍不领取的，视为放弃受领分配的权利，管理人或者人民法院应当将提存的分配额分配给其他债权人。

（3）破产财产分配时仍存在未决诉讼或者仲裁的债权的分配额。自破产程序终结之日起满二年仍不能受领分配的，人民法院应当将提存的分配额分配给其他债权人。

（四）破产重整中破产财产的变价与分配

相比于破产清算程序中破产财产的变价与分配均有法律明文规定，破产重整程序中的变价与分配因为破产重整模式及方案的不同而存在多样性。通常情况下，重整计划草案中的分配会参照破产清算的分配顺序进行制作，但在特定项目中，通常会充分考虑重整投资人的意愿做一些特殊的安排。在实务中，存在以共益债融资方式进行破产重整的企业，一般而言提供共益债融资的一方会要求在重整计划草案中明确共益债借款的超级优先地位，该种情形之下需要投资方、有财产担保的债权人、管理人进行多方协商。

三、管理人报酬

（一）非担保债权的管理人报酬

管理人报酬根据最终清偿的财产价值总额按照表5-1确定的比例超额累进计算，但是担保权人优先受偿的担保物价值，不计入前述的财产价值总额。

表5-1 管理人报酬计算表

清偿的财产价值总额	计算比例	速算增加数（万元）
100万元及以下的部分	≤12%	0
100万元（不含）至500万元（含）的部分	≤10%	2
500万元（不含）至1,000万元（含）的部分	≤8%	12
1,000万元（不含）至5,000万元（含）的部分	≤6%	32
5,000万元（不含）至1亿元（含）的部分	≤3%	172
1亿元（不含）至5亿元（含）的部分	≤1%	382
超过5亿元（不含）的部分	≤0.5%	632

但是，因为全国各地经济发展差异较大，各省高级人民法院可以参照上述比例在30%的浮动范围内制定符合当地实际情况的管理人报酬比例限制范围，并通过当地有影响的媒体公告，同时报最高人民法院备案。此外，在一些竞争方式选定管理人的破产案件中，管理人报酬的收取方式也是考评管理人资格的一项标准，多数竞争案件中管理人均会承诺按照法定标准下浮一定比例收取管理人报酬。

（二）担保债权的管理人报酬

鉴于管理人对担保物的维护、变现、交付等管理工作付出了合理的劳动，其可以与担保权人协商收取适当的报酬。债权人在收到管理人的协商函件后，可以与管理人进行协商。如果协商不成，则债权人仅需支付按表5-1计算得出的管理人报酬的10%。

（三）采取公开竞争方式指定的管理人的报酬

采取公开竞争方式指定的管理人，其在取得管理人身份的过程中已对管理人报酬进行过报价，报价的高低虽不是法院决定管理人的唯一因素，却也是非常重要的参考标准。如果在破产过程中再允许其变更报酬方案，既不符合诚实信用原则，也对其他参与竞争的主体不甚公平。因此，对于这一类管理人，除非债权人会议异议成立，否则应当根据其报价确定管理人报酬方案，不得进行调整。

（四）管理人聘请本专业机构或者人员协助履行管理人职责的费用

在律师事务所担任管理人的情况下，只要其聘请具有律师执业资格的人员协助履行管理人职责的，不论该人员所属机构如何，所需的费用均需从管理人报酬中支付。会计师事务所和破产清算事务所亦如是。

第七节　破产清算程序终结和重整计划执行

一、破产清算程序终结

（一）破产终结

在一般情况下，经过对破产财产的变价与分配后，债权人已按照分配方案获得清偿。此时，法院可以根据管理人的申请，在管理人向法院提交破产财产分配报告后裁定终结破产程序。但是，在债务人财产不足以清偿破产费用或破产人无财产可供分配的情况下，管理人可以直接请求人民法院裁定终结破产程序。法院应当自收到管理人终结破产程序的请求之日起十五日内作出是否终结破产程序的裁定，裁定终结的，应当予以公告。

除此以外，如果在破产宣告前债务已经得到全部清偿或第三人为债务人提供了足额担保，法院也应当裁定终结破产程序，并予以公告。

（二）追加分配

对于在因正常分配终结、债务人财产不足以清偿破产费用和破产人无财产可供分配三种情况下终结破产程序的债权人，在同时满足以下条件时，可以按照法律规定向人民法院请求按照破产财产分配方案进行追加分配。

第一，向法院申请追加分配的时间是破产程序终结之日起两年，该时间为除斥期间，不可中止中断。

第二，是向法院申请而非管理人。因为管理人此时已经终止执行职务。

第三，须有可供分配的财产。对于虽有部分新发现的财产，但其数量不足以支付分配费用的情况，则不再进行追加分配，由人民法院将其上交国库。

二、重整计划执行

在破产重整中，如果债权人未申报债权，则其在重整计划执行期间不得行使权利，即不能以重整人为被告提起诉讼、仲裁或要求实现担保物权，不能以重整人为被执行人申请强制执行；在重整计划执行完毕后，可以按照重整计划规定的同类债权的清偿条件行使权利。

债务人不能执行或者不执行重整计划的，法院可以依管理人或债权人的申请裁定终止重整计划的执行，并宣告债务人破产。但是为重整计划的执行提供的担保继续有效。

法院裁定终止重整计划执行的,债权人在重整计划中作出的债权调整的承诺失去效力。但债权人因执行重整计划所受的清偿仍然有效,债权未受清偿的部分作为破产债权,但该债权人在破产清算程序中只有在其他同顺位债权人同自己所受的清偿达到同一比例时,才能继续接受分配。

三、不免责情形

对于破产企业来说,破产程序的终结意味着其不再对剩余债务承担清偿责任。但对于破产企业的保证人和其他连带债务人却并非如此,破产企业的保证人和其他连带债务人在破产程序终结后,仍需对债权人依照破产清算程序未受清偿的债权,依法继续承担清偿责任。

第八节 执转破程序

一、执转破概述

执转破,即执行案件移送破产审查制度的简称,指法院在强制执行程序中,发现具备破产原因的被执行企业,经被执行企业或其任一申请执行人同意后,将被执行企业移送至被执行人住所地有管辖权的法院申请破产,受移送法院经审查后发现被执行企业符合破产条件的则裁定受理破产,同时执行法院裁定终结强制执行程序。

二、执转破程序的特殊性

(一)债务人主体的特殊性

在一般的破产申请程序中,只要符合本章第一节所列的条件,就可以申请破产。但在执转破程序中，除了一般破产程序中所要求的条件外，还增加了一些特有的要求。具体而言，主要是对以下5类主体不适用执转破程序。

（1）因企业性质不宜直接进入破产清算程序的。如国有企业或国有控股公司，且对其负有监管职责的部门不同意破产清算的。

（2）因企业主体资格不适格的。如企业已被注销工商登记、或在执行案件中均非主债务人的。

（3）涉及社会稳定和民生问题的。如被执行人的职工债权数额较大、职工人数众多、破产后的安置困难等存在重大安全稳定风险的。

（4）被执行企业的财产处置存在纠纷且尚未解决。如被执行企业涉及刑民交叉，对财产处置尚未明确，或被执行企业的资产正处于执行异议、执行复议或异议之诉审理中的。

（5）移送破产程序不利于债务人财产处置或债权人整体利益的，如仅有被执行企业一方同意移送破产审查，但其财产去向不明且有破产逃债可能的。

（二）管辖法院的特殊性

区别于一般破产程序中根据破产企业的核准登记机关来确定级别管辖的规则，在执转破程序中，实行的是中级人民法院管辖为原则、基层人民法院管辖为例外的管辖制度。中级人民法院经高级人民法院批准后，也可以将案件交由具备审理条件的基层人民法院审理。

（三）执行中止的特殊性

根据《企业破产法》的规定，执行中止的触发节点是法院裁定受理破产申请。而在执转破程序中，执行法院在做出移送决定后，应当书面通知所有已知执行法院，所有执行法院均应在接到通知后立即中止对债务人的执行程序，而不论受移送法院是否裁定受理破产。

（四）受理期限的特殊性

在普通破产程序中，债权人提出破产申请至法院裁定受理的期限，最短为十五日，最长可延长至三十七日。而在执转破程序中，《最高人民法院关于执行案件移送破产审查若干问题的指导意见》对于执行法院审查决定、移送的期限等未作具体规定，各地方法院的规定也不尽相同，受移送法院自接收材料至作出受理决定的期限为三十日，如中间受移送法院要求执行法院补充材料、召开听证会的，则整个期限将继续延长。

第九节　破产重整与投资

在破产重整程序中，投资常见的方式包括：（1）股权性投资，非上市公司通过让渡原股东股权方式引入新股东，上市公司通过债务豁免转增资本公积金方式增发股票引入新股东；（2）债权性投资，此模式下主要包括共益债借款、债权收购及发行债券。但重整中的债务人通过发行公司债券进行融资的难度较大，因此，该模式主要集中于共益债借款方式；（3）混合融资模式（可转换债券、优先股、认股权证），此模式具有股权性、债权性融资的双重属性，例如，可转换债券可以在一定期间内依据约定的条件由公司债券转换成公司股票。结合资产管理公司日常业务的开展，本节将对股权性投资的交易结构设计做简要介绍。

一、设立项目企业

两个或两个以上的投资人参与重整，一般通过设立SPV（special

purpose vehicle，特殊目的实体）作为投资主体组建重整资金，以实现风险隔离。SPV的组织形式一般为有限合伙企业，投资人均作为有限合伙人（Limited Partner，简称LP），共同占有有限合伙的主要份额，实际履行出资义务，对SPV的运营具有决策权，享有SPV的收益，并实际承担投资项目中的风险。若有限合伙人之间资质和整体实力相似，可考虑建立平层结构的SPV，在此结构下有限合伙人地位平等，在决策权、收益分配权等方面享有相同的权利。若有限合伙人之间在资本能力、企业特性、谈判能力及投资目的上有所不同，则可以根据各自需求设立分层结构的SPV，分设优先级有限合伙人和劣后级有限合伙人。

在通常情况下，资产管理公司在SPV中作为优先级有限合伙人（简称"优先级LP"），在收益和有限合伙企业的剩余财产分配顺序上优先于劣后级LP，投资目的为获得固定收益；合作方作为劣后级有限合伙人（简称"劣后级LP"），在分配顺序上劣后于优先级LP和GP（General Partners，普通合伙人）但可最终取得对投资项目的实际控制权和后端收益。另，为把控SPV的经营管理事项，GP一般由优先级LP指定主体担任，GP认缴不实缴，其收益来源于按固定比例收取的管理费。

联合投资人可根据实际需要以该SPV作为股东再设立一层SPV2，作为最终实施投资的主体。SPV2的组织形式一般为有限责任公司（简称"项目公司"），由于合伙企业不能作为单一股东设立一人有限责任公司，一般需由合作方另外设立一家主体持有SPV2的小股权，如图5-2所示。

二、SPV的出资

SPV的出资总额由各投资人经过测算后确定，一般而言，投资总

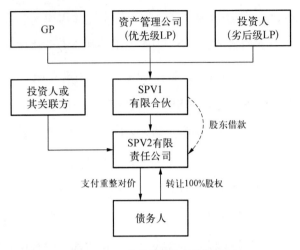

图5-2 股权性投资交易结构图

额的测算范围包括清偿债务支出、后续恢复生产经营、续建、销售所需的资金及由此产生的税、费。为保障优先级LP的权益,通常约定优先级LP认缴的出资额须在约定的条件满足后才实缴到位;同时,可以按照重整计划及其实施进度分期缴付。

三、重整计划的谈判

重整程序影响最大的债权人是有财产担保债权人,故与有财产担保债权人的谈判结果尤为重要。此外,根据表决通过规则,各组债权人中的大额债权人意见很关键。因此,与该两类债权人的谈判能否成功很大程度上决定了重整能否继续。对于有财产担保债权人,核心关注的要素一是债权清偿金额,二是债权清偿时间,三是设定担保的资产评估和变现价值。对于大额债权人,核心关注的要素一是债权审定金额,二是清偿率,三是债权清偿时间。资产管理公司在重整过程中要做好和评估机构的充分沟通,需要明晰到各个有财产担保债权人项下资产的评估价值和变现价值,以确保债权人内部审批时有客观公允的依据做论述。资产管理公司需和管理人做充分沟通，在制定债权清偿方案时需综合考虑各债权人的时间成本，灵活应对各债权人的诉求。

四、重整方案的内容

重整方案的核心内容包括债务清偿和资产重整两部分。

债务清偿方案主要包括债权申报和审定、债权清偿率和清偿期限。重整投资人可结合债务清偿资金额和相关的税收费用等合计总额作为重整报价的参考依据。

资产重整方案主要包括重整资产范围、重整资产经营方案、投资人报价方案和支付方式、出资人权益调整等。投资人要求重整计划草案披露的重整资产范围界定明晰、重整资产移交方式明确、重整对价和支付方式无误、原股东股权过户时间和方式明确。

五、资金用途

联合投资人筹备的资金使用范围主要为支付重整对价款、恢复生产经营、支付各类资产过户税费。前述资金一般通过SPV1向SPV2实缴出资、借款和小股东自行借款方式支付。

在项目的交易结构中，投资人支付重整对价款用于清偿债务并取得债务人的全部股权，根据重整方案中后续对企业生产经营的恢复方案继续以股东借款的形式提供资金支持。资产管理公司的投资款及收益能否按照预期获得满足和实现，主要取决于债务人的后续经营或资产事业能否顺利实施。

六、SPV的组织架构

SPV合伙企业层面，GP和执行事务委派代表均由优先级LP指定方担任，合伙企业议事规则一般采用一致决；同时，约定在发生风险事件时，对劣后级LP的投票权进行限制。SPV2有限公司层面，优先级LP应至少占一席董事会席位，重大事项（包括但不限于增减注册资本、修改章程、对外担保、融资）需要股东会一致决，其余经营性事项交由董事会多数决机制表决。

七、SPV的经营和决策

资产管理公司的出资金额一般远高于合作方，为了保障资金安全，资产管理公司应对项目企业的经营管理、财务决策等具有实质性的控制权，故要求在SPV2层面落实资产管理公司人员担任董事、董事会决议一票否决制，合作方出现违约情形时丧失表决权等制度。

八、投资收益的分配

重整项目的投资收益来自债务企业后续经营或资产事业的开展，生产经营的收入、资产盘活后取得的增值收益或者再融资作为项目企业向投资人分配出资本金和收益的主要来源。

在一般情况下，资产管理公司的收益要求为固定收益，因此，需要项目企业通过财产分配实现投资人的投资目的。若SPV1分配的收益无法实现资产管理公司的投资目标，则需要通过交易结构中设置的增信措施来辅助实现。在如图5-2所示的交易结构中，通常可以设置三种类型的增信措施：（1）第三方（不能是劣后级LP）在满足特定条件下对优先级LP在SPV1中的份额承担远期收购义务；（2）第三方（可以是劣后级LP）为SPV1向SPV2提供的股东借款提供担保或作为共同还款人；（3）劣后级LP通过另行签订差额补足承诺函等形式为优先级LP的投资收益承担差额补足义务。

尽管本书认为劣后级LP提供的差额补足并未违反《合伙企业法》[①]中关于利润分配的规定，但是鉴于司法实践中存在的争议，在存在其他可选项时，我们并不建议将劣后级LP的差额补足作为主要甚至是唯一的增信措施。

九、投资退出

SPV作为一个投资平台，投资人通过投资平台获取投资收益，收回投资本金；在项目投资期限届满且投资目的全部实现后，以通过退出投资平台的方式退出投资项目。在平层结构的SPV合伙企业层面，投资目的实现后，可以通过清算解散SPV的方式实现联合投资人共同退出。在分层结构的SPV中，优先级LP的收益优先得到全部实现后，可以通过转让出资份额的形式退出SPV，劣后级LP可以自行或者指定第三方主体购买优先级LP的全部份额。若GP为资产管理公司的关联方的，则GP在优先级LP退出的同时予以退出。

本 章 小 结

破产程序涉及的债权数量较大，程序复杂，周期冗长，并需要处理类型繁多的法律关系。破产程序的顺利进行需要各方当事人的共同努力，包括管理人的主持、法院的指导、债权人的支持、债务人的配

[①] 《合伙企业法》第三十三条：合伙企业的利润分配、亏损分担，按照合伙协议的约定办理；合伙协议未约定或者约定不明确的，由合伙人协商决定；协商不成的，由合伙人按照实缴出资比例分配、分担；无法确定出资比例的，由合伙人平均分配、分担。
合伙协议不得约定将全部利润分配给部分合伙人或者由部分合伙人承担全部亏损。

合以及必要时政府部门的协调。同时，破产重整已成为拯救具有重生价值和希望的债务人的有效方式。资产管理公司以其丰富的不良资产管理和处置优势成为适格的重整投资人，并能够与市场力量相合作，设计出灵活多样的重整投资方案，积极化解债务危机，进而促进区域的经济稳定。

本章重要术语

别除权　共益债务　破产财产　管理人　执转破

复习思考题

1. 企业法人具有何种情形的，可以适用《企业破产法》规定清理债务？

2. 债务人的破产申请被受理后，会产生哪些法律效力？

3. 对债务人的特定财产享有担保权的债权人在债权人会议中对哪些事项不享有表决权？

4. 抵押债权、建设工程价款债权、留置权债权、职工债权、购房消费者债权、税收债权在破产清算程序中的分配顺序依次是？

第六章

不良资产合同管理与审查实务

管理是一种通过建立秩序的方式以实现某种目的的人为的、有意识的干预手段，合同管理是业务主办部门和财务、法律、风险管理相关职能部门等协调配合，共同把商业实质转化为法律语言形成合同并全面履行的经营管理过程。

不良资产合同管理与审查是不良资产管理实务的重要内容，也是不良资产管理与交易的重要一环，是资产管理公司达成商业目标的有力抓手，也是公司防范重大风险的屏障。希望通过不良资产合同管理的实践总结，推动不良资产合同管理从被动走向主动，逐步建立起面向市场面向未来的科学合同管理体系，达到输出规范标准化，合同管理流程化、机制化，合同质量改进持续化的管理目标。

第一节　不良资产合同管理实务

一、不良资产合同管理的目标

不良资产是由于债务人违约而导致债权清偿价值低于账面价值的特殊金融资产。不良资产交易的信息不对称、估值定价、处置变现和机构业务属性决定了不良资产合同管理的目标是：服务于经营管理战略，既要做好合同风险控制，又要提高合同处置效率问题，实现风险控制与合同处置效率的平衡，将有限的管理资源的效益最大化，防范合同风险，提高合同质量。

二、不良资产合同管理的原则

围绕不良资产合同管理目标的定位，不良资产合同管理应遵循以下原则。

(一)成本与风险匹配原则

合同管理应秉持成本和风险相匹配的原则,将有限的管理资源的效益最大化,对于标的较大或风险敞口较大的合同,投入更多的管理资源;对于特定的单个合同,需要将有限的资源分配在最重要的条款上,保证核心诉求的实现,以保证投入的成本与意愿承受的风险相匹配。

(二)防御性原则

根据法律法规及监管规定,依托公司内部合同管理制度,规范公司各个职能部门的职责,相关职能部门要对合同的签订和履行严格把关,确保合同在签署后能够全面履行合同约定,防止出现不必要的、潜在的法律风险。

(三)全流程管控原则

以合同全生命周期管理为主线,设计合同业务流程,合同管理应贯穿合同商务谈判、合同草拟、签订、生效、合同履行、合同终止全过程,不仅要重视合同签订前的管理,更要重视签订后的管理。

(四)法商融合原则

为实现合同管理目标,合同条款需要尽量充分落实合同各方就商业交易中的权利义务关系达成的一致,尽量通过较高的法律技术,获得对己方较为有利的合同安排,介入商业决策,从最底层商业目的能否实现、若能实现如何通过商业安排保障其实现的角度,将法律智慧融入决策过程,实现法、商融合。

三、不良资产合同管理的相关制度

为实现合同管理的目标,从合同初稿到合同审核签章再到合同生效履行及结项的每一环节,都需要公司建立科学高效的合同管理制度，合同基本管理制度一般包括合同管理办法、法人授权委托制度、公司印章管理制度、合同审批制度、合同台账管理制度、合同档案管理制度、招投标管理制度、合同相对方管理制度、核保面签制度、投后管理相关制度等。不同的制度之间应协调统一，不同职能部门的合同管理职责应清晰明确且相互协调配合，合同管理流程清晰顺畅。

四、不良资产合同管理的内容

管理是一种通过建立秩序的方式以实现某种目的的人为的、有意识的干预手段，合同管理是业务主办部门和财务、法律、风险管理相关职能部门等协调配合，共同把商业实质转化为法律语言形成合同并全面履行的经营管理过程。

不良资产合同管理贯穿不良资产的尽职调查、估值谈判、合同订立、支付交割、处置管理和结项的全过程，主要内容包括交易对手管理、合同文本管理、合同评审管理、合同签约管理、合同全面履行管理、合同结项等全线性周期，守好合同入口，全面合同履约，逐步形成合同管理标准，不断提高公司的履约质量和风险管控能力。

（一）交易对手管理

交易对手管理是指公司通过各种有效手段对交易的相对方进行资信调查，了解相对方的信用情况，判断其履约能力的一项管理活动。交易对手管理是合同管理的起点或入口，一项特定交易最终能否顺利达成核心的因素往往是交易对手。理想的合同管理实际上预设的前提之一就是交易对手资信良好，如果交易对手信用不好，再完美的合同也可能发生违约风险。

不良资产交易合同签订前往往对交易对手进行较为严格的资信审查与风险防范工作，在日常管理中对客户采用信用等级评定机制，并分类管理。

首先，业务承办部门在提报交易项目前应当对交易对手进行充分尽职调查，负责向合同对方收集相关的基础资信材料，判断相对方的履约能力、违约成本，初步筛查交易对手，并提交资信审核管理部门进行审查。资信审核部门进行资信审查从而确定合同对方的签约资质和履约能力。重点关注了解交易标的物的市场行情，判断合同标的物的价值，并调查相对方主体的历史沿革，营业执照原件，经营发展现状，资产状况，有无重大诉讼、强执记录，有无不良信息等，以及授权代理人的代理范围及代理的真实性，并将资信审查结果反馈给业务部门及各相关部门。

资信审查过程中也可以向法律合规部门、律师事务所、财务部门要求提供审查协助，法律合规部门协助审查合同对方主体是否合法、有效等，财务部门主要协助审查对方财务数据相关的内容。

其次，建立和管理客户资信档案，整理统计交易对手的履约情况，定期调查评估客户资信和更新客户资信信息。

（二）合同文本管理

商业交易的达成，需要好的交易对手，也需要好的合同文本。合同文本是交易各方在发生争议时用于参考的主要依据。不良资产合同的入口管理除了交易对手管理外，也离不开合同文本的管理。合同文本管理指公司对交易所需的各类合同进行分层分类管理，建立完整的合同文本管理体系，以提升合同审查质量，避免合同风险，并提高合同审查效率，促进不良资产交易的快速达成。

根据业务的标准化程度，对不良资产交易的合同文本进行分类管理。一是对不良资产收购与处置等主营业务交易合同及中介机构合同进行标准化和结构化管理，二是对其他类业务交易文本，根据成熟度进行审查要点清单化管理，三是加强对创新型业务文本的分析总结。

1. 不良资产主营业务合同的标准化管理

不良资产收购和处置业务是资产管理公司的主营业务，发生频率非常高，其项下的合同具备模板化、标准化现实需求和技术条件。不良资产收购与处置合同标准化管理一般经历两个阶段，第一阶段是示范文本或标准化文本的制定及调整完善，第二阶段是标准化文本的结构化运用。

（1）合同文本的标准化。合同示范文本是指为维护公司合法权益，提高经营管理效率，防范合同法律风险，预先制定的各方权利义务设置清晰、条款相对齐全并正式发布的合同文件，一般预留空白要素供交易时使用填写。

不良资产示范文本一般由公司法律合规部门牵头组织，必要时可以成立由业务、财务和法务人员组成的合同模板委员会。法律合规部门或合同模板委员会结合公司业务领域和行业特性，深度了解自身诉讼数据和业务细节，吸收参考国家、省市及行业制定的示范文本或同行公司制定的示范文本，逐步建立自身的合同示范文本或标准文本。在示范文本的使用过程中，根据公司的经营管理需求、业务政策、业务发展情况、国家法律法规、行业监管要求，对示范文本的内容进行适时调整。

（2）示范文本的结构化。为方便业务数据的抓取和统计分析，提高合同用印审签效率，公司一般会及时将示范文本或标准化合同进行智能化、结构化。即由法律合规部门联合信息科技部门，利用信息科技手段对合同示范文本进行信息系统配置，在合同系统中将示范文本中的条款内容固化，相关人员在起草形成合同时只能在规定位置填写合同商务要素内容。一般有两种系统配置方式，一是将示范文本以word文档的形式上传至合同管理系统，供业务经办部门在线填写合同要素后提交审核用印，二是将合同示范文本进行要素结构化，提取合同商务要素作为填空项，由经办人员直接填写合同要素后自动生成合同文本。

2. 非标准化业务合同清单化管理

非标准化合同又包括半标准化合同或参考文本合同以及完全非标合同。半标准化合同或参考文本合同一般是指业务发生较多，具有一定的共性必备条款，但业务个性也较强，需要根据项目实际进行调整补充。完全非标准化合同是指单一发生的项目或交易，具有较强的非标准化属性，需根据项目的实际情况针对性地起草拟写。

针对非标准化业务，公司进行合同文本质量管理的关键是形成可供借鉴参考的风险审查清单和必备条款库，供合同评审人员和业务人员使用。风险审查清单和必备条款库由法务人员根据业务实质、专属行业特性结合诉讼数据、司法动态、业务模型、文本特性总结归纳形成，并可将其上传至合同管理系统供相关人员使用下载或对照审查使用，避免因审查人员法律专业知识技能及审查经验的不同影响非标业务的合同审查质量。

合同条款库的管理主要有两方面：(1)总结不同业务交易文本的必备条款，起草审查时必须放入交易文本内容，不能有所遗漏；(2)基于谈判地位或非我方核心主营业务，有更大磋商空间，需要预留不同条款选项，制作条款库，在大框架由我方提供且确定的前提下，给双方适当调整的空间。

3. 加强对创新型业务文本的分析总结

不良资产业务经常需要创新业务模式，深度参与公司转型中的创新业务拓展过程中，及时梳理商业模式变化导致的法律关系变化，从合同文本制定中提炼出共性商业特点。发挥合同综合管理优势，主动协同业务部门对公司新型商业模式梳理分析，在提高商业模式细节设计和合同文本条款设计的规范化的基础上，提高个案创新业务中积淀的经验的复用性，及时编写制定合同示范文本，以合同示范文本管理反哺业务发展。

（三）合同评审管理

合同评审是指为实现合同目的，防范合同风险，由公司各职能部门对各类合同进行专业审查，提出审查意见。合同模板库和合同风险审查清单、必备条款库建立了公司内部的合同评审工作的基础，公司可在此基础上按照业务类型及标准化程度配置区隔化的合同评审机制和流程，以期既能确保每份合同的审查质量，又能提高合同审查效率，促使商业诉求的实现。

不良资产合同评审管理主要是合同评审人员及流转环节管理。合同评审参与人员一般包括公司内部法务人员、财务人员等，重点项目的评审还需聘请律师、会计师等外部中介机构人员，由其提供专项服务和咨询。

合同评审流程（合同审查意见的反馈流程）一般由业务经办部门向法务、财务等合同审查部门提报合同进行审查，审查部门审核后反馈审查意见给业务部门，业务部门针对审查意见进行反馈，如审查部门与业务部门就合同审查意见不能达成一致，还需提交公司审批层进行决策定夺，并根据公司管理的实际情况设置具体的合同审查时效。

在合同审查实践中，难点在于合同审查意见的反馈与吸收。在一般情况下，公司合同在签署前由公司法务或者外部律师进行确认，若未接受法务或者律师意见或上述审核人员认为合同存在较大风险，则无法对合同予以用印，也有部分公司的高风险合同由公司总经理直接作为审批人。

除了一般的合同评审流程外，不良资产的合同评审机制则根据项目重要性以及标准化程度，设置了差异化的合同评审流程，在提高合同审查效率的同时，提升合同评审质量，防范合同风险敞口的发生。

1. 标准化主营业务合同评审机制

主营业务项下的交易文本应统一使用公司制定的示范文本，在提交用印前无须评审部门对合同内容进行评审，由业务经办人员根据公司项目审批文件，在合同管理系统（核心业务系统）直接填写完整商务要素后进行用印审批。用印审核部门为法务、财务、业务归口管理部门，且评审部门一般为单点评审，无须设置复核人员。一般要求当日完成合同用印的审核审批。

2. 普通项目的合同评审机制

适用合同评审的一般流程，在前文已述，此处不再赘述。

3. 重大非标准化项目的合同评审机制

就破产重整等非标准类不良资产交易项目的评审，首先建立了内外部结合的双重合同评审机制，公司内部各职能部门前期参与项目立项审核、中期合同评审及会审、签约后跟踪管理的机制，公司外部聘请律师、会计师、审计师等提供专项审核咨询服务。

前期法务人员或外部律师参与项目尽调，深度了解项目的信息和交易模式；在项目立项环节，法务、财务等评审人员参与项目讨论和决策会议并发表专业审查意见，为合同审查环节精准把握业务需求做好铺垫。公司决策通过后，业务部门联系外部律师根据公司决议起草项目合同，业务部门向法务提报项目合同审查，法务对合同的合法性、合理性和可行性进行有效的审核，法务内部审查设置初审、复核、总法律顾问审批的三重审查审批节点。合同审查意见达成一致后，业务部门在业务系统发起合同用印审批。

4. 合同评审意见的反馈机制

不良资产合同管理中就合同审核的反馈程序：各会审部门或法律合规部的审核意见作为经办部门的参考依据，对于未采纳的审核意见，经办部门应说明原因及理由，并主动与各会审部门或法律合规部进行沟通。

对于提示存在法律风险但未采纳审核意见的事项，所审合同系项目合同的，经办部门应出具情况说明并经各会审部门、经办部门分管领导、法律合规部负责人及分管领导同意后，方可形成审定稿；所审合同系普通合同的，经办部门应出具情况说明并经经办部门分管领导同意后，方可形成审定稿。

（四）合同签约管理

合同的签约管理主要涉及定稿合同的用印管理、签约授权管理、签约核保面签三方面内容。

1. 合同用印管理

根据所需用印的合同类型分别设置了用印流程。如需用印的合同审定稿系项目合同的，各会审部门应对审定稿进行确认，经办部门应当确保合同用印稿中公式、数据、金额、当事人信息、资产信息、日期、联系方式等合同要素的准确性，并确保项目合同审定稿、用印稿和实际用印件的一致性。经办部门申请合同用印时，应将合同要素全部填写完整，包括填写签署日期和签署地点，签署日期应当具体至年、月、日，签署地点应当具体至省域、地级市、区县。如因特殊情况确实无法在申请用印时填写完整的，经办部门应当在线上印章审批流程中予以说明。如事后发生合同要素错误的情形，或者出现用印稿与实际用印件不一致的情形、导致的后果由经办部门承担。与合同有关的清单、单据、通知等应当制作样张作为合同附件，并随合同正本加盖公司和对方当事人的公章、合同专用章。经办部门应当根据公司印章管理相关规定履行合同定稿的印章使用审批流程。

如用印合同系普通合同的，由法律合规部对审定稿进行终审，形成用印稿，经办部门根据公司印章管理相关规定履行印章使用审批流程。

合同形成用印稿后拟签署的，原则上由己方先行用印。由印章管理部门根据已完成的印章审批使用流程加盖公章或合同专用章。合同用印完成后由经办部门及时联系对方当事人办理签署手续。

2. 合同签约授权管理

一般要求经办部门指派两名或以上工作人员与对方当事人进行当面签署，经办部门人员应当确认对方当事人及其经办人员的身份，审核其身份证明文件。合同应当加盖公司和对方当事人的公章或合同专用章，并由公司和对方当事人的法定代表人或持授权书的授权代表签字或加盖法人章。不得未经公司授权、超越授权或者滥用授权签订、变更或解除合同；不得未经公司授权，签订有重大缺陷或者无效合同；不得未经公司授权，擅自以公司职能管理部门或者业务部门名义签订合同。

3. 合同签约核保面签

要求经办部门人员对合同签署过程进行记录，记录应当包括面签人员与客户合影、客户签字拍照、面签地点拍照、面签场景拍照、面签人员应当对面签过程做完整记录并留存所有影像资料。对方当事人如果为自然人的，面签地点原则上应为公司或办事处办公地点，或者对方当事人的户籍所在地、经常居住地、住所；如果为法人的，原则上应为对方当事人的注册地、实际经营地、主要办公场所，或者公司或团队办公地点。

未经公司决策机构批准，公司任何部门和个人不得通过邮寄、传真、扫描等非现场方式签署项目合同，但以下情形除外。

（1）金融公司、资产管理公司通过公开程序对外转让不良资产业务而签署的项目合同。金融公司是指在中华人民共和国境内依法设立的国有及国有控股商业银行、政策性银行、信托投资公司、财务公司、城市信用社、农村信用社以及中国银行保险监督管理委员会依法监督管理的其他国有及国有控股金融公司。资产管理公司是指取得原银监会核发的金融许可证的公司，以及各省、自治区、直辖市人民政府依法设立或授权的资产管理或经营公司。

（2）其他特殊情形。此外，还需根据公司核保相关规定，完成指定项目合同的核保面签事项。

（五）合同全面履行管理

公司决策机构就项目作出决议后，经办部门应及时办理项目合同的签署和项目推进过程中的其他工作，并应就合同签署、履行情况形成书面汇报文件定期向风险管理部报告项目进展情况。由公司风险管理部、内控内审部等部门适时对合同履行情况进行检查和监督，各部门应按照上述部门要求，全面、真实地提供与合同履行有关的材料和信息。

合同生效后，由经办部门遵循诚实信用原则严格履行合同、对履行情况跟踪管理、确保合同全面有效履行。运营管理部、风险管理部以及其他会审部门根据职责对合同履行情况进行跟踪、监管和提醒。对合同履行过程中对方当事人的违约行为，经办部门应根据公司规定及时向风险管理部报告，共同讨论应对措施并查明情况，认真、稳妥、全面地收集证据，及时、合理地向对方提出异议或索赔要求，相关要求及沟通过程应采用书面或其他可以留痕的方式。

在合同履行过程中，需要签订补充协议的，由经办部门根据公司规定履行审核流程，在合同履行过程中，需要变更、解除合同的，经办部门应根据规定履行审核流程。

（六）合同结项管理

1. 结项前的档案管理事项

合同的档案管理工作由相关部门根据合同类型的不同分别负责。

（1）归档合同系项目合同的，经办部门须根据"一项目一档案"

原则对每个项目进行建档,并按照公司档案管理相关规定及时向运营管理部移交项目合同原件。涉及合同变更、补充及终止协议的,也应在发生后及时提交归档。运营管理部应当留存至少一份合同原件,经办部门可视实际需要保留项目合同原件。

(2)归档合同系普通合同的,经办部门负责保管合同原件,并根据公司档案管理相关规定进行保管和归档。

(3)合同电子归档的,按照公司档案管理相关规定执行。

2. 结项后的合同管理

项目结项或业务办结后,由运营管理部或经办部门按照公司档案管理办法的要求,对项目合同或普通合同的资料进行造册,并向档案归口管理部门移交。

五、不良资产合同管理的智能化展望

《法治中国建设规划(2020—2025年)》明确提出,要加强法治的科技和信息化保障,充分运用现代科技手段,全面建设"智慧法治",推进法治中国建设的数据化、网络化、智能化。新时代新方向,合同管理思路要突破线性全生命周期合同管理思路,拓展管理内涵,通过数字化转型提升智能化管理效能。依托新技术,创建全场景、全要素、全量化的智慧合同运营新格局。

目前,市场上的智慧法务管理系统主要针对一般性企业,尚未研发出针对不良资产管理公司的智能化管理系统。未来可以基于对不良资产业务的深度理解,利用人工智能、大数据等前沿技术手段,通过模板分类、协同评审、智能比对、风险预警等核心功能,实现不良资产业务全场景、全流程、全方位的合同全生命周期管理,帮助资产管理公司实现合同数据的资产化,驱动公司合同的商业价值变现。

(一)不良资产智慧合同管理系统的规划

不良资产合同管理系统是落实资产管理要求、固化合同管理和服务举措的载体。合同管理系统的定位是一级架构、全程管控、规范流程、数据融合。一级架构,即合同系统基础管理功能全国统一配置,分支机构可以就自定义栏位进行个性化配置;全程管控,即对合同审签进行规范管控,对合同履行进行动态监控;规范流程,即通过合同系统设置合同管理关键节点,固化推进管理流程;数据融合,即与周边的关联系统顺畅衔接,关键信息数据动态传递、集成共享。

合同系统主要包括合同审签、合同履行和统计查询三方面功能。通过合同审签功能,集成合同审签过程及意见,实现合同审签流程完整及规范;通过合同履行功能,追踪合同履行的合约状态和违约风险;通过统计查询功能,实现合同数据的及时查询和统计分析,提供合同数据的基础服务。

合同系统对使用者和管理标准设计了安全保障措施。一方面,合同管理系统按照使用者身份设定使用和查阅权限。使用者超出本人身份的权限应经过批准流程确认后在系统中调整权限。另一方面,合同系统自动设定合同流水号、合同编号、合同示范文本编号和二维码,对合同及合同示范文本进行身份认证。合同流水号在合同起草时由系统分配;合同编号在合同完成审签后由系统分配;合同示范文本编号在标准文本完成审签后由系统分配;二维码在合同定稿后由系统生成。

(二)流程数字化

不良资产合同管理智能化的核心是数字流程,它是企业数字化转型中的应用,包括合同要素智能提取、文档智能比对与纠错、风险预警等智能化手段,实现合同的风险可控,信息可追溯,也能使业务员和合同评审员从基础性的工作中释放出来,并为法务工作深入商业和竞争提供支撑，为公司创造价值。数字化转型帮助公司建设更加科学、规范的合同管理体系，不仅可实现重复工作的替代，还将带来无与伦比的用户体验，让合同工作人员从基础性的工作中释放出来，并为合同管理工作深入商业和竞争提供支撑，为公司创造更大的价值。

（三）合同审核智能化

合同内容本身的质量决定着合同管理的最终效益。如果合同文本本身存在着法律漏洞和风险，整个合同管理的质量将难以保证。因此，合同审核是全部合同管理活动的关键环节。如果由公司内部员工负责对合同内容进行审核，由于缺乏专业知识和能力，难以保证审核质量；如果过多地聘请律师等外部专业人士做合同审核，审核成本将过大。

人工智能的合同审核系统融合了文本分析处理技术、机器学习算法、深度学习技术及大数据技术等，可以有效识别文书存在的纰漏并给出纠错建议和提示，如错别字、敏感信息等；同时，可以提高文书表达准确度，避免低级错误、保障文书质量。

另外依据规则和要求，对公司内部合同的合规性进行自动审核；支持根据定义规则，提示风险内容和法条推荐，辅助业务部门提升合规性管理和效率。通过对风险要素的识别和解析，应用知识图谱推理能力对合同风险点进行归纳、判断和计算；可识别事实倾向型风险点和数值计算型风险点等，例如，交付地点约定不明、合同总价款不一致、重要条款缺失等风险点。帮助公司在合同拟制过程中将风险降到最低，为每一份合同保驾护航。

支持跨部门、跨组织多人在线协作进行合同文本评审，降低沟通成本，提升合同审批效率和审批质量。同时，智能法审还支持多轮修改对应多版本，彼此不覆盖，留痕可追溯。

（四）履约管理智能化

智能合同履约管理聚焦数据库资源聚合。以合同为核心，从各个业务系统抓取合同履行关键数据聚集数据库；全面、实时掌握合同履行风险，进行风险筛选和警示；提供快速查询合同履约状态，极大提升履约效率，降低公司履约风险。同时，公司还可以在系统中设置超期提醒，以避免在项目较多的情况下无法及时了解合同履行状态。

（五）归档统计智能化

对已生成的合同进行归档和统计分析，并提供合同全景看板，帮助公司快速掌握经营、管理执行情况，并支持与外部系统对接，解决公司存量合同管理问题。

第二节　不良资产管理合同的法律审查

根据合同条款所约定的具体内容，可以把合同条款分为商务条款、财务条款（含税务条款）、法律条款等。商务条款是指围绕当事人的交易目的而设定的关于彼此权利义务等方面的商业性安排的条款，包括商业条款（如履行时间、地点及方式）和技术性条款（如产品规格、型号等），是一份合同的主要组成部分，由当事人根据自己的交易目的而进行权衡和协商确定。财务条款主要涉及金额、付款方式、税务承担等内容的条款，在某种程度上也可视为商务条款中财务专业性要求比较高的那一部分。法律条款是指与法律、法规及规章的规定有关的条款，主要解决的是合同条款与有关法律法规的符合程度问题。在实务中，商务条款、财务条款、法律条款之间并没有严格的界线，法律条款、财务条款要服务于当事人的交易安排，商务条款要受到法律的规制，符合我国会计准则、税收监管要求，他们往往交织在一起，共同组成一份内容完整、相互制衡嵌套的合同。

上述合同条款的分类是为了更好地明确合同审查的方向。合同法律审查的上位概念是合同审查，我们在论及合同审查时，需要明确审查内容的边界及方向，从当事人实现交易目的的整体需求出发，合同审查应是涵盖合同所有条款内容、方方面面的综合性审查，并不局限于某一类别条款、某一方向，由业务人员和法务人员、财务人员、风险控制人员等专业人员相互配合共同完成。

合同审查是由业务部门和各专业性部门分工配合共同完成的系统性工作。俗话说"不懂业务的法务，不是好法务"。我们提倡法务人员承担一个综合性的合同审查员角色，既能完成基本的法律专业审查，又能深刻领会和思考业务实质，对商务条款也能提供有效审查服务，促进合同的顺利履行。但就本书而言，我们聚焦合同审查的法律专业方向，即合同的法律审查，主要从法律专业领域和视角，关注某一交易事项所应遵守的法律规定、常见法律风险及其防范策略，并以合同审查为基础，针对审查出的法律问题，通过调整交易模式或结构、权利义务约定、规范严谨文字表达来实现和维护当事人的利益，在促使交易目的能够实现的前提下，尽可能将风险控制在可控或可承受的范围内。

一、不良资产合同法律审查工作的目标

合同法律审查的目标是为交易目的防范法律风险及促进交易。

（一）防范法律风险

防范法律风险首先要识别并控制当事人拟签订的合同中可能存在的法律风险，法务人员需要根据自身的专业知识和执业经验发现合同中存在的问题或潜在的法律障碍。识别风险后，需要对风险进行评估

分析，根据识别出来的风险类型（法律风险、技术风险、信用风险），提出针对性的解决方法和建议。从专业性角度而言，法务人员的主要职责在于发现并评估分析法律风险。法律风险是指由于违反法律规定或不符合法定要件而产生的风险，通常会影响合同或者合同条款的法律效力，或者可能给当事人带来不利的法律后果。

对于识别出来的法律风险，法务人员根据法律规定、当事人的交易地位、交易步骤、交易目的、交易习惯、履约能力等综合因素，提出具备合法性和可行性的法律风险防范方案，区分法律风险是违反法律强制性规定，还是属于法律允许自由约定事项而进行不同的应对。如是影响合同的法律效力或者会给当事人带来较大的法律风险，如某些交易违反了影响合同效力的禁止性规定，又或者虽不影响合同效力的非禁止性规定但会给当事人带来法律风险和责任的（如违反管理性规定、规章、政策、上级政令、监管要求等），应向当事人明确提出否定意见并力争修改和完善，因为合同无效或承担法律责任最终会导致合同目的落空。如果属于法律允许的自由约定事项，经提示后，由当事人综合考量其他方面因素自行决定。

（二）促进交易

防范法律风险是合同法律审查的基本要求与目的，促进交易是合同法律审查的根本落脚点。法务人员应始终秉承促成当事人合同目的的达成的理念，排除合同中的违法因素，围绕交易目的，考量风险，梳理合同各方的权利义务，在合同中形成实现当事人合同目的的机制，积极促进合同依法成立并生效。

当然，我们也应当认识到，合同法律审查在于发现合同条款在交易目标、交易愿景、法律规定之间是否存在冲突或其他缺陷，发现影响交易顺利进行的障碍。合同修改是从交易目标、交易愿景、法律规定三个方面调整双方权利和义务的边界，以使双方利益平衡后实现交易。故而，不是所有的审查点都能得到修改和调整，需要法务人员在理想与现实中达成平衡以实现交易。

二、不良资产合同法律审查的思维和方法

合同法律审查是非诉讼法律业务的重要组成部分，实现合同法律审查工作目标离不开有效的合同法律审查思维，合同法律审查是法律思维在合同领域的具体化和程序化。法律思维是一种理性的思考方式，它基于事实和法律依据进行逻辑判断，不断排除不可能的选项直到得出有根有据的结论，被法律职业共同体熟练运用于法律诉讼业务和非诉讼业务中。

（一）法律审查的整体交易思维

整体交易思维模式要求在进行合同法律审查时，应跳出待审合同文本自身而先识别交易目标、了解交易背景与交易结构，从宏观上核实法律需求，然后审查每份合同文本的结构、条款、文字符号。

1. 识别交易目标、了解交易背景与交易结构

识别交易目标、了解交易背景与交易结构是进行合同法律审查首先应该完成的工作，如果未能有效识别当事人的交易目标、了解交易背景、准确理解交易结构，就着手进行合同审查修改，会导致修改出来的合同"只见树木不见森林"，出现缺少必要交易文本、缺失合同有效条款、风险防范疏漏等问题。

交易目标有直接与间接、表面与实质、过程与终极之分，有时候因商事交易的复杂或隐蔽性，当事人自己也未能准确表达或者难以表达交易目标。故而，首先需要识别交易目标，领悟当事人的真正商业目的，获得更多细节，以明确合同审查的方向，理清思路、落实定位，

更快、更精准、更高效地为当事人提供交易文本。例如，以自营商业化收购处置为交易目的而受让不良债权与以再次转让为目的而收购不良债权，交易形式相同但商业目的不同，合同条款设计则会有所不同；再如为了取得尽快扩大资产规模与为了取得土地而收购目标公司，虽然都是同类合同，但因为交易目标不同，故利益重心与条款设计也理应有所不同。

交易背景信息包括当事人的交易动机及所期望的交易条件、安全底线、合同地位（处于甲方优势地位还是乙方劣势地位）、合同条款可协商程度以及项目遇到的困难及不利因素等。这些信息了解得越多就越能更好地确定合同条款修改的边界。例如，当事人处于优势交易地位的，在交易模式、合同条款的确定上的话语权和主动权优于另一方，法务人员对合同条款就具有更大的修改完善的空间。

2. 核实法律要求

通过识别交易目标、了解交易背景与交易结构，法务人员对于待审项目的商业逻辑和实质内容有了较为全面深入的了解。接下来便是核实商业交易的法律需求，了解拟交易所处的法律环境，以避免违反法律规定导致交易内容有效力瑕疵，引发风险或出现损失。法律条款有强制性和授权性、指引性和任意性规范之说，对于法律的强制性要求，在交易时应严格遵守合同相关约定，应避免与强制性规定冲突；对于法律给予当事人可以自由约定事项，应充分运用法律给予的授权发挥主观能动性，举一反三发现问题、提供解决方案，在法律框架内实现当事人合法权益的最大化。

3. 审查合同文本，寻找最优方案

在识别交易目标、了解交易背景结构、核实法律要求后，我们对合同工作的方向、内容有了清晰的轮廓，对法律的相关规定与要求也

有了清晰认知，便可以进行具体合同审查修改环节。审查具体的合同文本也遵循先整体后局部、层层递进的原则：先审查交易所需的合同文本类型及数量是否有缺漏，然后审查每份合同文本的结构及条款、文字符号、遗漏事项、条款的准确性和可操作性。

首先，梳理项目交易结构项下所需具体的文本类型及数量。复杂的交易结构往往需要多个相互配套的合同文本，这些文本之间以合同交易目的为连接点而相互配合与支撑，紧密有机地联系在一起。如通过下设特殊投资主体（有限合伙公司）收购债权的项目，需要的文本包括投资主体设立法律文件、合伙协议、债权收购（转让）协议；如债权项下有担保增信措施的，还应该根据担保类型配套有保证合同、抵质押合同；如是非典型性担保，配套的应该是非典型性担保合同。

其次，对交易项下每份具体合同进行审查，审查文本所建立的法律关系。如是《民法典》规定的有名合同，应对照分析合同是否涵盖必备的条款，是否存在漏项，合同的主要商务条款内容是否清晰明确、权利义务是否完整，条款之间的逻辑联系是否有序。如是无名合同或复杂的交易合同，还需要参考类似有名合同的规定，根据具体交易结构、细节进行演化、细化。此外，对合同文字符号的审查应侧重于使用法言法语进行封闭性的表达，条款之间的指代应明确、前后应清晰统一，条款的表述应无歧义。

（二）合同法律审查的反向的诉讼思维

合同法律审查思维与诉讼思维的支撑点都应是围绕事实、法律和逻辑展开，但在法律思维运用方向上完全不同。诉讼思维聚焦既成事实，通过事实、证据与法律去争取一个有利的结果，首要考虑的便是证据是否无效、是否违法、谁承担责任、承担何种责任问题；而合同思维首先要考虑如何实现交易利益，然后才是交易会遇到的法律问题，需要反向运用诉讼思维,通过事实约定与法律预先理解适用,对于已经存在或发生过的风险进行事前防范控制,尽可能避免未来不确定性因素可能带来的不利影响。合同的许多条款是面对未来可能发生也可能不发生的问题,双方为实现某种资源交换而达成的一致意见,先是一种经济交易行为,而后受到法律规范的调整,才成为法律行为。

因此,合同的法律审查需要反向运用诉讼思维,为实现经济交易目的,对当事人自身及市场上同类主体曾经遇到或发生过的诉讼风险点进行识别、评估,归纳总结运用于待审项目,针对性地设计相关风险防范条款。

三、不良资产合同法律审查要点

合同法律审查的要点:一是合同要合法合规;二是合同内容表达应逻辑严谨,内容周延可操作;三是合同条款力求公平性和倾向性平衡统一。

(一)合同的合规性审查

在公平自由的市场经济中,合同以自由平等为原则,合同就是当事人之间针对特定交易事项的"规则"和"法律"。但合同内容首先要符合国家法律的规定,才能获得法律的认可,具备法律约束力。法务人员审查合同的首要标准就是要保障合同的合规性。什么是合规?参照《中央企业合规管理指引》规定,合规是包含国家法律法规在内的广义合规,该指引第二条第二款规定"本指引所称合规,是指中央企业及其员工的经营管理行为符合法律法规、监管规定、行业准则和公司章程、规章制度以及国际条约、规则等要求"。我们一般需要从以下两个法律层级对合同主体、内容、程序三方面的合规性进行审查,合同主体的合规是指合同主体应当具备签署该合同的能力和资质,如果合同主体不具备相应的行为能力,则其所签署的合同效力便存在瑕疵,可能面临无效或被撤销的法律风险。合同内容的合规性,主要是指合同的交易内容应当符合法律法规的规定,包括对交易整体的合规性和个别交易条款的合规性进行审查。合同程序的合规性,主要是指合同签订程序应当符合法律法规规定的程序,否则可能会影响合同的生效或者有效。

1. 排除法定无效情形

法务人员在审查合同时,首先要审查合同是否存在整体或部分条款无效的情形。

梳理《民法典》中关于民事法律行为无效的规定,可以概括出七种无效民事行为,分别是:(1)一个无行为能力的人,《民法典》第一百四十四条:"无民事行为能力人实施的民事法律行为无效。"《民法典》第二十、二十一条规定,不能辨认自己行为的八周岁以上未成年人、成年人和不满八周岁的人为无民事行为能力人。

(2)两类虚假意思表示,一类意思表示指的是虚伪通谋,作出的行为表达不是自己的真实意思表示。《民法典》第一百四十六条:"行为人与相对人以虚假的意思表示实施的民事法律行为无效。""以虚假的意思表示隐藏的民事法律行为的效力,依照有关法律规定处理。"

另一类意思表示是恶意串通坑害别人,侵害他人利益。《民法典》第一百五十四条:"行为人与相对人恶意串通,损害他人合法权益的民事法律行为无效。"

(3)三种不好的行为。第一种是违法行为,违反法律法规的强制性规定。《民法典》第一百五十三条:"违反法律、行政法规的强制性规定的民事法律行为无效。但是,该强制性规定不导致该民事法律行为无效的除外。"

第二种行为是恶俗行为，违反了社会公序良俗。《民法典》第一百五十三条第二款："违背公序良俗的民事法律行为无效。"

第三种行为是霸道行为，包括格式条款无效和免责条款无效两种。《民法典》第四百九十七条："有下列情形之一的，该格式条款无效：（一）具有本法第一编第六章第三节和本法第五百零六条规定的无效情形；（二）提供格式条款一方不合理地免除或者减轻其责任、加重对方责任、限制对方主要权利；（三）提供格式条款一方排除对方主要权利。"《民法典》第五百零六条："合同中的下列免责条款无效：（一）造成对方人身损害的；（二）因故意或者重大过失造成对方财产损失的。"

除了《民法典》规定的七种无效情形外，还要详细掌握所属行业领域的法律法规、司法解释对该行业合同无效的特别规定，如《关于审理涉及金融不良债权转让案件工作座谈会纪要》（法发〔2009〕19号）对金融不良资产转让合同的无效有特别的规定。审查时若发现合同存在无效情形，要及时提醒当事人修改合同。如果是合同整体无效，则无须进行修改，直接告知当事人该合同属于无效合同；若是合同个别条款无效，则将该无效条款进行删除或修改即可。

2. 符合地方性法规、规章、监管规定、政策及行业准则

在排除合同不存在影响法律效力的法定无效情形后，我们还要进一步审查合同是否存在当事人可能承担违法责任的问题，即审查合同是否符合地方性法规、规章、规范性文件以及党的政策、行政政令等带有管理性的各种规则、规范和要求。违反这些规章、政策、规范性文件的规定，可能会给当事人带来行政处罚、行政处分或党纪处分等不利的法律后果。比如，未按照规定进行评估而对国有资产进行处分的行为可能会给当事人带来行政处分，如在审查过程中一旦发现也应当及时提示当事人进行整改或修正的事项。

除了上述从法律专业角度进行的合法合规性审查外，法务人员审查时一般还要审查合同要素是否符合公司内部的管理规定，内部管理规定主要是各公司自身制定的业务准入和管理要求。

（二）合同结构与内容审查

合同审查要遵循法律思维，要求合同逻辑清晰，结构严谨，内容周延。

1. 合同结构严谨性审查

合同结构严谨性审查要求审查后的合同的条款之间逻辑通顺，形式规范，符合通常的思维模式和交易流程，否则会影响对合同的理解，甚至会在履行过程中造成不必要的耽误或障碍。

2. 内容周延性审查

从合同条款的法律效力角度，合同条款可分为绝对必要条款和相对必要条款，绝对必要条款包括主体、标的和数量，其他条款属于相对必要条款。内容周延性审查要求合同应在具备绝对必要条款基础上尽可能涵盖该交易事项的相对必要条款，条款齐备，不存在漏项。

一般情况下，大部分待审合同都具备绝对必要条款，大量的瑕疵是相对必要条款方面的瑕疵。我们建议的方法是，首先结合《民法典》第四百七十条第一款规定的合同内容，审查相关条款是否齐备；其次参考行业示范文本或是行业龙头公司制定的公司示范文本，根据自身经验和实务技能进行周延性思考和拓展；最后是与当事人多交流沟通，获取交易目的以及交易流程、交易细节等信息。

3. 合同内容的可操作性审查

合同的可操作性是对周延性的进一步要求，指的是对于合同交易事项的履行而言，合同条款所规定的内容明确，逻辑流畅，方便实施。一般要求一是合同对权利义务进行明确，明确共同处理或确认事项的具体方式方法；二是逻辑恰当，合同条款所约定的事项符合事物发展的一般规律，尤其是在双务合同中，双方的义务或行为互为前提，或者需要交叉配合才能继续进行的，相应的条款约定必须符合客观情况，具有可行性；三是语义条款的表述应当符合规范、准确，具体语句、字词及标点符号均应当规范、准确，避免歧义。如对于合同款项应当用"支付"而不应当用"偿付"，当事人的"权利"不能写成"权力"，"赔偿"不能写成"补偿"等。对于连续计算的时间应当注明是否包括本数，如"××日以上（不包括本数）"。

4. 合同内容兼顾公平性与倾向性的审查

合同当事人尤其是处于合同优势地位的一方，都希望合同内容能尽可能倾向己方，都会在合同中多约定己方权利和他方义务，少约定己方义务和他方权利。但事实的结果是，如合同权利义务过于失衡，会增加交易谈判难度和成本，降低交易达成的效率。要么合同是不被相对方接受，无法签署；要么勉强签署后劣势一方可能"被迫"违约，引发争议。这与促进交易的目的背道而驰，是合同当事人所不愿意看到的结果。

民商事合同需要尽量做到公平性与倾向性的平衡性统一。《民法典》第六条规定："民事主体从事民事活动，应当遵循公平原则，合理确定各方的权利和义务。"《民法典》第四百九十六条第二款规定，要求提供格式条款的一方应当遵循公平原则确定当事人之间的权利和义务。合同的公平原则要求合同当事人之间在确定彼此的权利义务、分配合同风险、确定双方违约责任时要公平合理，大致平衡。这种基于市场经济交易秩序和交易规则的公平是相对公平，并非绝对的对等。在市场上占有优势地位的当事人往往具有更强的合同谈判力，掌握更多的合同主动权，使得合同在一定程度上倾向于己方。

合同的倾向性是对合同公平性的修正和补充，这种倾向性是合同主体的地位差异的体现，是市场经济供求关系差异的必然结果和要求，但倾向程度应适当，过度倾斜可能会获得法律的否定评价，突破民商事交易公平原则的要求。《民法典》一百五十一条规定："一方利用对方处于危困状态、缺乏判断能力等情形，致使民事法律行为成立时显失公平的，受损害方有权请求人民法院或者仲裁机构予以撤销。"

四、不良债权转让交易的合同法律审查

根据合同工作的整体交易思维，我们在着手进行特殊资产交易合同审查与修改时，应首先对特殊资产的交易结构和交易方式进行了解与审查，不同的不良资产交易方式其项下交易结构及合同文本有异有同。目前，市场上有许多不同的不良资产交易处置与交易的形式和方式，主要有债权转让、债权收益权转让、委托清收、债务重组、债转股、不良资产证券化等。选择何种不良资产交易方式，除了要根据项目实际交易需求，达成交易和防范风险外，往往还需要密切关注监管规定和政策的变化带来的影响。比如，地方资产管理公司对不良资产处置方式，经历了从最初的"只允许地方资产管理或经营公司只能参与本省（区、市）范围内不良资产的批量转让工作，其购入的不良资产应采取债务重组的方式进行处置，不得对外转让"到"放宽地方AMC收购的不良资产对外转让，受让主体不受区域限制的政策限制"的变化。下面仅以金融不良债权转让为例，说明不良债权转让交易的合同法律审查。

（一）金融不良债权转让相关法律规定

金融不良债权转让市场，包括一级市场、二级市场，缺乏完整统一的法律规制，司法裁判中不仅不同法院，甚至同一法院在不同时期

的同类案件判决也不一样，隐藏着大量的法律问题。

首先，一般的债权转让合同不是《民法典》规定的 19 种典型合同之一，但《民法典》五百四十五条至五百五十条提供了债权转让的基础法律依据。这五个法条分别对债权转让的程序、效力进行规定。其中，第五百四十五条规定："债权人可以将债权的全部或者部分转让给第三人，但是有下列情形之一的除外：（一）根据债权性质不得转让；（二）按照当事人约定不得转让；（三）依照法律规定不得转让。当事人约定非金钱债权不得转让的，不得对抗善意第三人。当事人约定金钱债权不得转让的，不得对抗第三人。"根据前述条款的规定，债权转让合同是指在保持债权同一性的前提下，债权人将其合法拥有的合同债权转让给受让方的合同。

其次，金融不良债权的转让属于"债权转让"的一种，并不是"合同权利义务的概括式转让"，即"合同转让"。不良债权受让方假定原债权人已完全向借款人履行了放款义务，其所购买的是不附随任何义务的纯粹债权。

根据相关金融监管要求，金融不良债权转让一般要通过公开程序进行。故金融不良债权转让一般由转让方在金融资产交易中心、阿里拍卖（资产）、京东网、拍卖网等公开平台挂牌转让其享有的标的债权。第三方受让方（简称"受让方"）拟参与竞拍，竞得标的债权后与转让方签署债权转让合同，按约定支付转让付款；在特殊情况下（如转让价款能覆盖至转让日的本金和利息），可由受让方通过定向协商与转让方等达成债权转让协议购买债权。

（二）金融不良债权相关交易合同及法律审查要点

不良资产债权交易项下涉及的交易文件主要有《保证金质押协议》《债权转让协议》《债权转让通知书》。其中《保证金质押协议》用于锁定潜在的受让方,并要求受让方缴纳一定金额的保证金,以确保其在转让方或拍卖平台发布转让公告后,受让方以不低于公告的价格在公告期限内参与竞价,并在竞得后及时签署《债权转让协议》进行债权交割。《债权转让协议》对债权转让事项进行约定,《债权转让通知书》按合同约定和法律规定要求送达债务人(含主债务人、担保人)。

1. 合同主体条款

(1)确定签约主体。一般而言,金融不良债权转让的当事人主要有转让方、受让方,对于某些委托第三方清收过的债权及金融不良债权对应的收益权被转让过的债权在进行对外转让时,往往还需要将受托清收方、收益权受让方等利益相关方也一并作为债权转让的签约主体。确定签约主体后,便是要根据一般合同主体条款的审查要点对当事人(转让人和受让人)的名称(姓名)、住所等基本信息等方面进行审查。

(2)签约主体的合法合规性审查。在确定签约主体及主体基本信息后,还要对金融不良债权的主体进行合规性审查。因为我国的金融不良债权是受监控的特殊行业,法律法规监管规定对金融不良资产的转让主体和受让主体有特殊规定要求。

① 受让主体的合法合规性审查,主要是指批量转让的金融不良资产的受让主体。金融不良资产的一二级市场的受让主体资格要求不一样。金融不良资产一级市场是指银行金融机构拟对外批量转让的资产包;二级市场是指金融资产管理公司等主体拟对外转让的不良债权。不良资产的参与机构有如下四类主体:一是五大全国性金融资产管理公司(五大AMC),即中国华融资产管理股份有限公司、中国信达资产管理股份有限公司、中国长城资产管理股份有限公司、中国东方资产管理股份有限公司、中国银河资产管理有限公司。二是地方性金融

资产管理有限公司（地方AMC）。2016年，原银监会放宽限制，允许每个省成立最多两家地方资产管理有限公司；2022年3月24日，原银保监会公布了59家地方资产管理公司名单。三是银行系金融投资公司，一般是由银行现有的所属机构或设立新的机构开展债权转股权业务，例如建信金融资产投资公司就是建设银行在2017年成立的资产管理公司。四是社会投资者，是指上述四类机构以外的自然人、法人或者其他组织，由民营资本成立，专门从事不良资产收购和处置的公司。

对于3户以上的银行等金融机构对外转让的3户以上（含）的债权包，受让主体仅限于五大全国性金融资产管理公司（五大AMC）、地方性金融资产管理有限公司、银行系金融投资公司，且地方性金融资产管理有限公司只能参与本省（区、市）范围内不良资产的批量转让，对于本省（区、市）范围外不良资产的批量转让则需要通过有资质的主体参与。民间受让方不能直接向金融机构购买批量转让的金融不良资产，可以与金融资产管理公司或地方AMC合作，由资产管理公司受让债权后，再通过拍卖、竞价、竞标等公开途径从资产管理公司购买。

对于金融资产管理公司不良债权受让主体的合规性审查，要根据《关于进一步规范金融资产管理公司不良债权转让有关问题的通知》，审查受让主体是不是下列人员：国家公务员、金融监管机构工作人员、政法干警、资产公司工作人员、原债务公司管理层以及参与资产处置工作的律师、会计师等中介机构人员等关联人。

银行、全国性AMC和地方AMC，如果内部管理规定对受让主体的准入资质有其他要求，还要对照内部准入要求进行审查。

② 转让主体的合法合规性审查，主要是指转让方是否取得了充分的内部授权。银行的不良资产转让一般有着严格的内部授权管理规定，分行、支行对外转让需要取得总行的授权，但对于总包转让合同项下

的分户债权转让合同，一般以实际贷款发放机构（即各分支行）为签约主体。还有一些银行受托处置的不良债权（俗称"平台包"），如直接以受托银行的名义对外转让时，应取得不良债权持有人的书面授权，审查授权内容的完整性、充分性，如处置方式、处置价格等。

2. 鉴于条款

金融不良债权转让合同会导致原有合同关系的变更或终止，也会导致新的合同关系的产生。因此，需要将有关的合同背景以及各方当事人的关系加以介绍和说明，以便能够根据合同文本便捷、准确地了解相关事实和法律关系，金融不良债权转让合同的鉴于条款主要包括：

（1）交易主体的资质；

（2）标的债权转让方式，公开转让方式及平台或协议转让；

（3）标的债权有关情况的介绍，关于转让方与原合同债务人之间的债务情况介绍，标的债权的形成过程及相关信息、标的债权瑕疵风险和不良资产清收的不确定性；

（4）转让方、受让方之间的法律关系及合同目的等。

3. 标的物条款（标的债权条款）

债权转让合同中的标的物，即转让方转让给受让方的债权，一般称之为"标的债权"。主要包括标的债权的可转让性以及债权数额、履行期限、担保措施等有关信息。标的债权是债权转让合同的必备核心条款，法律审查时应当重点审查以下内容。

（1）转让方式的合法合规性审查。根据《金融资产管理公司资产处置管理办法》第20条的规定，全国性AMC转让其持有的资产必须采用公开方式（挂牌竞价、招标、拍卖等方式）进行，并且全国性AMC转让其所持有的国有公司（包括国有全资和国有控股公司）的债权资产时，还应提前15天书面告知国有公司及其出资人或国有资产管理部门。除了公开转让外，还有协议转让，如采用协议转让，一般要求转让价款能够覆盖转让日的债权本金利息，以符合处置收益最大化原则。

（2）标的债权的可转让性。不是所有的债权都可以作为标的债权进行转让，标的债权应当是依法可以转让的债权，具有可转让性。具体包括以下三个方面的含义。

真实性。标的债权应当是真实存在的，而不能是虚构的债权。对此，可以结合标的债权的形成原因及过程资料来进行审查，至少应对转让方与债务人之间的债权合同及相关确认书、履行证据等进行审查，最大限度地保障标的债权的真实性。

合法合规性。包括有权处分和债权性质的合法合规性。有权处分是指转让方拥有对标的债权的合法处置权，否则构成无权处分，合同效力会处于不确定状态；债权性质的合法合规性是指根据相关的法律法规，标的债权可以按合同约定的方式进行转让债权。《民法典》第五百四十五条规定，如果债权性质不得转让、当事人约定不得转让（如属于金钱债权，该约定不得对抗善意第三人），以及依照法律规定不得转让的三类不能转让的权利之外，其余合同权利均可进行转让。在具体的审查过程中，应注意对前述规定的理解和掌握。其中，根据合同性质不得转让的权利，主要是指标的债权所依据合同是基于当事人的特定身份而订立的，合同权利转让可能会动摇合同订立的基础，违反当事人订立合同的目的。按照当事人约定不得转让的权利，是指转让方和债务人在订立原债权合同时对权利的转让作出了禁止性的规定，即约定不得将合同权利转让给第三人。对此，必须审查原债权合同中是否存在此类规定。如果存在，则意味着债权转让合同的效力存在风险，需要征得债务人的同意或认可后方可转让。金融不良债权转让应关注不可批量转让的不良资产的范围，具体如下。

① 债务人或担保人为国家机关；

② 债务人或担保人经国务院批准列入全国公司政策性关闭破产计划；

③ 国防军工等涉及国家安全和敏感信息的资产；

④ 个人贷款（包括向个人发放的购房贷款、购车贷款、教育助学贷款、信用卡透支、其他消费贷款等以个人为借款主体的各类贷款）；

⑤ 在借款合同或担保合同中有限制转让条款的资产；

⑥ 国家法律法规限制转让的其他资产。

有效性。债权的有效性主要包括两个方面，一是转让方对标的债权是否拥有合法的处分权，二是标的债权是否有效存续。因此，在审查债权转让合同时，应当审查转让方与债务人之间的合同是否有效、是否被撤销或解除、是否已经履行完毕、是否已经转让、债务人是否拥有抗辩权（如有，应进一步审查债务人可能享有哪些抗辩权，如同时履行抗辩权、诉讼时效抗辩权等）以及抵销权等事项，以确保标的债权的有效性。若标的债权的有效性存在风险的话，法务人员应当向当事人提示该等风险并建议当事人进一步核实和考虑是否仍要继续签署债权转让合同。

4. 标的债权的明确性审查

在标的债权依法可以转让的情况下，应列明原债权人、债务、担保人（含保证人、抵押人、质押人），抵质押物信息，债权本金、利息、代垫费用，最好有借款合同编号、担保合同编号、法律文书编号（如有），方便后续法院进行债权唯一性的识别和认定。需要进一步明确的事项就是标的债权的数额。

由于不良债权转让的定价主要基于抵押物的价值，对抵押物信息应尤为关注。《民法典》第五百四十七条规定："债权人转让债权的，受让人取得与债权有关的从权利,但是该从权利专属于债权人自身的除外。受让人取得从权利不因该从权利未办理转移登记手续或者未转移占有而受到影响。"据此规定,受让方在受让标的债权的同时,也取得与标的债权有关的从权利,在实践中主要体现为抵押、质押、保证等担保权利。法务人员在审查债权转让合同时,应当对此予以注意,若有担保措施,则应在合同中予以载明。

5. 价格条款

包括债权转让的对价以及所产生的税、费承担等。在司法实践中,受让方是否支付对价并不影响债权转让合同的效力,但就债权转让合同本身而言,应属双务有偿合同。因此,一般均需要约定相应的价格条款。对于以不良资产处置类债权转让,价格通常会低于标的债权的数额,其处置中的价格,应当遵循相关的定价规则,并经过规定的程序进行定价;对于抵债类的债权转让,即转让方用标的债权来抵偿其对受让方的债务;对于其他普通债权的转让,并没有定价的依据和标准,应当注意审查债权转让价格的合理性,若过分低于债权数额或是零对价转让,则可能会有转移资产、逃避债务之嫌,转让方的其他债权人可能会主张行使撤销权,进而引起不必要的诉累。

在确定了转让价格的情况下,还需要进一步明确约定支付时间、支付方式、发票开具等内容,以及相应的税金及过户费、登记费、手续费等相关税、费的承担事项,以免在后续履行过程中产生争议。转让价款的金额应根据转让方盖印或签字的成交确认书进行核查,且不应超过公司最高授权价。如受让主体之前已经缴纳保证金的,应明确保证金的处理,是抵扣转让价款还是原路返回。

支付时间根据转让公告和成交确认书进行确认,用印时应予以确定并填写完整。

6. 转让基准日

转让方封包日（债权本金和利息计算的截止时间），根据债权转让公告来确定，如转让基准日与交割日间隔较远，过渡期会比较长。

对于非金融主体受让方能否取得转让基准日之后的利息，最高人民法院内部在不同历史时期态度不一致，当前不同地方法院的裁判态度不一致，有的支持非金融主体受让方有权继续计收基准日之后的利息。故而在法律审查时，一是要关注利息计算的截至/截止字眼，尽量明确约定资产转让日后的利息并一并转让，避免因合同约定不明导致受让日利息不获支持；二是要提示尽管合同约定受让日后不停止计息，但仍然面临不能获得法院支持的风险。

7. 债权交割条款

交割日为债权权利转移日（非债权文件交接日），一般原债权人设定为以下三种：合同签署日、债权转让价款付清日、文件交割日，比较公平的话，应将交割日约定为债权转让价款全部付清日。主要是指债权凭证等法律文件的交接，如交接时间、交接方式、交接明细等。债权转让合同的目的就是将转让方合法拥有的债权转让给受让方，受让方据此向债务人主张权利。故而，要求受让方持有相关的债权原始凭证，而这些凭证应由转让方交割给受让方。法务人员应当重点审查交接时间、交接方式、交接资料明细等内容，在交接资料较多的情况下，可以采取另行签署交接清单并作为合同附件的方式。

8. 过渡期及过渡期相关事项的约定

过渡期一般指从基准日起至债权交割日止的期间，涉及过渡期债权维护管理、过渡期损益归属。

（1）过渡期回款的内容：债权项下的任何现金回款（诉讼清收回款、和解款、代偿款，但不包括代垫费用）。为免歧义，该代垫费用为基准日前债权人或其前手垫付的诉讼费、仲裁费、评估费，且根据法律规定可以退回的费用。

（2）归属划分：合同应明确约定归属。如约定不明确，应征询业务人员的意见尽量约定归当事人所有。

（3）过渡期债权管理维护义务：由转让方进行管理和维护，重大事项报告或经受让方同意，过渡期内债权维护费用一般由受让方承担。

9. 中介机构权利义务的继承

建议对标的债权项下的中介协议是否由受让方承继进行明确约定。先由业务部门梳理明确受让人应继承的中介机构及费用清单，如不利于当事人，建议业务部门与转让方沟通不予继承。

10. 债权转让通知条款

包括通知主体、通知时间、通知方式等。债权转让与债务转移最大的不同点在于，债务转移需要经债权人同意方可为之，而债权转让无须征得债务人同意，仅需通知债务人即可。《民法典》第五百四十六条规定："债权人转让债权，未通知债务人的，该转让对债务人不发生效力。"据此规定，债权转让通知是债权转让合同效力及于债务人的必要程序，但《民法典》并未进一步规定通知主体、通知时间及通知方式等内容。因此，为了避免产生争议，在债权转让合同中应当明确约定相关内容。一般而言，通知主体应当是转让方，因为转让方是债务人的原始债权人，由其通知更符合逻辑。在通知时间上，一般应当及时通知，可以约定在债权转让合同签署后一定日期内进行通知。在通知方式上，一般应选择书面通知并应以易于留痕的通知方式，如在债务人能够书面确认的情况下，应当由债务人签收债权转让通知书，若债务人难以直接签收。可通过EMS进行邮寄通知。若邮寄方式也难以通知到债务人的情况下，应采取公告通知的方式，在此种情况下，应进一步约定公告费用的承担问题。此外，对于受让方而言，为了避免在后期的通知问题上出现不必要的障碍，可要求转让方在签署债权转让合同时一并出具多份债权转让通知交由受让方留存备用。

根据相关规定，债权转让通知主体应是原债权银行或原债权银行与金融资产管理公司联合进行，被通知主体应及于主债务人及担保人；采用的形式或媒介要做严格区分，银行及金融资产管理公司在全国或省级有影响的报纸上发布转让通知公告，其他主体转让的最好逐一书面通知。

11. 声明与保证条款、瑕疵披露和风险提示条款

包括转让方对债权转让有关事项的声明与保证，以及受让方关于受让债权有关事项的声明与保证。由于客观上转让方与受让方在标的债权以及转让方的对外负债情况等方面存在信息不对称的问题，在债权转让合同中有必要设定专门的声明与保证条款，以增强合同的约束力，同时也保护双方的合法权益。转让方的声明与保证内容主要包括：对债权真实、合法、有效性的声明与保证，对披露信息完整性的声明与保证，对内部决策程序合规的声明与保证以及对其债权人不会主张撤销权的声明与保证等内容。受让方的声明与保证内容主要包括：对标的债权相关信息已经知情的声明与保证及对内部决策程序合规的声明与保证等内容。

不良资产自身带有一定的瑕疵，其回收具有不可控性，故需要设置瑕疵披露和风险提示条款，对债权让与行为具有高风险的特性进行充分告知与说明。如作为转让方的特别声明条款，甲方特别声明：（1）本合同转让的债权资产包内部分公司债权已超过诉讼时效；（2）本合同转让的债权资产包内部分公司所设定的抵押、保证未经法院确权；（3）本合同转让的债权资产包内抵押债权项以下的抵押物以实际现状为准，与甲方现持有抵押权证记载的抵押物数量、质量等可能存在不符；（4）本合同转让的债权资产包内部分债权公司已破产终

结、执行终结。受让方的声明与保证条款:"一、乙方受让本合同项下债权,不存在任何法律、行政法规和有关主管部门的禁止性规定;并且已就该受让行为取得合法授权。二、乙方已对受让债权及其从权利的性质、金额、真实性、合法性、有效性、有无实现权利的法律障碍等一切相关事项进行了充分的调查、了解,同意按照受让债权的现状、资料予以受让。三、乙方保证不因实现受让权利的障碍或风险(如债务人、担保人或第三人阻碍或抗辩其实现主债权及从权利)而对受让本合同提出抗辩。四、保证受让资产后,乙方不会基于转让受让资产的任何原因,向甲方或中国工商银行及其分支机构追索。五、已对受让债权及其从权利的性质、金额、真实性、合法性、有效性、有无实现权利的法律障碍等一切相关事项进行了充分的调查、了解,同意按照受让债权的现状、资料予以受让。"并保证"受让资产后,不会基于受让资产的任何原因,向甲方或其前手及其分支机构追索"。

12. 违约责任条款

债权转让双方对于违约责任的有关约定,违约责任主要是针对转让方和受让方违反合同义务以及声明与保证条款相关内容的责任的约定。对于转让方而言,核心是受让方未按照合同约定支付对价的违约责任;对于受让方而言,核心是转让方违反关于标的债权的可转让性保证义务的违约责任以及怠于交割债权的违约责任。

13. 内部决议落实情况审查

最后务必根据当事人的内部批复、决议、审批单,逐项对照审查内部批复、决议、审批单等的内部决策要求是否在债权转让合同内均得到落实和延展。

14. 其他特别约定条款

(1)建议明确约定基准日之前转让方及其前手垫付的在基准日后

可能会退回费用的归属,具体是归转让方受领和享有还是归受让方享有和受领,由双方协商后进行明确约定。如果约定不明确,实践操作则会引起争议。

(2)由于债权转让后诉讼主体、执行主体不能顺利变更的实际情况,在法院和破产管理人处认定的债权主体可能还是转让方,建议就债权转让后如发生执行回转情形项下处理,约定示例:债权转让协议签署后,标的债权通过法院强制执行方式或破产管理人分配债权清偿款项回收货币现金后,如因据以执行的法律文书、破产分配方案被撤销或变更或错误执行或错误分配而导致被执行财产发生回转、退回等情形,致使标的债权项下最终回收现金减少,受让方应按执行回转金额或退回金额向法院、破产管理人或转让方退回或补充支付相应款项/资产,如该回转涉及损害赔偿,受让方应承担相应赔偿责任。

本 章 小 结

不良资产合同管理的目标是实现不良资产交易风险控制与合同处置效率的平衡,将有限的管理资源的效益最大化,防范合同风险,提高合同质量。不良资产合同管理应遵循成本与风险匹配的原则、防御性原则、全流程管控原则、法商融合原则。不良资产合同管理的相关制度一般包括合同管理办法、法人授权委托制度、公司印章管理制度、合同审批制度、合同台账管理制度、合同档案管理制度、招投标管理制度、合同相对方管理制度、核保面签制度、投后管理相关制度等。不良资产合同管理的内容包括交易对手管理、合同文本的管理、合同评审管理、合同签约管理、合同全面履约管理、合同结项管理。未来可以基于对不良资产业务的深度理解，利用人工智能、大数据等前沿技术手段，通过不良资产模板分类、协同评审、智能比对、风险预警等核心功能，实现不良资产业务全场景、全流程、全方位的合同全生命周期管理，帮助资产管理公司实现合同数据的资产化，驱动公司合同的商业价值变现。

合同的法律审查，主要从法律专业领域和视角，关注某一交易事项所应遵守的法律规定、常见法律风险及其防范策略，针对审查出的法律问题，调整交易模式或结构、完善权利义务条款、规范文字表达来实现和维护当事人的利益，在促使交易目的能够实现的前提下，尽可能将风险控制在可控或可承受的范围内。

合同法律审查的目标是为交易目的防范法律风险和促成交易。实现上述合同法律审查的工作目标离不开整体交易思维和反向诉讼思维。整体交易思维模式要求进行合同法律审查时应跳出待审合同文本自身而先识别交易目标、了解交易背景与交易结构，从宏观上核实法律需求，然后审查每份合同文本的结构、条款、文字符号。反向诉讼思维即为实现经济交易目的，对当事人自身及市场上同类主体曾经遇到或发生过的诉讼风险点进行识别、评估，归纳总结运用于待审项目，针对性地设计相关风险防范条款。合同法律审查要点主要有：一是合同要合法合规；二是合同内容表达应逻辑严谨，内容周延可操作；三是合同条款力求公平性和倾向性平衡统一。以金融不良债权转让为例，详细说明不良债权转让交易的合同法律审查要点，主要包括合同主体条款、鉴于条款、标的物条款（标的债权条款）、标的债权的明确性审查、价格条款、转让基准日、债权交割条款、过渡期及过渡期相关事项的约定、中介机构权利义务的继承、债权转让通知条款、声明与保证条款、瑕疵披露和风险提示条款、违约责任条款、内部决议落实情况审查等方面内容。

本章重要术语

法律审查　合同法律审查的目标　整体交易思维

反向诉讼思维　合规　法定无效情形

复习思考题

1. 不良资产合同管理的主要内容有哪些?
2. 合同法律审查的要点有哪些?
3. 合同审查需要哪些思维?

第七章

不良资产业务中的法律要点

从总体看,资产管理公司不仅走出了市场化、商业化收购的道路,还向着更为丰富的业务类型转型,成为中国金融市场上越来越举足轻重的主体之一。

资产管理公司的主要业务包括不良资产收购、处置以及金融投资、金融管理等衍生业务。其中，不良资产的收购和处置是资产管理公司的主要业务，研究不良资产业务中的收购、处置相关法律问题对于资产管理公司开展业务、防控风险尤为重要。在收购不良资产时，资产管理公司可以自行按照商业化模式收购，也可以接受投资人委托收购资产；在处置不良资产时，资产管理公司可以综合运用多种处置手段，传统处置手段包括债务催收、诉讼执行清收、债务转让、债务重组、破产清算和重整等。随着处置手段的不断创新，资产置换、市场化债转股、资产证券化、远期不良资产收购等新型处置模式的运用逐渐广泛，其中的法律问题也日趋复杂。前几章分别介绍了不良资产法律尽调、诉讼执行、破产管理等专业内容，本章将以不良资产业务为聚焦点，着重对不良资产收购、处置中的常见法律问题进行讨论。

第一节 收购业务

不良资产的收购与处置是资产管理公司经营不良资产业务的主要方式。在金融资产管理公司成立之初，四大国有金融资产管理公司所能收购的债权范围限定在国有银行不良贷款，其主要职责是管理和处置因收购国有银行不良贷款形成的资产。经过20多年的发展，不良资产市场主体队伍不断扩大：第五大国有金融资产管理公司——中国银河资产管理有限责任公司成立；与此同时，地方资产管理公司发展迅猛，《中国地方资产管理公司行业白皮书（2021）》显示，截至2021年底，经原银保监会公布名单的地方资产管理公司共59家，资产规模合计超过8,000亿元，地方资产管理公司和国有金融资产管理公司一并成为不良资产市场重要的参与者。从总体看，资产管理公司不仅走出了市场化、商业化收购的道路，还向着更为丰富的业务类型转型，成为中国金融市场上越来越举足轻重的主体之一。

一、商业化收购债权的法律要点

商业化收购是指采取公开竞标方式，按照市场化估值，以资产管理公司的自有资金和融资资金支付转让对价，完成不良资产的真实转让。

（一）商业化收购不良资产的法律主体和客体

不良资产商业化收购的法律主体包括转让方和受让方。根据《金融企业不良资产批量转让管理办法》，转让方包括在境内依法设立的国有及国有控股商业银行、政策性银行、信托投资公司、财务公司、城市信用社、农村信用社以及原银保监会依法监督管理的其他国有及国有控股金融企业（金融资产管理公司除外）。传统受让方主要包括四大金融资产管理公司[①]和地方资产管理公司。而随着银行系金融资产管理公司（AIC）的建立和外资金融资产管理公司的登陆，我国不良资产市

---

① 2020年12月16日，银河资产获准开业，作为第一家以券商为股东背景的全国性AMC。全国性金融资产管理公司在原有的四大国有金融资产管理公司基础上再次扩容，成为"五大金融资产管理公司"。

场渐渐演变为"5+N+AIC+外资AMC"的多元化局面，不良资产收购市场竞争日益激烈。

不良资产收购的法律客体就是不良资产，是指原金融机构对债务人享有的到期/逾期债权（包括贷款本金、利息及孳息），以及债权人对担保人所享有的担保权益。拟收购的不良债权法律形态可能经初次处置、二次处置甚至多次处置以后，已经发生变化，还包括对已申报或破产终结企业的债权，或有追加分配的期待权以及抵债资产。

（二）商业化收购不良资产的主要方式

资产管理公司收购不良资产以批量转让为主。不良资产批量转让是指金融企业对3户[①]及以上不良资产进行组包，定向转让给资产管理公司的行为。不良资产批量转让需要遵守依法合规、公开透明、竞争择优、价值最大化原则，从转让范围、资产组包、卖方尽职调查、资产估值、制定转让方案并进行审批、发出邀约、组织买方尽调到确定受让方、签订转让协议等各个步骤都需要按照既定的规定执行，具有较为严格的规则和监督体系。

2021年，原银保监会批复同意银行业信贷资产登记流转中心以试点方式进一步拓宽不良贷款处置渠道和处置方式，并进一步发布《关于开展不良贷款转让试点工作的通知》，明确参与试点的地方资产管理公司可以受让本省（自治区、直辖市）区域内的银行单户对公不良贷款。而批量受让个人不良贷款不受区域限制，可以批量受让的个人不良贷款类型包括已纳入不良分类的个人消费信用贷款、信用卡投资、个人经营类信用贷款等。至此，商业化收购不良资产的方式包括3户以

---

① 根据《金融企业不良资产批量转让管理办法》（财金〔2012〕6号），批量转让是指金融企业对一定规模（10户/项及以上）的不良资产进行组包和定向转让，后原银保监会（前身为原银监会）多次发文，将不良资产批量组包转让的门槛由之前的10户降低至3户。

上对公不良贷款批量转让方式、符合试点标准的省内单户对公不良贷款转让方式和纳入试点范围的个人不良贷款批量转让方式。

（三）商业化收购不良资产的法定范围

可以纳入商业化收购范围的金融企业不良资产包括：（1）按规定程序和标准认定为次级、可疑、损失类的贷款；（2）已核销的账销案存资产；（3）抵债资产；（4）其他不良资产。在实践中，金融机构将逾期贷款正式调级为次级、可疑、损失的，通常需要一定的逾期存续期间。2018年6月以来，各大商业银行总部根据监管部门要求，普遍将逾期90天作为将贷款调级为次级及以下贷款类别的计期标准，并相应计提贷款损失准备。2023年新颁布的《商业银行金融资产风险分类办法》进一步明确了金融资产本金、利息或收益逾期的要求，并丰富了后三类不良资产的认定标准。

不得进行批量转让的资产包括：（1）债务人或担保人为国家机关的资产；（2）经国务院批准列入全国企业政策性关闭破产计划的资产；（3）国防军工等涉及国家安全和敏感信息的资产；（4）个人贷款（包括向个人发放的购房贷款、购车贷款、教育助学贷款、信用卡透支、其他消费贷款等以个人为借款主体的各类贷款，但纳入试点范围的除外）；（5）在借款合同或担保合同中有限制转让条款的资产；（6）国家法律法规限制转让的其他资产。《关于开展不良贷款转让试点工作的通知》中对于参加试点的不良贷款范围，除对个人贷款中的具体类别进行了扩展外，其他禁止转让的资产标准基本与前述规定保持一致，并在此基础上进一步明确精准扶贫贷款、"三区三州"等深度贫困地区贷款等政策性、导向型贷款不得转让；同时，对于存在虚假个人贷款、债务关联人涉及刑事案件或涉及银行内部案件的个人贷款、个人教育助学贷款、银行员工及其亲属在本行的贷款，也不得进行批量转让；

而个人住房按揭贷款、个人消费抵（质）押贷款、个人经营性抵（质）押贷款等抵、质押物清晰的个人贷款，应当以银行自行清收为主，原则上不纳入对外批量转让范围。

二、受托收购债权的法律要点

（一）全额受托收购

全额受托收购是指资产管理公司接受投资人委托，在收取委托人全额保证金后，按照委托人指定的价格，以自身名义参与收购金融机构不良债权的行为。在全额受托收购业务下，资产管理公司不承担最终风险，也不对资产价值和转让价格承担责任，在成功受让金融机构债权后，资产管理公司按照收购时的债权现状，再次将债权转让给投资人，投资人应当按照约定一次性支付转让价款。在全额受托收购业务中，资产管理公司为委托人提供各项不良资产专业服务，包括但不限于资产尽调、风险识别、资产估值、价值分析、资产处置等，并据此收取相应的服务报酬。资产管理公司开展全额受托收购业务应当致力于协调各不良资产市场主体共同处置不良资产、盘活存量资产、防范和化解金融风险、支持实体经济发展。如果资产管理公司利用市场垄断地位、滥用牌照优势，协助民间投资者低价收购银行不良资产包从而进行监管套利的，则将触发合规风险，或将面临相应的处罚。

由于全额受托收购业务项下资产管理公司不承担风险，也不垫付资金，在资产管理公司参与竞拍前，须与投资人签署《保证金质押协议》，约定由投资人提前按照其指定的报价全额支付保证金至资产管理公司指定账户。如果在竞拍前提高报价的，投资人还应当在竞价前追加保证金，应当追加的金额为提高后的报价与原保证金之间的差额；如协商按照成交价款比例向资产管理公司支付管理费的，在追加保证金的同时还应补足该部分管理费金额。如果资产管理公司成功竞得标的债权的，应尽快与投资人签署《债权转让协议》，将取得的债权原状转让给投资人，投资人已支付的保证金转为债权转让价款。投资人一旦支付保证金后，不得以任何理由要求返还，除非：（1）资产管理公司未能成功竞得标的债权；或（2）资产管理公司与原债权人签署的债权转让协议未成立、生效，或被解除、撤销、宣告为无效；或（3）资产管理公司因故需向原债权人返还标的债权且原债权人退还全额转让价款的；或（4）因资产管理公司监管或审批导致暂停或终止标的债权转让事宜的。当且仅当发生以上任一情况，资产管理公司方可向委托人返还保证金。

在受托行为法律关系下，投资人应当自行独立进行资产调查，资产管理公司对标的债权真实性、完整性独立，项目投资收益与风险不提供任何承诺和评判，也不承担任何责任和风险。对于资产管理公司与原债权方签署的《债权转让协议》等法律文本，投资人应当全部通读并完全知晓和理解其含义和内容，对于原债权项下所必须承继的任何权利和义务，由委托人概括受让。

（二）收购分期

收购分期业务又称委托第三方清收业务，是指资产管理公司接受第三方委托，以自身名义参与金融机构的招标、拍卖或公开竞价等公开竞争方式或以协议转让方式收购不良资产并委托第三方进行清收，在委托清收期间按双方约定收取管理费，并根据委托方（清收方）需要提供分期付款服务，由委托方支付分期期间资金占用费的业务。资产管理公司开展收购分期业务应当关注以下5点。

（1）严格委托人准入。从合规性上看，收购分期的投资人不得与债务人（保证人）为同一人，不得与债务人存在关联关系，不得存在逃废债或协助逃废债的可能；从风险控制上看，投资人应当具备清收能力和按期支付分期款和资金占用费的能力。因此，资产管理公司应当谨慎接受自然人委托；在接受企业法人委托分期收购不良债权时，应当确保工商年检为正常状态、企业无大额贷款逾期记录、无重大诉讼记录、无重大被执行记录、无重大行政处罚记录，并要求法定代表人和实际控制人对分期应付未付款部分的偿还提供连带保证责任。除上述基本要求外，资产管理公司还应当对交易资金来源进行查证，防止交易资金来源于P2P平台（互联网金融点对点借贷平台）、非法募集方式筹集资金等违法渠道。

（2）准确区别债权和收益权权属。收购分期项下委托第三方清收并同步分期支付转让价款的，由资产管理公司持有债权，同时向投资人转让债权收益权并委托清收方进行清收。在分期本金及分期收益全额回收前，资产管理公司拥有标的债权并保留金融资产收益权；如投资人违约未付清分期本金及收益，资产管理公司处置债权及其收益权的回款在冲抵投资人所欠本金及收益后，剩余回款（如有）仍归投资人，处置回款不足冲抵所欠本金及收益的，由投资人补足，待投资人付清全部分期本金及分期收益后，双方签署债权转让协议并移交相关档案资料。

（3）公允估值核价。在开展收购分期业务时，仍应按商业化收购要求开展尽调、估值工作，加强对底层资产的尽调和估值审核，通过聘请外部律师开展法律尽职调查，充分了解资产包情况、估值情况、资产包重点资产户等信息，对于涉及单一债权金额较大或涉及不良资产的（例如光地、在建工程、船坞码头、海域使用权等），还应提前做好后续处置预案，合理对资产包进行核价。在分期协议中约定违约处置应对方案，包括但不限于撤销委托清收、变更清收方、上浮资金占用费率、有权另行处置债权或收益权等，直至分期项目权益实现。

（4）加强过程管理。一是监督合规清收，资产管理公司在分期收购过程中，需要通过控制清收的对外委托、明确清收行为约束、强化对外委托清收日常管理等，对分期业务的委托清收进行管理，严格管理要求，确保受托清收人合规清收，防范受托清收人在债权清收处置过程中采取过激甚至非法催收行为。二是保留清收决策，在分期资金收益及本金未全部收回前，基础资产的清收处置方案仍须由资产管理公司审批后方可实施，如债权进入破产程序的，表决权仍应由资产管理公司行使。三是重视跟踪管理，在分期项目本金及收益全部收回前，对基础资产、第三方清收人的清收处置情况等进行跟踪管理，一旦发生逾期即可快速启动违约处置措施。

（5）具体协议安排。收购分期业务涉及的合同包括如下4种。

《保证金质押协议》：由资产管理公司在参与竞价前与投资人签订，约定拟受托参拍的标的及标的价格，投资人需支付的保证金额度、保证金所担保的事项、保证金返还和扣收的规则等。

《金融资产收益权转让合同》：由资产管理公司与投资人签订，约定将收购的不良资产收益权转让给投资人，合同价款由三部分构成，即资产包收购成交价、管理费、资金占用费（签订日期如有延后）。投资人支付收购成交价中的首期转让价款后，须按约分期支付剩余价款；管理费与资金占用费不计入转让价格，单独进行列示，分别列明收取时点和计算方式。

《委托清收合同》：由公司与投资人签订，原则上投资人与清收方为同一人，对清收方式、清收权限、不良债权单户最低处置授权价、违约处置等事项进行约定。分期业务日常清收工作由投资人负责，投资人应按委托清收协议约定开展清收工作，清收处置费用由投资人承担。

《保证合同》：由公司和保证人签订，适用于追加第三人对分期项下投资人应付款项提供连带责任保证的情形。该保证人通常为债务人的母公司、法定代笔人或实际控制人。如保证人为自然人的，对于已婚保证人，还需其配偶同意提供连带责任保证的声明材料。

三、非金债权收购中的法律要点

2015年，为缓解企业债务负担，盘活社会存量资产，财政部、原银监会联合印发《金融资产管理公司开展非金融机构不良资产业务管理办法》。该办法将非金融机构不良债权定义为"非金融机构所有，但不能为其带来经济利益，或带来的经济利益低于账面价值，已经发生价值贬损的资产（包括债权类不良资产、股权类不良资产、实物类不良资产），以及各类金融机构作为中间人受托管理其他法人或自然人财产形成的不良资产等其他经监管部门认可的不良资产"。资产管理公司开展非金债权收购业务，要严格按照以上非金债权的定义，通过评估或估值程序对企业的资产进行价值判断，收购非金融机构存量的不良资产，不得收购非金融机构的正常资产。

（一）非金债权收购的真实、有效性要求

非金不良债权应当真实、有效，即非金债权收购的标的资产需客观存在且对应的基础经济行为真实发生，相关法律要素和法律关系明确具体，并且具有客观可证实的相关证据材料；标的债权及标的资产对应的基础资产满足合法有效要求，属于依法可转让的范畴。资产管理公司不得收购无实际对应资产和无真实交易背景的债权资产，不得收购企业之间虚构的或尚未发生的应收账款等非真实存在的债权、资产，不得借收购不良债权、资产名义为企业或项目提供融资。对于基础债权债务关系发生在关联企业之间的，由于关联企业通常账务往来频繁、债权关系可以随意调节、债权凭证通常散乱无法一一对应，关联企业债权的真实有效性通常难以确认，一般不宜作为非金债权的标的。

在收购非金债权时，资产管理公司首先应当切实做好尽调工作，全面了解和收集与收购标的真实性、有效性、合法性及认定为不良资产相关的证明材料。必要时，可以通过律师事务所开展现场和非现场法律尽调，通过会计师事务所对基础债权进行专项审计，深入核实业务发生的基础合同及协议、贸易背景证明、双方企业会计报表、各交易方银行账户流水等资金收付凭证、债权债务关系确认书、资产性质证明等；同时，要对收购标的、债权转让人、债务人、担保情况进行深入调查，全面收集相关征信信息、舆情信息以及是否涉及民间借贷等方面的资料。资产管理公司应确保尽职调查的独立性，不能单独依赖资产出让方、债务方等交易相关方提供的材料。

（二）非金债权收购的洁净性要求

资产管理公司开展不良资产收购业务必须遵守洁净性和整体性原则，实现资产和风险的真实、完全转移。拟收购的非金债权资产应当权属关系清晰，原权利人已经履行完毕约定的给付义务，不存在法定不允许转让的情况且未超过诉讼时效，如涉及第三方权利纠纷的已经充分披露并已采取合理措施应对纠纷或对债权资产进行合理减值。对于涉及民间借贷的企业或项目、企业资本金不足、综合实力较弱、财务管理混乱或债务状况不明、后续建设资金缺口落实存在不确定性、已建成未达产的制造业项目以及流动资金严重不足的非金债权，应当审慎收购。

在收购非金不良债权时，资产管理公司不得与转让方在转让合同等正式法律文件之外签订或达成影响资产和风险真实、完全转移的改变交易结构、风险承担主体及相关权益转移过程的协议或约定，不得设置任何显性或隐性的回购条款，不得向股东或关系人输送非法利益，不得以暴力或其他非法手段进行清收。

（三）非金债权收购的风险可控原则

合理估值定价。资产管理公司应当审慎、客观地对拟收购的非金债权进行合理定价，不得以为相关方化解风险或确保其实现经济利益的名义，随意提高收购价格；逐步建立符合自身和当地特色、细分行业和领域的估值模型，对于中介机构的估值意见进行复合判断。

加强集中度风险管理。资产管理公司应当加强行业、区域、客户集中度风险管理，避免非金业务过度集中于单一行业、区域或客户。根据《金融资产管理公司开展非金融机构不良资产业务管理办法》规定，非金融机构不良资产在单一行业的资产余额，不得超过非金融机构不良资产总额的50%；单一集团客户的非金融机构不良资产业务余额不得超过资产公司（母公司）净资产的15%；单一客户的非金融机构不良资产业务余额不得超过资产公司（母公司）净资产的10%。

提前设置重组方案。在实践中，资产管理公司受让非金债权后主要是通过实质性债务重组进行处置。因此，在资产管理公司受让非金债权时，建议预先设计好相应的重组方案，在实际受让非金债权前提前落实各方对重整方案和重整义务的书面承诺和担保措施，在支付非金债权转让价款前，应当：(1)取得债权人出具的不良债权证明及债权债务确认书；(2)取得债务人、担保人有权决策机构出具的合法有效的同意重组债权、提供担保的股东会/董事会等决议文件；(3)在签署《债权转让协议》前完成《债务重组协议》及对应的各类担保协议的签署；(4)办妥相关抵、质押担保登记手续。

第二节 催收处置

催收是指债权人自己或委托第三方对逾期不良资产进行回收，促使债务人及担保人履行债务的一种行为。《民法典》第五百七十九条规定，"当事人一方未支付价款、报酬、租金、利息，或者不履行其他金钱债务的，对方可以请求其支付"，该种一方请求对方支付的行为便是一种催收行为。催收并不是一个法律名词，在市场经济中，民事主体间的信用活动应当遵守法律法规、社会规范和行业惯例，遵循合法的交易契约。当一方出现金钱债务的违约行为时，另一方对其进行催收是维护守约方利益的正当权利，该笔债务存在担保人的，债权人还有权向担保人进行催收。有观点认为，催收是债权债务关系进入司法程序前债权人和债务人可以充分调解的机会。[①]该种观点在一定程度上形象地解释了催收在特殊资产常规处置法律程序中所处的阶段和角色。资产管理公司开展不良资产处置业务天然具有催收的需求。常见的催收形式包括发送催收函、上门/电话催收、寄送律师函等形式。以下按照催收实施主体进行分类，分别就委托第三方催收和自行催收展开分析。

一、委托第三方催收的法律要点

资产管理公司委托外部第三方机构进行催收是指合法的第三方机构接受资产管理公司的委托，依法对逾期不良资产的债务人和担保人进行催要的行为。在境外部分发达国家和地区，第三方债务催收行业的监管与自律已经较为规范。美国联邦政府于1977年制订了《公平债务催收作业法》，适用于对消费者主要因个人、家庭原因引致的债务催收，日

---

① 参见位二兵：《商业不良资产处置实务——揭开逾期账款催收的面纱》，法律出版社，2018年。

本《债权管理回收业特别处置法》对债权回收公司从事债权回收业务也设置了若干限制。上述两国的催收法律中均包含了债务催收机构不得对消费者进行烦扰和虐待，不得采取威胁债务人、干扰其私生活或妨碍业务稳定的言行，不得使用或威胁使用暴力，不得使用不实、欺诈或误导的陈述或其他不正当手段进行收债等相似的内容。中国香港金融管理局和中国台湾银行业工会通过发布相应的规范性文件对债务催收进行监管，并建立了相对有效的监督和投诉机制。但截至目前，在中国内地尚无专门的债务催收法律规范。原银保监会曾出台了《商业银行信用卡业务监督管理办法》《关于进一步规范信用卡业务的通知》《银行业金融机构外包风险管理指引》等规范性文件，但是上述文件仅适用于银行自身对信用卡债权的清收，对于除信用卡债权以外更为广泛存在的金融和非金融债权催收并不能直接适用，也不能直接约束第三方催收机构。

虽然我国内地还没有催收的专项成文法规，但第三方催收行业在国内已经活跃多年。1995年，国家工商总局、公安部曾发文禁止设立讨债公司及其他类似企业[1]，但随着市场经济和民间金融的发展，在实际操作中，第三方催收企业仍然活跃在银行业金融机构委外催收、非银金融机构和准金融机构委外催收、网贷平台催收等领域，提供名义为"商账管理、银行信贷业务咨询、催收客户服务"等的服务。资产管理公司与这些第三方机构合作，应当注意以下三点。

一是机构准入。截至2022年三季度末，我国商业银行不良贷款余额达2.9911万亿元[2]，不良债权催收空间依然巨大，长期以来的金融和

---

[1] 全文见《公安部、国家工商行政管理局关于禁止开办"讨债公司"的通知》（公通字〔1995〕87号）。
[2] 《2022年商业银行主要监管指标情况表（季度）》（2023年2月15日），中国银保监会官网，http://www.cbirc.gov.cn/cn/view/pages/ItemDetail.html?docId=1054675&itemId=954&generaltype=0，最后浏览日期：2023年3月15日。

民间需求促使催收行业野蛮生长。与此同时，催收行业竞争不平衡，准入门槛低，催收机构良莠不齐。AMC在选择委外催收机构合作方时，应设定严格的准入门槛。在筛选催收机构时，应关注该机构是否制订了健全的债务催收政策和制度，具备员工管理、流程管理等有效的内部控制手段；在催收方式选择上是否严格遵守法律法规、监管规定，重视消费者权益保护；对催收人员的行为是否配备了有效的监督检查技术手段，例如，在进行实地催收时是否配备移动监控设备、电话催收是否全程录音等。

二是委托权限。委托第三方催收的基础法律关系是委托代理关系，应当适用合同法中关于委托合同的规定。资产管理公司与催收公司约定提供催收外包服务以订立委托合同为前提。在订立委托合同时，由资产管理公司作为委托人，催收机构为受托人，在合同中详细约定委托事务、委托权限和双方的权利义务及违约责任，尤其要在合同中明确催收机构不得有暴力、恐吓、骚扰、虚伪、欺诈或误导债务人、第三人或造成债务人隐私受侵害的其他不当的债务催收行为，不得骚扰债务人、担保人，影响他人正常的居住、就学、工作或生活。

三是信息保护。随着大数据时代的到来，个人信息保护问题一直是各监管机构的监管重点。2021年，《中华人民共和国个人信息保护法》(简称《个人信息保护法》)的颁布正式从法律层面明确了自然人的个人信息受法律保护。资产管理公司在和第三方催收机构合作的过程中，不可避免地需要向合作方披露部分客户信息和商业机密，在披露时应当严格控制信息披露程度，并通过协议和技术等方式要求对方承担信息保密义务。特别是在债务人、担保人为自然人的情况下，更应当遵守适当性和必要性原则，既要细化完善自身信息保护的相关规则和制度，也要运用科技化手段增强个人信息数据安全保护能力。

二、自行催收的法律要点

资产管理公司可以由业务人员或设置专门催收岗位人员对其持有的债权自行开展催收工作。在资产管理公司受让不良资产后,负有清收责任的员工应当通过寄送转让通知函、催收函、上门/电话催收、委托律师事务所出具律师函等方式,告知转让事实,催促债务人、担保人及时履行债务。在催收过程中,还应关注债务人和担保人的还款能力变化,针对变化情况及时发送催收通知,尽可能收回债权本息、罚息、违约金。

(一)催收的法律效力

权利人向义务人提出履行请求的,诉讼时效中断,从中断时起,诉讼时效期间重新计算。权利人向义务人提出履行请求包括当事人一方直接向对方当事人送交主张权利的文书,对方当事人在该文书上签字、盖章或者能够以其他方式证明该文书到达对方当事人的,即可视为送达;如果权利人以发送信件或者数据电文的方式进行催收的,信件或者数据电文到达或者应当到达对方当事人之时视为送达;如果当事人一方下落不明或者无法以前述方式当面送达的,权利人可以在国家级或者被催收方住所地省级以上有影响的媒体上刊登公告主张权利。① 在催收内容方面,不论是采用催收函等文书形式还是发送信件、数据电文方式,都应当明确义务人主体、要求对方履行还款义务的债权金额(含本金、利息、罚息、违约金、其他费用等)、还款期限(以具体到年月日为佳)等核心要素,资产管理公司从银行等金融机构受让债权的,还应说明债权转让的事实。

在以公告形式送达效力的认定上,《海南会议纪要》《最高人民法

---

① 详见《最高人民法院关于审理民事案件适用诉讼时效制度若干问题的规定》(法释〔2008〕11号)。

院关于资产管理公司收购、处置银行不良资产有关问题的补充通知》等司法解释规定，国有银行或者资产管理公司在全国或省级有影响的报纸上发布有催收内容的债权转让通知或公告的，该公告或通知之日为诉讼时效的实际中断日，新的诉讼时效自该中断日重新起算。[①] 根据最高人民法院精神，对通知的形式，最核心的还是要从告知债务人债权转让事实的目的角度来把握。[②] 最高人民法院正在着手研究起草有关不良资产转让的司法解释，对登报公告等方式的限制予以着重考虑，拟对公告方式设置一定的标准和条件，在限制和允许之中寻找合理的平衡点。

（二）催收行为的证据问题

正因为有效催收可产生中断诉讼时效的法律后果，合法、及时进行催收对维护债权诉讼时效、保护债权人胜诉权有重要的意义。在诉讼程序中，如当事人一方以超过诉讼时效提出抗辩，而另一方主张诉讼时效发生中断、中止情形的，应当由主张诉讼时效中断、中止情形的一方就中断或中止的事由承担举证责任。在实践中，资产管理公司收购的债权很多是陈年旧债，如果债务人、担保人试图通过主张超过诉讼时效来逃避债务，则需要资产管理公司来承担诉讼时效中断的举证责任。为维护诉讼时效，无论是采用书面形式还是通过上门/电话等其他方式进行催收的，资产管理公司在催收过程中都应当保存好已向义务人提出履行请求且已送达至义务人的相关证据。

[①] 《海南会议纪要》中对金融资产管理公司的定义为包括华融、长城、东方和信达等金融资产管理公司和资产管理公司通过组建或参股等方式成立的资产处置联合体，地方资产管理公司是否在任何情况下均只享有国有四大资产管理公司的同等待遇，在不同地区司法实践并不一致，尤其当地方资产管理公司跨区域展业时面对的司法障碍更为显著。

[②] 详见最高人民法院对十三届全国人大三次会议第5510号建议的答复。

随着当前社会信息化不断发展，在催收过程中采用电子数据形式主张债权的越来越常见。电子数据本身是二进制代码，需要存储于手机、电子邮件、录音录像设备等电子介质中，其收集和展现方式需要经过复制、转换等手段。随着技术的更新迭代，司法界对电子数据合法性和真实性的认定也在不断更新、逐步成熟。2012年，电子数据以一种新的证据形式写入民事诉讼法。此后，最高人民法院通过一系列文件形式逐步规范和扩展了电子数据的取证手段、举证方式、质证和审理规则等重要内容。在电子数据的范围方面，根据《最高人民法院关于民事诉讼证据的若干规定》（简称"新《民事证据规定》"），电子数据不仅包括信息，还包括文档、图片、音频、视频、数字证书、计算机程序等电子文件。在具体诉讼中，需要根据不同的电子数据类型来出示、巩固证据效力。

手机短信。以手机短信作为证据的，需要有明确的短信内容、短信收发件人、发送时间和保存的路径等。因手机短信具有容易被删改的特征，法庭往往要求结合其他证据予以补强，证明手机短信的内容与其他证据有矛盾、与待证事实有关联。必要时，当事人可以申请鉴定或向通信运营商做调查。

电子邮件。由于电子邮件的互联网账号、密码、用户名在相对时间内唯一，在核实双方当事人身份信息时，相比其他电子数据传输方式，具有一定的优势。必要时，可以请网络服务商提供协助，从电子邮件的传输、存储环节中直接保全证据或进行鉴定。[①] 此外，可以对电子邮件进行公证，经公证后的电子邮件可以将公证文书作为证据出示。

聊天记录。当前生活中常用的微信、QQ、阿里旺旺等电子聊天记

---

① 具体可参考中华人民共和国司法部司法鉴定管理局于2014年发布的《电子邮件鉴定实施规范》。

录可以作为电子数据,在满足证据的真实性、合法性、关联性要求后,属于证据的表现形式之一。以微信聊天记录为例,为增强聊天记录的证据效力,首先应当提供手机原件或者对微信聊天记录进行公证,结合微信号与实名制的手机号码一致、微信头像使用了本人头像、网络实名信息与电子邮箱发出的微信聊天记录一致等特征判断真实性;其次应当按照合法程序收集、调查和审查核实聊天记录证据,在催收过程中,涉及重要的债权债务确认信息、履行承诺信息等内容时,可以通过拍摄视频的方式进行证据保全;在关联性方面,聊天记录内容应当可以证明涉案事实,如证明借贷关系的成立、借贷数额、利息约定、还款期限等。

  录音、录像。存储在电子介质中的录音资料和影像资料,适用于电子数据的规定,遵守新《民事证据规则》关于电子数据举证、收集、保全和审核认定规则。但是,关于未经对方同意私自偷录的录音、录像是否为合法证据的问题,最高人民法院的态度有几个阶段的变化。最初,最高人民法院明确规定未经对方当事人同意私自录制取得的录音资料为非法证据,不得作为证据适用[①],但是在实践中存在大量的合法债权取证困难,完全排除私录的证据不利于打击老赖、保护交易安全。2002年,最高人民法院出台的证据规定将非法证据的范围限于"以侵害他人合法权益或违反法律禁止性规定的方法取得的证据,不能作为认定案件事实的依据"。根据该规定,迄今大量的司法判决对于符合生活常理、不涉及侵害对方利益的私自录制的证据均已采信。2020年,最高人民法院出台的新《民事证据规定》又删除了前述规定,重新确认了证据的"利益衡量"原则,将衡量该等利益的权利交还给了

---

① 详见《关于未经对方当事人同意私自录制其谈话取得的资料不能作为证据使用的批复》。

法官。在判断是否为非法证据时，法官应以利益衡量原则为标准，即对取得证据方法的违法性所损害的利益与诉讼所保护的利益进行衡量，以衡量的结果作为判断非法证据的重要考量因素。如果取证方法的违法性对他人权益的损害明显弱于违法性所能够保护的利益，则不应判断该证据为非法证据。据此，我们不仅要看取得证据的方式是否严重侵害他人权益、违反法律禁止性规定，还要充分考虑因取证方式侵害的权益与需要保护的权益孰轻孰重。[1]资产管理公司员工在进行催收工作时如果选择录音、录像的，最好可以事先征求对方的同意，在录制过程中说明具体的时间、地点、人物和事由，并防止出现诱导性或胁迫性的表述，在场所选择方面要避免住宅、卧室、洗手间等较为隐私的地区，尽量在公共场合进行录制，录制后不可以对文件进行任何形式的修改、截取、剪辑，必要时可以请公证机关公证录音、录像的过程，确保录音、录像证据的合法性。

（三）员工催收行为规范

资产管理公司员工的催收行为是职务行为，如果员工超权限催收或者催收方式不合规、不合法，就有可能给员工本人和公司造成严重负面影响。在民间借贷过往案例中，因催债对债务人进行拘禁，对债务人居所、办公场地泼洒粪便、油漆，动用黑社会力量，甚至造成当事人身亡的恶性案例屡见不鲜。不少催债人员因不法暴力催收而触犯的刑事犯罪包括有：故意杀人罪、过失致人死亡罪、故意伤害罪、过失致人重伤罪、强制猥亵、侮辱罪、非法拘禁罪、非法搜查罪、侮辱罪、侵犯公民个人信息罪、故意毁坏财物罪、破坏生产经营罪、聚众

---

[1] 例如，在他人住所安装窃听器的违法行为严重侵犯了他人的隐私权，与一般的债权请求权相比所侵害的权益过大，因此，相关证据不会被采用。但在公共场合用偷拍、偷录手段取证的行为，一般是可以采纳的。

扰乱社会秩序罪、聚众斗殴罪、寻衅滋事罪等。《中华人民共和国刑法修正案（十一）》中，对于催收高利放贷等产生的非法债务存在暴力催收[①]、非常催收情形的，规定处三年以下有期徒刑、拘役或者管制，并处或者单处罚金。

近年来，国家一直从监管层面不断加强对各类金融和非金融机构贷款、民间借贷行为的规范和管制，将稳定金融市场、保障金融消费者安全作为重中之重。资产管理公司在化解区域风险、协助企业纾困过程中，将面对形形色色的业务领域和债务类别，资产管理公司员工在自行催收的过程中要紧绷合法催收的弦，在开展催收工作过程中，不得使用骚扰电话、短信轰炸、扩散恐吓、打砸滋事等方式影响债务人、担保人的正常生活，更不能使用暴力胁迫方法、限制他人自由等危险行为威胁他人安全，严格遵守法律法规和公司规章制度，维护社会和谐。

第三节 债权转让

一、债权转让的基本概念

债权转让是一种常见的债权资产流通模式，是指债权人将原始债权债务关系下全部或部分权利转让给第三方的行为。在不良资产处置中，通过债权转让，受让方取得原始债权项下债权人的权利，转让方取得相应的对价，债权债务关系通过灵活匹配，达到盘活资产、优化资源配置的目的。根据2015年财政部和原银监会联合印发的《资产管理公司开

---

① 《中华人民共和国刑法修正案（十一）》规定的暴力催收情形包括有使用暴力、胁迫方法的，限制他人人身自由或者侵入他人住宅的，恐吓、跟踪、骚扰他人的。

展非金融机构不良资产业务管理办法》，资产管理公司管理和处置非金融机构不良资产可采取债权转让的手段；2016年10月，原银监会印发《关于适当调整地方资产管理公司有关政策的函》（银监办便函〔2016〕1738号）放宽了地方资产管理公司收购的不良资产不得对外转让、只能进行债务重组的限制[①]，允许以对外转让的方式处置不良资产。自此，债权转让成为资产管理公司处置不良债权的重要方式之一。

（一）债权转让的限制

债权人可以将债权的全部或者部分转让给第三人，但存在根据债权性质、当事人约定或者法律规定不得转让的情形的除外。其中，根据债权性质、法律规定不得转让的债权为绝对不得转让，以该类债权为标的签署的债权转让合同无效。而根据当事人约定不得转让的债权属于相对不得转让。如果一方违约将债权转让给其他方的，需根据标的债权为金钱债权按照以下处理。

（1）标的债权为非金钱债权时，当事人约定了债权不得转让的，债权转让合同不得对抗善意第三人；

（2）标的债权为金钱债权的，无论第三人是否善意，当事人之间约定的不得转让条款均不得对抗第三方受让人。

金钱债权是指以给付货币为标的的债权债务，不良贷款债权大多形成于银行或金融机构的贷款，属于典型的金钱债权。在《民法典》颁布后，资产管理公司与交易对手在《债权转让协议》中约定的"未经同意不得对外转让"条款将不再具有对抗第三方的效力。原始债权人仅可根据违约条款追究转让方的违约责任，但并不能限制债权已发生对外转让的效果。

---

① 该限制详见《金融企业不良资产批量转让管理办法》（财金〔2012〕6号）。

(二)债权转让的法律效果

债权转让的标的是原始债权合同项下的债权债务。经过债权转让,原合同债权债务法律关系的合同相对方发生了替换。通过转让方与受让方之间的转让合同法律关系,由受让方继受原合同法律关系下的债权人身份,而原债务人应向受让人继续履行债务,主债权项下的担保义务人也相应向受让方履行担保义务。为进一步保护债权转让交易,《民法典》确认了债权转让时抵、质押权一并转让的绝对效力,且该等效力并不需要依靠变更抵、质押登记公示来予以保护,对资产管理公司而言意义重大。

(三)债权转让的必备要件

债权转让行为是一个合同行为,因此,债权转让生效必须首先满足合同的一般生效要件,即:

(1)交易各方具有完全民事行为能力,双方意思表示真实,不违反法律法规强制性规定,不违背公序良俗。

(2)转让的债权标的具有可转让性,即债权应当真实、合法、有效,不存在前文所述限制债权转让的情况。

(3)债权转让必须通知债务人。债权人履行了通知义务是债权转让发生效力的必要条件。资产管理公司在以债权转让方式处置不良债权时,负有通知债务人的义务。

目前,资产管理公司受让国有银行债权后,大多采用原债权银行在全国或省级有影响的报纸上发布债权转让公告或通知的方式履行通知义务。在实践中,随着资产管理公司业务类型的不断丰富,基础债权类型不再局限于国有银行不良贷款债权资产,业务类型也从传统不良资产批量转让衍生出债务重组、破产重整、地方纾困等新型业务,不能一概而论继续沿袭报纸公告方式。在新兴业务类型单笔债权转让中,可以通过由债权转让方、受让方、债务人、担保人共同签署债权转让合同的方式来替代传统通知行为,确保债务人和担保人对债权转让行为充分知悉。

二、债权转让的法律要点

(一)公开转让

资产管理公司对外转让不良资产原则上应该通过公开方式。对四大国有资产管理公司来说,除了中华人民共和国财政部和中国银行业监督管理委员会印发的《金融资产管理公司资产处置公告管理办法》(简称《公告管理办法》)第十二条约定的"符合国家有关规定不宜公开转让的处置项目"外,处置不良资产均应按照公开方式转让。

1. 公开转让的方式

公开的方式包括但不限于招投标、拍卖、挂牌、要约邀请公开竞价、公开询价等方式。

以招投标方式处置不良资产时,应按照《招标投标法》的规定组织实施,通过发布招标公告,邀请所有潜在的不特定的意向受让方参加投标,按照预先公开的规则从投标方案中择优评选出中标人,并与之签订债权转让合同。

以拍卖方式处置不良资产时,应按照《拍卖法》的规定组织实施,选择有资质的拍卖中介机构,依法合理确定招标和拍卖的底价。

以在交易平台挂牌方式处置不良资产时,应选择符合资质的处置平台,除常见的主流网络平台外,地方金融资产交易所、地方产权交易所等其他平台对拟处置项目推荐客户并达成处置意向的或地方政府出函指定挂牌平台的,也可在该平台挂牌。

以要约邀请公开竞价、公开询价等方式处置时,至少要有两人参加竞价，当只有一人竞价时，须按照公告程序补登公告。公告7个工作日后，如确定没有新的竞价者参加竞价才能成交。

2. 公开转让挂牌操作

第一，确定挂牌/起拍价。资产管理公司在处置不良资产时，通常需参照第三方评估机构的评估价值及收购成本确定首次挂牌价格，首次挂牌价格应不低于剩余收购成本且不低于第三方评估机构的评估价值。

第二，预留处置公告期。通过公开转让方式处置债权的，应当先行向公众发布处置公告，并预留合理的公告期，公告期未满的不得处置。公告期期限需根据不同的转让方式和实际情况确定。资产管理公司在设置公告期时应综合考虑实际因素，但不得短于法定期限。①

第三，发布转让公告。挂牌公告应包括处置标的及基本情况、竞买人的资格要求、挂牌时间、地点、期限、竞价方式、竞买保证金缴纳数额及保证金规则、付款方式、违约责任、瑕疵风险提示及其他需要公告的事项。

第四，审核竞买人条件。在不良资产处置中，应特别核查买受人是否属于国家公务员、金融监管机构工作人员、政法干警、资产公司工作人员、国有企业债务人管理层以及参与资产处置工作的律师、会计师、评估师等中介机构人员等关联人或者上述关联人参与的非金融机构法人，以及与参与不良债权转让的资产公司工作人员、国企债务人或者受托资产评估机构负责人员等有近亲属关系的人员，并由买受人就其本人不属于上述人员范围作出书面承诺。

---

① 根据《拍卖法》，拍卖人应当于拍卖日七日前发布拍卖公告；最高人民法院《关于人民法院网络司法拍卖若干问题的规定》要求拍卖动产的，应当在拍卖日十五日前公告，拍卖不动产或者其他财产权的，应当在拍卖日三十日前公告。

3. 公开转让债权交割

以公开方式转让债权的，转让方与受让方在竞拍成交之日即受法律约束，应当按照招、拍、挂公告中的要求履行协议签署和交割行为。

由于不良债权随着利息、罚息的计算和清收回款的增加，其债权金额处于不确定状态，公告中通常会确定一个基准日来明确计算至基准日当日的债权金额，并进一步约定基准日后发生的或可能发生的任何已知或未知的损失、损害、风险或责任均由买受人承担；相应从基准日到交割日期间（即过渡期）内，如果有清收回款的，该清收回款也归属买受人。交割日后，买受人可依照法律、行政法规规定对不良债权涉及的债务人、担保人行使债权人的一切权利，并自行承担标的债权处置过程中可能发生的任何费用、责任、风险和损失。

4. 公开转让通知义务

在具体实施公告行为时，财政部关于印发《金融资产管理公司资产处置公告管理办法（修订）》的通知（简称《处置管理办法》），明确了资产公司资产处置公告适用的资产范围为资产公司收购的债权类、股权类、实物类和其他权益类等不良资产及依法享有处置权的其他资产。在选择公告媒介上，资产处置公告应采取网站公告和报纸公告两种形式。资产处置标的在1 000万元以下的，可以只在国有金融资产管理公司对外网站发布处置公告，但是对处置标的超过1 000万元的，除在公司对外网站发布处置公告外，还应当在相应级别的报纸上进行公告。其中，资产处置标的在1 000万元—5 000万元（含）的处置项目，应在资产所在地的地市级（含）以上公开发行的经济类或综合类报纸上进行公告；资产处置标的超过5 000万元的处置项目，则需在资产所在地的省级（含）以上公开发行的经济类或综合类报纸上进行公告。跨行政区域的资产包原则上应在较其属地高一级公开发行量最大的经济类或综合类报纸上公告。

《处置管理办法》和《公告管理办法》明确规定其适用范围为四大国有资产管理公司，并不直接规制地方资产管理公司。从当前来看，当地政府金融监管局负责对所管辖的地方资产管理公司进行监督管理，可以发挥属地优势，制定更切合实际的管理实施细则。目前，已有部分省市发布了地方资产管理公司监管办法[①]，但大多是从机构准入、组织架构、风险控制、资本充足率等宏观方面进行规制，对具体的处置规则暂无明确。通常而言，地方资产管理公司控股股东多为地方国有资产监管机构或地方国有资本投资运营平台，与四大国有资产管理公司共同承担着促进国有资产保本增值、防范国有资产不当流失的职责，地方资产管理公司坚持以公开、公平、公正和竞争、择优的原则处置不良资产，有利于确保资产处置收益最大化，增加资产处置透明度，防范道德风险，仍应作为债权转让的首选方式。在具体操作时，应该加强与当地监管部门的沟通，获取符合当地实际的窗口指导，实现合规性与灵活性的有效结合。

（二）协议转让

在债权转让处置方式中，协议转让是公开转让的补充。原则上，当且仅当不具备采用拍卖、竞标、竞价等公开处置方式的条件或采用公开处置方式在时效上和经济上不利于维护资产价值时，资产管理公司可以选用协议转让的形式处置不良债权。在现实中，资产管理公司尤其是地方资产管理公司往往有自身成熟的行业生态圈，资产管理公司寻找到合适的投资者后，通过协商一致直接采用协议转让的方式处置资产的情况并不鲜见。由于协议转让的非公开性特征，在按照协议转让方式处置资产时，更应注意公正透明、程序合规，着力防范道德风险，并关注以下4点。

[①] 例如，江西省于2017年发布了《江西省地方资产管理公司监管试行办法》，北京于2020年发布了《北京市地方资产管理公司监督管理指引（试行）》等。

1. 资产定价合理

不良资产行业的一大特征是交易各方往往处于信息不对称的地位，需要通过尽调、评估、竞价等环节来保障交易的公允性。在非公开处置的情况下，如果资产管理公司和评估机构、债务人三方之间恶意串通、做低价格导致国有资产流失的，该转让协议将被认定无效。因此，在协议转让债权时，转让价格是转让行为公平公正的第一试金石，资产管理公司应按照公正合理、成本效益和评处分离原则开展不良资产评估工作，参照评估结果和收购成本来定价，确保转让价格经得起市场的检验、坚守国有资产保值增值的底线。

2. 转让对象合规

《处置管理办法》第十九条规定，未经公开竞价处置程序，不得采取协议转让方式向非国有受让人转让资产。即以非公开转让方式出资不良债权的受让人仅能是国有投资份额（包括国家资本和国有法人资本，下同）占被投资企业实收资本的50%以上（含），或者国有投资份额虽未拥有多数股权但拥有实际控制权的企业。在实践中，为确保处置行为公允，同时增强可操作性，资产管理公司在批量收购、处置、转让债权的各个流程中，至少应确保有一个环节经过公开竞价。例如，需要以协议方式处置单笔不良债权时，应确保该笔债权包含于已经过公开竞价批量受让的不良债权包之中。

3. 报批义务明确

基于不良资产的特性，在协议转让过程中存在须经相关部门批准或者备案的情况。[①] 根据《民法典》第五百零二条规定，应当办理申请

---

① 例如，根据《处置管理办法》，资产管理公司处置不良资产应当接受财政部驻当地财政监察专员办事处监督和备案，又如涉及境外机构或者涉外担保等事项的，《外商投资法》、国家外汇局《关于资产管理公司对外处置不良资产外汇管理有关问题的通知》等均对此类事项规定了相关报批义务。

批准等手续的当事人未履行报批义务的，需要承担未能履行报批义务的违约责任。为防止因受让方不及时履行报批义务拖延处置进程甚至恶意磋商导致其他损失的，应在协议中特别设置由受让方履行报批义务的条款，并明确约定违约责任。

4. 违约风险可控

由于协议转让的非公开性，为防止受让人违约或者非法处置不良资产给资产管理公司带来的隐患和风险，协议转让通常适用于一次性付款且不具有追索权的卖断性转让交易，并且在协议中充分披露瑕疵和风险，用粗体字提示受让人声明放弃追索的条款。如确需分期付款的，资产管理公司可以通过转让债权收益权、保留债权的方式，在受让人未付清全部收益权转让价款前保留对债权及其附着的担保权利的处置权。在完成协议转让后，资产管理公司和受让人仍应当履行债权转让公告义务。

第四节 债权收益权转让

一、债权收益权转让的基本概念

债权收益权是从债权本体衍生出的一项财产性权利，包括基础债权所对应的本金、利息和其他约定款项的权利。在不良资产领域，不良资产债权收益权是一项获取基于不良债权所产生收益的财产权利，包括不良债权清收而获得的借款本金、利息、违约金、损失赔偿和实现债权的费用。

资产管理公司处置不良资产可以将债权收益权单独进行转让。债权收益权转让协议的有效性已经在大量司法判例中得到了认可，但是对于债权收益权的性质认定在不同司法判例中存在一些差异。有的认为，在《债权收益权转让协议》中如双方转让债权收益权所能获取的权利内容与被转让债权的权利内容相同，该协议虽名为债权收益权转让，其内容实质就是债权转让①；也有判决认为，债权本身含有包括收益权在内的多项权能，权利人可以将其中的一项或多项权能转让给他人行使，而收益权作为一种债权属性，与资产转让存在根本差异，债权收益权的处置应当参考债权转让的相关原理来操作。②

以上两个裁判虽然均肯定了收益权转让协议的效力，但是两者对收益权转让性质的不同认定对资产管理公司具有重大的影响。承认收益权转让行为不同于债权转让本身，不仅保护了《收益权转让协议》项下债权人对收益权受让人的权利，同时依然保护债权人对基础债权项下债务人和担保人享有的权利。而如果将债权收益权转让等同于债权转让，债权人将丧失基础债权项下债权人的权利，而仅能要求收益权人支付转让价款。由于不良资产经营的根本逻辑立足于资产的价值，一旦丧失债权，附着于债权之上的抵押权、质押权、保证等担保权利以及资产自身潜在的增长价值将一并转移，金融资产公司的债权安全性将大大减损。因此，有效区别收益权转让和债权转让的性质是资产管理公司通过转让债权收益权来处置资产时追求的目标，基于此，在与投资方签署收益权转让协议时应当注意以下三点。

（一）明确债权权利保留

在收益权转让协议中明确债权人对外转让的仅为金融资产收益权，

---

① 参见《中国华融资产管理股份有限公司四川省分公司、北京金达隆资产管理有限公司、达州市达川区财政局确认合同无效纠纷二审民事判决书》（最高法〔2019〕川17民终507号）。
② 参见江西省高院《南昌农村商业银行股份有限公司与内蒙古银行股份有限公司合同纠纷一审民事判决书》（〔2015〕赣民二初字第31号）。

债权人仍保留对标的债权以及相关的处置权等。该等金融资产收益权转让行为仅发生在债权人和收益权受让人之间，不得对抗基础债权的债务人、担保人或其他第三方，基础债权的清收回款仍然应当支付至债权人账户。

（二）管理债权文件原件

金融资产收益权对外转让后，资产管理公司作为标的债权的债权人，仍应保留标的债权文件（包括但不限于主债权合同、担保合同、收据、往来函件、权利凭证、诉讼文书等法律文件）之原件，文件的交割是债权转让行为的证据之一，应谨慎对外交付债权文件原件。

（三）保留诉讼主体资格

债权收益权转让的，不影响债权人的权利外观。在基础债权清收处置过程中涉及的司法程序（包括诉讼/仲裁、执行、破产等程序）中的权利主体是且仅能是资产管理公司，不应变更为收益权人。

二、债权收益权转让的法律要点

在不良资产处置程序中转让债权收益权的，通常以投资人分期支付基础资产（标的不良资产）的收益权转让价款的方式操作。即资产管理公司向投资人转让债权收益权并委托清收方进行清收，在分期本金及分期收益全额回收前，由资产管理公司拥有标的债权并保留金融资产收益权。具体交易模式见图7-1。

（一）债权和收益权的约定保留

首先，在债权收益权转让模式中，资产管理公司始终保持债权人身份不变，仍保留标的债权及其债权文件（包括主债权合同、担保合同、收据、往来函件、权利凭证、诉讼文书等法律文件）之原件，在处置中涉及司法程序（包括诉讼/仲裁、执行、破产等程序）的，诉

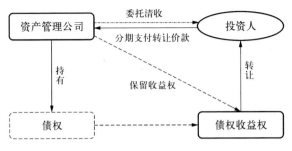

图7-1 债权收益权转让交易模式

讼执行的权利主体仍然为资产管理公司，不因收益权转让而发生变化。其次，在投资人未付清债权收益权转让价款和资金占用费等全部应付款项之前，资产管理公司可以和投资人约定保留金融资产收益权及标的债权清收处置决定权，分期期间债权处置实现的任何现金回收款均保留在资产管理公司处提存。自转让价款和资金占用费等合同应付款项全部付清之日起，金融资产收益权转让（移）给投资人，投资人自该日起取得并享有金融资产收益权。该种约定可以从最大限度上保护资产管理公司对基础资产的实际控制，避免因债权和收益权分离导致处置受限的风险。

（二）分期付款的基本要素

1. 转让价款

以转让债权收益权模式处置资产并选择分期付款方式的，也需对不良资产进行价值分析，其价值分析与债权转让一致，原则上转让价格应不低于剩余收购成本且不低于第三方评估机构的评估价值。

2. 分期限额

投资人竞拍成功后，通常需要在5—10个工作日内支付首期款，剩余分期金额须设定限额。分期金额限额可按照分期业务的类型、基础资产所处区域等作区别设定，参照基础资产的估值、交易价格等作折扣比例设定，以控制分期资金风险敞口与基础资产比例，保障分期资金安全。

3. 分期期限

合理设置与资产处置周期相匹配的分期期限（通常不超过两年），并相应设置合理的资金占用费收取周期。在分期期间内可以对投资人的处置预案、回款进度设置一定的考核节点，加强分期期间的管控。

4. 保底收益

在收益权转让模式项下，不良资产的超额增值部分将归属投资人。因此，对资产管理公司来说，需要通过约定最低资金占用费来覆盖其配合开展收益权转让业务项下的机会成本和基本的人力、物力成本。当分期项目结束清算时，如资产管理公司所收取的资金收益低于约定最低资金占用费金额的，差额部分应由投资人承诺补足。

5. 债权风险和收益转移约定

与债权转让模式相似，在不良资产债权收益权转让模式中，双方通常也会协商确定一个已经发生的基准日作为双方认可的计算标的债权项下主债权本息余额的截止日，并以此来分割双方的风险收益归属。自基准日起与标的债权及其收益权相关的所有风险即转移给乙方，期间收益也归投资人。但是在分期项下，如果投资人违约未付清分期本金及收益，资产管理公司有权以债权人的身份直接处置债权及其收益权。因此，取得的回款首先用于冲抵投资人所欠本金及收益，在冲抵后如有剩余回款的可归属投资人，如处置回款不足冲抵所欠本金及收益的，应当由投资人补足。

6. 标的债权委托清收安排

由于债权收益权人（投资人）并非债权人，若基础债权的债务人不清偿债权、担保人不履行担保义务，投资人无法直接向债务人和担保人主张权利。为解决这一障碍，鼓励债权收益权的转让和流通，资产管理公司可以将清收权限在合理限度内委托给投资人（或投资人指定的第三方，下同）行使，双方可以在签署《收益权转让协议》的同时再签署一份《委托处置合同》，约定在投资人未全部支付《收益权转让合同》约定的清收处置费用、违约金、赔偿金、资金占用费、收益权转让价款总和之前或者单户债权处置金额低于资产管理公司核定的单户价格与单户债权项下担保物拍卖所得款项（如有）两者的较低值的，标的债权清收处置方案的决定权归属资产管理公司。投资人的清收处置方式和方案均应当经资产管理公司同意后方可进行，但与债权及其收益权相关的风险和报酬归投资人。这种操作既能激发收益权人的主观能动性，又能保护债权人对债权安全性的把控，在不良资产市场活跃地区已成为资产管理公司处置债权的常见情形。

7.对分期付款的风险控制措施

在不良资产收益权转让交易模式下，分期付款属于一种信用行为，为减少投资人未能按期偿付分期款项和资金占用费的风险，资产管理公司可以设置如下风险控制措施。

（1）要求投资人的实际控制人承担连带保证责任。考虑不良资产行业实际，为防止投资人通过设立公司隔离个人风险、实现金蝉脱壳，当投资人为企业法人的，资产管理公司在和投资人签署《债权收益权转让合同》的同时，应当要求企业法人的实际控制人与资产管理公司同时签署连带保证合同，对投资人支付分期本金、资金占用费、罚息、复利、违约金、实现债权的费用等全部债务承担连带担保责任。

（2）设置有效的违约措施。在《收益权转让合同》中明确约定投资人未按约定支付任何一期资金占用费、处置费用的，应自逾期之日起支付相应的违约金，且资产管理公司有权单方宣布所有转让价款提前到期，要求投资人立即按合同约定支付转让价款、资金占用费、处置费用、违约金等应付款项。

（3）保留另行挂牌处置权。资产管理公司可以在协议中明确，当转让价款到期（含宣布转让价款提前到期的情形）而投资人仍未按合同约定支付全部应付款项的，其有权自转让价款到期日（含提前到期日）起将标的债权或金融资产收益权另行公开挂牌转让处置，另行公开挂牌转让价为不低于分期期间的清收处置费用、违约金、赔偿金、资金占用费、罚息、复利、剩余收益权转让价款等全部合同应付款项之总和。即在极端情况下，资产管理公司有权牺牲投资人的剩余利益，以不低于覆盖其剩余风险敞口的低价快速处理债权，以保障自身利益。

（4）收益权转让分期结束处理。待投资人付清全部分期本金及分期收益后，要在合理的期限内与投资人签订债权转让协议，将债权转让给投资人，并完成债权资料移交及债权转让公告，实现债权与收益权的再次合一，减少资产管理公司代为管理债权的相应成本和风险。在实践中，存在投资人在分期结束后申请资产管理公司将债权直接转让给其他第三方的情况。为贯彻公开处置原则，同时防止一物二卖、扩大涉诉风险，分期本金收益结清后，债权仅转给收益权人本人为资产管理公司的最优选择。

第五节 债务重组

一、以物抵债

以物抵债，在法律行为的层面，是指当事人双方达成以他种给付替代原定给付的协议。①以物抵债是不良资产处置实务中的一个常见手段，通常作为债务人还款，以抵、质押物优先受偿等直接清收行为不能实现之后的补充。在我国民商法领域，从《民法通则》《担保法》到《物权法》时代，再到2020年《民法典》颁布，立法界始终未将以物抵债作为一个法律概念进行规范，仅在一些效力较低的行业规范性文件、最高人民法院指导意见和司法判例中提及。对于以物抵债合同的性质，在司法实践中，多将以物抵债协议作为诺成性的无名合同来处理，以物抵债合同一经成立并生效就对抵债双方产生法律约束力，且该种约束力不以债权人现实受领抵债物、办理抵债物过户手续等为生效要件。实务中的以物抵债既包括当事人协商一致达成合意的自愿以物抵债，也包括通过司法判决、仲裁的强制性以物抵债，以下将进一步讨论以物抵债的主要法律问题。

（一）以物抵债的法律要点

从法律后果来看，以物抵债应当具备一定的可预期性，以物抵债协议一旦履行完毕，原债的关系及其附着的从属权利即消灭，债权人的原始权利可能无法恢复，如果随意撤销以物抵债的法律效力将不利于交易的稳定性。最高人民法院在2015年12月召开的全国民商事审判工作会议上指出，"在以物抵债案件审理中，既要注重以物抵债在了结债务、化解矛盾纠纷、节约交易成本等方面的积极作用，不能对以物抵债约定轻易否定；同时，也要严格审查当事人缔结以物抵债的真实目的，对借以物抵债损害相对人、第三人利益的行为应予以否定"。

1. 债务履行期限届满前签订的以物抵债协议效力

情形一：以物抵债协议无效

当事人在债务履行期届满前达成以物抵债协议，抵债物尚未交付

---

① 崔建远：《以物抵债的理论与实践》，《河北法学》2012年第3期。

债权人的,以物抵债协议无效。债务履行期限届满前签署的以物抵债协议违反了传统物权法中关于禁止流质、流押的原则[①],在债务履行期届满前债权债务金额实际尚不能确定,此时约定抵债物归属债权人可能导致双方利益失衡,影响第三方的期待权益;在具体处理方式上,《全国法院民商事审判工作会议纪要》(简称《九民纪要》)规定此种情况不属于让与担保,人民法院应当向当事人释明,债权人有权根据原债权债务关系提起诉讼而非直接要求取得抵债物的所有权,经释明后如当事人仍拒绝变更诉讼请求的,驳回其诉讼请求。

情形二:让与担保

当事人在债务履行期届满前达成以物抵债协议,抵债物已经实际完成交付或已办理完毕过户登记手续的,可以认为该种情况实际属于让与担保。《民法典》颁布之后,法律不再以"不得约定"之方式直接禁止流质、流押,而是采用了法律后果模式[②],参照让与担保制度,在债权履行期届满前就担保财产签署以物抵债协议并完成交付,其法律后果为债权人有权对抵债物优先受偿,但其优先受偿的方式应为以担保财产折价或拍卖变卖担保财产从而取得价款。

2. 债务履行期限届满后签订的以物抵债协议效力

根据《九民纪要》第44条规定,当事人在债务履行期限届满后达成以物抵债协议,抵债物尚未交付债权人,债权人请求债务人交付的,在不存在恶意损害第三人合法权益且无其他无效事由的,人民法院依法予以支持。因此,在债务履行期限届满后签订的以物抵债协议是具有法律约束力的,债权人根据以物抵债协议享有要求债务人交付抵债

[①] 虽然《民法典》中对流质、流押条款的表述发生了变化,但是第401条和第428并未赋予债权人所有权转移的权利内容,并不能产生"代物清偿"的效果。
[②] 陈永强:《〈民法典〉禁止流质之规定的新发展及其解释》,《财经法学》2020年第5期。

物的请求权。

以物抵债协议的有效并不完全等同于物权发生变更的效力。在自力救济领域，债权人基于以物抵债协议形成的请求权是普通债权，并不必然优先于抵债物上存在的其他债权，也不能阻却其他合法权利的第三人基于生效法律文书对抵债物申请强制执行[①]，只有在抵债物交付并完成过户登记的情况下，才能满足物权变更效力。

(二) 以物抵债的司法程序

在不良资产处置领域，由于不良资产处于已逾期或已违约的状态，债务履行期限通常已经届满，较为常见的以物抵债更多发生在司法程序过程中，资产管理公司可以在诉讼阶段与交易方达成以物抵债协议，也可以在取得生效判决之后进入执行阶段协商确定以物抵债。在司法程序中因人民法院、仲裁机构出具的生效法律文书导致物权设立、变更、转让或者消灭的，自法律文书生效时发生效力。

1. 自愿以物抵债

在诉讼程序中，如资产管理公司与债务人和担保人达成以物抵债协议的，可以申请撤回起诉。在执行程序中，资产管理公司与债务人和担保人协商一致达成以物抵债协议并履行抵债行为的，属于执行和解行为。资产管理公司作为申请执行人（在未能变更执行主体的情况下，申请执行人可能仍是银行或前手债权人）与被执行人协商一致达成以物抵债执行和解，在不损害第三人利益和公共利益的情况下，法院可以不经拍卖、变卖程序，直接将执行财产作价交付给申请执行人用于抵偿债务。资产管理公司与债务人和担保人达成以物抵债执行和解协议的，不能以该协议请求法院作出以物抵债裁定，仍须通过办理

---

① 参见《魏琳、青岛海宜林投资控股有限公司二审民事判决书》（〔2017〕最高法民终354号）。

过户登记手续才能完成抵债物的物权变动。

2. 法院强制以物抵债

根据《民事诉讼解释》，被执行人的财产无法拍卖或变卖的，经申请执行人同意，人民法院可以将该项财产作价后交付申请执行人抵偿债务，或者交付申请执行人管理。根据该规定，拍卖、变卖是法院强制以物抵债的前提条件，只有在拍卖、变卖不成时，才可以强制以物抵债。对于执行财产是不动产的，如果第二次拍卖仍流拍，需征询申请执行人意见是否接受以物抵债，如果申请执行人拒绝接受（或者依法不能接受，下同）的，应当在六十日内进行第三次拍卖。如果申请执行人同意以物抵债的，法院作出以物抵债裁定，该等裁定具有产生物权变更的效力。以物抵债裁定生效后，如被执行人或其他非法占有人拒绝移交抵债物的，法院有权强制执行。

对资产管理公司来说，在诉讼执行程序中，以物抵债是"自愿的"还是"强制的"并无清晰的界限。例如，某资产管理公司持有某标的债权以一处住宅作为抵押物，在资产管理公司受让该资产包前，抵押物已三次流拍。在收购该不良债权后，资产管理公司申请重新启动司法拍卖并对拍卖款优先受偿。但在挂拍期间，资产管理公司发现司法拍卖公告存在信息披露缺失，法院和债务人配合度低，严重影响了市场意向度，很有可能会继续导致流拍。在该种情况下，如果继续降价拍卖将致使资产管理公司权益受损，并丧失处置主动性。为今之计，资产管理公司只能决定向法院申请以物抵债，目的是最大化保存受偿价值。在实践中，以物抵债还存在着复杂的税费计算、占用腾退、租金收付、管理维护等问题，因此引发的以物抵债确权纠纷并不鲜见。资产管理公司选择以物抵债处置不良资产的，应当充分考虑配套的处置条件和潜在的处置纠纷，尽可能在抵债物洁净的前提下选择适用。

二、债务更新

债务更新是指合同之债的双方当事人通过协商一致对原有债权债务重新安排，改变原合同内容的法律行为。《民法典》第五百四十三条规定，当事人协商一致，可以变更合同。变更后的合同往往对原始债权债务条件和要素进行了更新，例如，改变或新增债务承担主体、调整债务期限、变更利率和罚息等。广义上的债务更新还包括债务承担和债务和解，本质上都是通过修改债的条件和内容来进行债务重组，从而平衡双方当事人利益，最终达到实现债权利益的目的。

（一）债务更新模式及相应的担保责任法律要点

当主债权核心要素发生变更后，原债权项下的抵质押担保、保证等从权利是否仍然有效，是债务更新中极为重要的事项。在回答这一问题之前，首先要区分债务更新在不同适用情景下的性质。

1. 债之变更

债之变更是指对原始债权债务合同内容进行局部调整，其目的是改变债权合同中的部分内容而非消灭原有的合同之债。因此，在该种情况下，原有债权债务并未消灭，从而不会导致从权利的当然消灭。图示如下。

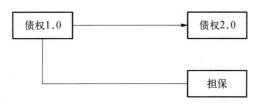

图7-2 债之变更交易结构图

在该种情形下，债权变更经保证人同意的，保证人对变更后的债权继续承担保证责任。如果债权人和债务人未经保证人书面同意擅自变更主债权内容的，保证人对加重的部分不承担保证责任，仅以原债权为限。可见，未经保证人同意的债之变更，保证人的保证责任按照从轻原则承担。为防止出现保证人脱保的情况，资产管理公司在收购债权继受债权人身份时，如果需要与债务人协商变更原债内容的，应当取得保证人同意的书面文件，或者在签署债权变更协议时以保证人作为合同签署之一方共同签署变更协议。

在抵押权方面，由于不动产抵押担保采用登记公示原则，债权人有权在登记的担保范围内主张优先受偿权。因此，如协商变更减轻原债务的，不影响抵押权优先受偿的保护范围；但如果协商变更加重原债务的，债权人除了应当取得抵押人的书面同意外，还应当及时办理变更抵押登记手续，否则新成立的抵押合同将无法对抗善意第三人，加重部分债务可能无法在超过原有抵押登记范围的部分就抵押物优先受偿。

2. 债之更新

债之更新又称债之更替，其法律后果是消灭旧债，设立新债。在不良资产行业中，基于债务人或担保人实际需求，在引入新的还款来源、还款方案和增信措施的前提下，各方当事人也会在合同中明确自新合同成立并生效之日起，原债权债务合同失效。此时，原主债权消灭，附属于原债权的从权利也将一并消灭。图示如下。

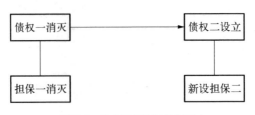

图7-3 债之更新交易结构图

对于不良资产而言，原始债权项下的担保情况决定了资产管理公司收购不良资产债权时的估值逻辑，选择债之更新的意思表示会导致原始债权资产价值逻辑发生根本变化，应当谨慎使用。如果债务人、担保人提供了新的抵、质押物，资产管理公司应当在落实新的担保措施后方可解除原有的担保措施。

债之更新情况较多发生在集团公司或关联公司可为债务人提供强担保的情况，即债务人虽然已经处于违约状态，但集团可调配资产仍较为充足，资产管理公司收购该笔债权不仅基于原担保物权和偿债能力的估值，还有在收债前经过谈判确认的新增担保资产。在这种情况下，资产管理公司可以作为新债的债权人，重新以自身作为权利人办理抵、质押登记，签署担保协议，从而保障新债的安全。

为解决实践中资产管理公司办理抵质押登记的操作障碍，中国原银监会、国土资源部《关于资产管理公司等机构业务经营中不动产抵押权登记若干问题的通知》（银监发〔2017〕20号）规定：资产管理公司收购不良资产后重组的，与债务人等交易相关方签订的债务重组协议、还款协议或其他反映双方债权债务内容的合同，可作为申请办理不动产抵押权登记的主债权合同。资产管理公司收购不良资产涉及大量办理不动产抵押权转移登记或者变更登记的，不动产登记机构要积极探索批量办理的途径和方法，切实依法规范、高效便利，为资产管理公司健康发展提供有力保障。资产管理公司收购不良资产后重组的，需要办理抵押登记以担保其债权实现的，不动产登记机构应根据当事人的申请依法予以登记。尽管政策提供了一定的保护，但在发展过程中，各地登记机关的操作仍然复杂不一，尤其是地方资产管理公司在办理抵押时可能会面临不同障碍。因此，在选择债之更新模式时应提前了解当地登记政策，防止抵押落空。

3. 新债清偿

新债清偿顾名思义是指以履行新债务从而抵偿旧债务的行为，是双方当事人协商一致建立新的债权债务法律关系，在新债务履行完毕前，旧债务依然存在，新债务履行完毕之日旧债务同时消灭。图示如下。

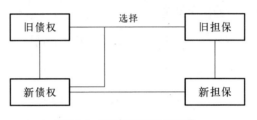

图7-4　新债清偿交易结构图

新债清偿通常发生于某一交易方市场地位较为强势的情况，为了最大限度保护其利益，可能会选择具有双重保险性质的新债清偿意思表示，在重新协商新债务的履行内容的同时，保留其对旧债务追偿的权利直至新债务履行完毕之时。在该种情况下，旧债权的担保措施并不发生减弱，即使有补充担保，债权人对旧担保依然保有权利。新债清偿的"双轨制"特征，使它得以与银行业较为常见的借新还旧"链条式"的特征区别开来。① 由于借新还旧制度下的担保可能面临失效风险，资产管理公司在选择以新债清偿方式重组债务时需关注应与借新还旧相区别。

在司法实践中，借新还旧通常具备三个要件：一是新旧贷款债权债务主体一致；二是借款人客观上有将新贷偿还旧贷的行为；三是金

---

① 《民法典担保解释》第16条规定："主合同当事人协议以新贷偿还旧贷，债权人请求旧贷的担保人承担担保责任的，人民法院不予支持；债权人请求新贷的担保人承担担保责任的，按照下列情形处理：（一）新贷与旧贷的担保人相同的，人民法院应予支持；（二）新贷与旧贷的担保人不同，或者旧贷无担保新贷有担保的，人民法院不予支持，但是债权人有证据证明新贷的担保人提供担保时以新贷偿还旧贷的事实知道或者应当知道的除外。"

融机构与借款人之间主观上存在以贷还贷的合意。①结合资产管理公司业务实际,资产管理公司以新债清偿处置资产的不具备上述三个要件。尚且不论资产管理公司并不具备贷款资质,不应存在借新贷之说,单从会计准则上判断,债务重组与借新还旧便截然不同。债务重组本就是资产管理公司处置不良资产的常用方式,通过资源调配、交换谈判砝码,从而最大限度减少不良资产损失甚至是实现盈利。在实践中,资产管理公司选择以新债清偿方式重组债务的,通常会在重组协议中明确双方的意图为重组旧债,在新债履行完毕后旧债即消灭,而非以新债之资金直接归还旧债。因此,借新还旧并不属于债务重组的范畴,与新债清偿模式下的债务更新有区别。在双方达成一致的基础上,资产管理公司也可以选择新债清偿的意思表示,双重保护债权利益。

（二）债务承担的法律要点

债务承担,是指不改变合同之债的标的和内容,由债权人、债务人通过与第三人订立转让债务或共同承担债务的协议,由该第三人承担全部或部分原债务的法律事实。

以原债务人是否继续承担债务为标准,债务承担分为免责的债务承担（债务转移）和并存的债务承担（债务加入）。并存的债务承担是指第三人加入原债务关系中与原债务人共同承担债务,而原债务人并不脱离原债务关系的债务承担方式。在资产管理公司开展债务重组业务时,往往会要求增加共同还款人或差额补足方与原债务人共同承担债务责任,该种情形一般宜认定为并存的债务承担。免责的债务承担是指第三人取代原债务人承担债务,而原债务人脱离原债权债务关系的债务承担方式。在不良资产处置中较为常见的是由第三方代偿,豁

---

① 周凯:《借用过桥资金以新还旧的同一保证人对新贷担责》,《人民司法》2015年第2期。

免原债务人义务的情形。两者区分的关键在于判断原债务人是否脱离原债权债务关系。①

1. 债务加入与债务转移的识别

当事人达成的债务承担协议是属于免责的债务承担还是并存的债务承担，需要根据各方的真实意思表示来确定。《民法典》第五百五十二条规定，第三人与债务人约定加入债务并通知债权人，或者第三人向债权人表示愿意加入债务，债权人未在合理期限内明确拒绝的，债权人可以请求第三人在其愿意承担的债务范围内和债务人承担连带债务。在具体判断时，当第三人向原债权合同关系中的债权人承诺自愿承担债务人义务的，"如果没有充分的证据证明债权人同意债务转移给该第三人或者债务人退出合同关系，不宜轻易认定构成债务转移，一般应认定为债务加入。第三人向债权人表明债务加入的意思后，即使债权人未明确表示同意，但只要其未明确表示反对或未以行为表示反对，就应当认定为债务加入成立，即债权人可以依照债务加入关系向该第三人主张权利"。②由此可见，当前的司法判例对于原债务人退出合同关系采取审慎态度，如果没有原债权人明示同意放弃追究原债务人的意思表示及相关证据，通常只能认为是债务加入，而非债务转移。

2. 债务加入与保证担保的识别

债务加入和保证担保虽然在外观表现上具有相似性，但是在法律性质上互不相同。在债务加入中，第三人与债务人共同作为偿还债务

---

① 向亮：《并存债务承担与免责债务承担的区分——重庆二中院判决甘中剑诉罗付科民间借贷纠纷案》，《人民法院报》2013年12月26日。
② 广东达宝物业管理有限公司与广东中岱企业集团有限公司、广东中岱电讯产业有限公司、广州市中册实业有限公司股权转让合作纠纷案（最高法〔2010〕民提字第153号）。

的主体，其地位是同等的，即债务加入中的"连带责任"并无主从关系，二者具有同一性；而保证责任是主债权的从权利，债务人和担保人对主债务具有明显的主从责任。从法律救济上看，法律保护保证人在履行保证责任后享有债权人对债务人的权利，有权在承担保证责任的范围内向债务人进行追偿，而债务加入并无明确的法律进行保护，取决于当事人之间的约定。从时效上看，保证担保受到保证期间与诉讼时效的双重限制，保证期间过后保证人就不再承担担保责任，而债务加入后的新债务人仅受诉讼时效制约。因此，债务承担的法律责任较之保证担保要更重。基于此原因，在司法实践中，法院对于构成债务加入的要件审查较为严格。最高人民法院在2019年的判例中指出，债务加入必须由第三人作出明确意思表示，如明确的合同约定或者明确的单方承诺等，否则不能认定构成债务加入。如果第三人只是愿意作为保证人为原债务关系的债务作出某种担保，则应当认定为第三人承担连带责任保证，而非承担并存债务的"连带责任"。①

（三）债务和解的法律要点

债务和解是债权债务双方当事人通过相互协商、互谅互让，对原始债务的内容进行更新的一系列活动，双方经过协商、谅解达成的债务和解协议属于债务更新协议的范畴。在诉讼执行程序中，双方可以申请法院对和解协议出具具有法律强制效力的司法文书，从而将债务和解上升至公权力效果。此时的债务和解在民事诉讼法律规范中具有重要的含义。常见的债务和解有诉讼调解和执行和解。

1. 诉讼调解

民事诉讼调解制度是指诉讼双方当事人在法院审判人员的主持

---

① 参见瑞安中华汇地产有限公司、北京中天宏业房地产咨询有限责任公司合同纠纷（〔2019〕最高法民终1178号）。

下,就双方存在争议的民事权利义务自愿协商并达成和解协议,由法院出具调解书解决纠纷的诉讼活动。与诉讼审判程序相比,法院调解制度更为尊重当事人的自由处分权利,通过将当事人的处分权和法院的审判权相结合,灵活解决民事纠纷。在调解过程中,为了保障调解协议的顺利履行,可以新设担保。由案外人提供担保的,人民法院在制作调解书时应当列明担保人,并将调解书送交担保人。需要注意的是,虽然担保人不签收调解书时调解书依然有效,但此时的调解书仅对债权人和债务人产生效力,担保人未签收调解书的,该调解书对案外人不产生法律效力,因此,担保条款将不具有强制执行力。综上,资产管理公司如采用调解结案需要新设担保的,应当将调解书送达至担保人并由担保人签收,以确保该等担保发生强制执行效力。

2. 执行和解

进入执行程序后,双方当事人依然可以对已经判决的双方权利义务进行和解,达成新的合意。根据《最高人民法院关于执行和解若干问题的规定》,当事人可以自愿协商达成和解协议,依法变更生效法律文书确定的权利义务主体、履行标的、期限、地点和方式等内容。执行和解协议一旦签署,双方当事人应当遵循诚实守信原则按约履行,不能随意违反和解协议约定。执行和解协议履行完毕的,人民法院作执行结案处理。但如果被执行人违反执行和解协议未能按时履约的,申请执行人可以选择申请恢复执行原生效法律文书,也可以选择就履行执行和解协议向执行法院提起诉讼。

3. 不良资产处置中债务和解的选择适用

债务和解是一个博弈的过程,通常需要双方对债权债务各项要素进行协商和妥协。对资产管理公司来说,债务和解往往需要以放弃部分债权本息或者解除部分担保措施、保全措施等条件来换取债务人、担保人尽快履约的意愿。目前大多数资产管理公司为国有控股性质，过于宽松的和解条件可能会产生损害国有资产的风险，需要从严把握。在资产管理公司评估债务和解条件时，需要结合不良债权来源分别判断：对于批量收购自行处置的债权，原则上不宜优先选择和解方式处置资产，首先应当主动催收、积极推进诉讼执行程序，当且仅当自行处置客观不行的情况下，在充分考虑收购成本、资金成本、运营成本、处置风险等基础上谨慎考虑债务和解的条件、争取谈判利益；对于转让债权收益权模式下已有投资人支付部分转让价款的情况，由于基准日后的资产风险和收益已经转由投资人承担，投资人对于是否采取债务和解方式在委托处置范围内享有决策权。资产管理公司可以提前核算每笔债权的最低处置价，在委托处置协议中明确对高于最低处置价的处置决策权归投资人所有，在该种情况下，如果投资人书面要求以不低于最低处置价的标准与债务人、担保人进行和解的，资产管理公司可以予以配合。

第六节　债　转　股

一、债转股基本概念

债转股是指债权人以其依法持有的有限责任公司或股份有限公司的债权，转为公司股权或用于增加相应注册资本金的行为。债转股是债务重组的重要方式之一，和上一节讨论的其他债务重组方式相比，由于债转股涉及目标公司股权变更，在重组深度和管理参与度上更为"伤筋动骨"，对于困境企业的影响也更为彻底。2016年10月10日，国务院多部委联合发布了《关于市场化银行债权转股权的指导意见》(简称《债转股指导意见》),要求紧密结合深化企业改革,切实降低企业杠杆率,遵循法治化原则,按照市场化方式有序开展银行债权转股权,通过建立债转股的对象企业市场化选择、价格市场化定价、资金市场化筹集、股权市场化退出等长效机制,打开我国新一轮市场化债转股的新局面。

在《债转股指导意见》颁布之前,国内的债转股实践基本以政策性为主,债转股企业的选择、转让定价、出资来源等各个环节的行为均在政府主导下进行。政策性债转股出现的目的是解决我国国有企业资产负债率过高、商业银行不良资产存量过大的问题,典型的债转股经验即是将工、农、中、建四大国有银行持有的部分对国有企业的不良贷款剥离给新成立的四大国有资产管理公司,将四大国有银行与原国企债务人之间的债权债务关系通过政策指导和定向操作转化为四大国有资产管理公司与原国企之间的股权关系,从而消灭国企债务。这一阶段的债转股具有明显的政策目的,实施范围局限于四大行持有的部分国有债权资产,着力化解当时的金融风险,避免国有资产流失。政策性债转股实施后,转股企业经营效果得到了明显改善,部分企业建立了规范的法人治理结构,国有企业高负债、负净利的局面得到了缓解,为当前新一轮的市场化债转股积累了宝贵的经验。

虽然政策性债转股在当时的历史背景下发挥了重要作用,但随着改革开放和市场经济的发展,相应的弊端和疲态也逐渐显现。政策性债转股形式大于实质,四大国有资产管理公司"阶段性持股"的操作较难维持债转股企业的持续健康发展;而经过市场化债转股过程的阵痛,优质企业经过大浪淘沙得以真正重生,从政策性到市场化的进步,激活了债转股处置方式的市场效能。本轮债转股的市场化特征主要体现在以下四个方面。

（一）实施机构市场化

《债转股指导意见》规定银行实施债权股应通过实施机构来实现，由实施机构先收购银行债权再将原银行债权转为债务企业的股权。本轮债转股的实施机构呈现类型多元、分布广泛的特征，范围包括资产管理公司、保险资产管理机构、国有资本投资运营公司等多种类型的机构，并且鼓励引入社会资本，增强实施机构的实力。

（二）转股企业选择市场化

本轮债转股的对象企业不再按照政府名单制选择，可以由银行、债务企业、实施机构根据市场化原则自主协商确定。根据《债转股指导意见》，鼓励面向发展前景良好但遇到暂时困难的优质企业开展市场化债转股，禁止将扭亏无望、已失去生存发展前景的"僵尸企业"，有恶意逃废债行为、债权债务关系复杂且不明晰的企业以及有可能助长过剩产能扩张和增加库存的企业作为市场化债转股对象。

（三）转股定价市场化

市场化债转股由银行、企业和实施机构自主协商确定债转股价格和条件。在定价时可参考股票二级市场交易价格（上市公司）或竞争性市场报价或其他公允价格（非上市公司）确定转股价格；除国有企业需前置履行国资审批程序外，债转股的定价不再需要政府批准。资产管理公司应积极探索债转股估值模型，发挥第三方专业机构作用，通过建立数据模型测算转股前后的盈利预期，构建出经得起市场检验的定价方法体系。

（四）退出方式市场化

作为不良资产处置方式之一，对于资产管理公司而言，债转股的根本目的在于盘活资产、实现盈利，避免成为长期股东。因此，在债转股方案设计初期就应当充分考虑退出机制。实践中常用的退出方式包括负债企业上市、通过新三板或区域性股权交易平台挂牌交易、股权转让、股份回购和公司清算等。①需要关注的是，如果债转股企业为上市公司的，减持退出时还应遵守限售期、减持新规等证券监管规定。

除了以上特征外，对于债转股标的企业的出资、工商变更、股东权利等事项，均须遵守《公司法》《证券法》等相关法律的规制及监管规定，遵守市场化和法治化基本原则，不再一味由政府行政行为单方主导、层层审批确定。

二、市场化债转股的法律要点

（一）收债转股模式

在收债转股模式下，银行等金融机构先将债权转让给实施机构，然后由实施机构对债务企业转股抵债。收债转股模式是在债务人与债权人当前债务关系的存量基础上进行的会计调整，是双方关系的一种重新定义。②收债转股承袭自第一轮债转股，具有较为丰富的实践经验，从法律关系上来看也较为直接。收债转股交易模式简易图示例如下。

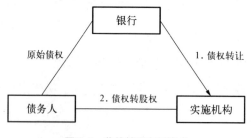

图7-5　收债转股交易模式

---

① 陈朝炜：《市场化债转股法律问题研究》，广西大学硕士学位论文，2019年，第30页。
② 李健：《市场化债转股的运作模式、实施困境与改革路径研究》，《金融监管研究》2018年第7期。

虽然收债转股模式在新一轮债转股中已非市场主流，但是在资产管理公司开展不良资产批量转让业务的过程中，由于债权转让阶段银行和资产管理公司已根据届时的不良债权评估价值进行了一次折价交易，这给后续转股环节商业谈判、折算股权、转股经营提供了一定的利润保障空间；加之目前政策对收债转股模式较为明朗，资产管理公司选择该种模式开展债转股依然是较为常见的一种形式。

（二）发股还债模式

发股还债模式是指实施机构先直接或间接①以股权投资的形式对转股标的企业增资扩股，企业取得该笔资金后用于偿还原始债务。发股还债模式是本轮债转股的主流模式。以发股还债模式开展市场化债转股的，实施机构应在协议中明确增资资金用于偿还的具体债务，并确保资金用途不违反合同约定。对银行而言，发股还债模式将取得股权和消灭债权两个法律关系分步隔离进行，有利于提高与各原始债权人协商交易条件和价格的谈判地位，减少道德风险。发股还债交易模式简易图示例如下。

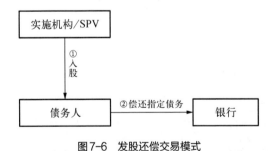

图7-6 发股还偿交易模式

在发股还债模式下，为了确保实施机构提前入股的资金可以安全退出，在实践中，实施机构往往会要求设置相应的回购或担保条款，

---

① 间接的方式较为常见的是并表基金模式，即由债转股实施主体和其他投资方共同发起设立基金，以有限合伙的形式对债务企业增资入股，之后用于偿还债务。

甚至明确约定股权退出的时限和固定收益,其外部表现与"明股实债"有相似之处。在目前的司法实践中,"明股实债"属于股权还是债权仍然存在争议,各地法院对此的判决观点不一,后文将对此法律风险作进一步分析。

(三)债转优先股模式

债转优先股模式是指实施机构将债权转换为被转股企业的优先股的模式。优先股股东可以按照约定的票面股息率优先于普通股股东分配利润。作为优先分配的条件,优先股股东在表决权方面受到一定的限制。除《国务院关于开展优先股试点的指导意见》等相关监管规定明确的核心事项以外,优先股股东不出席股东大会会议,所持股份没有表决权。由此可见,与普通股相比,优先股具有一定的债性特征,可以满足部分国有资产管理公司稳健的投资偏好,还可以有效避免"明股实债"的风险定性,具有一定的创新意义。

(四)股债结合模式

常见的股债结合债转股模式是指银行等金融机构对于违约债权的债务人,在指定债转股实施机构与其签订债转股协议的同时为该债务企业新增授信并提供综合性金融服务、降低企业杠杆率的模式。实施机构可根据不同的对象企业,通过股债结合、以股为主的方案,有条件、分阶段地实现转股、降低杠杆率。在该种模式下,处置不良债权、降低企业杠杆率只是第一步,新增授信为暂时陷入困境但具有发展前景的企业继续输血支持是第二步。股债结合交易模式简易图示例如图7-7所示。

股债结合模式的作用体现在:一是通过股权投资和债权支持的结合形成综合性方案,可以对企业进行复合型投资,合理安排股债并存,避免了"明股实债"合规性带来的疑虑;二是"股债结合"模式对

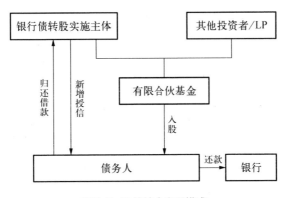

图7-7 股债结合交易模式

于债务融资结构不合理的高负债企业,可以采用低息债务替换高息债务、长期债务替代短期债务的方式进行债务结构调整,有利于企业降杠杆。[①]当前,已有多个债转股项目通过股债结合模式成功化解巨额债务[②],相关经验和教训为未来帮助更多企业调整债务结构、实现高质量发展提供了强有力的支持。但是资产管理公司不允许向企业提供借款,仅能通过受让债权的形式提升目标企业的资金流动性,不同于银行等金融机构的股债结合模式,资产管理公司可以将部分债权转让为股权,保留剩余债权及担保权利,从而既能以股东身份管理目标企业,又能给目标企业提供一定的流动性支持,定期获取固定收益。

三、不良资产债转股业务法律难点及应对

(一)债转股后的担保效力

在债转股后,债转股实施主体和债务企业通过签署债转股协议、

---

① 李健:《市场化债转股的运作模式、实施困境与改革路径研究》,《金融监管研究》2018年第7期。
② 例如,工商银行与山东黄金集团的债转股方案中包括200亿元的战略合作融资额度;陕西建工集团按照市场化原则完成债转股81.03亿元,其中资金来源包括通过向机构投资者发行永续债等企业债。

办理债权变更和股权变更相关手续,将原债权债务法律关系转变为股权投资关系,自此原主债权消灭。由于担保物权从属于主债权,一旦主债权消灭,原担保物权将不复存在。因此,在债转股后,转化为股东身份的原债权人不仅失去了要求返还原债权项下本金、利息、罚息等的请求权,还丧失了对原抵押物、质押物的优先受偿权,只能基于其持有的股份获取目标企业分红和资本增值收益。如果债转股后债务企业未能扭亏为盈,经营状况继续恶化,那么新股东不但无法追索原有的债权权利,而且除了债转优先股模式外,转为普通股的股东持有的股权收益在清偿顺序上还将劣后于一般债权。

由此可见,选择债转股方式处置不良资产的,首先应将债性思维转变为股权投资思维,真正立足于债务企业的未来发展和盈利能力。从资产管理公司对不良资产清收的目标和预期来看,转股后的收益率具有较大不确定性,且实施周期较长,而且股权投资并非大部分资产管理公司的业务所长,应积极引入产业资本,通过合作互利以债转股方式处置不良资产。同时,为缓解担保落空导致的风险,资产管理公司可以要求设置定期回购或者业绩对赌的方式保障安全退出,如果采用股债结合的模式进行债转股的,可以在债权项下设置担保措施,通过该种操作取得对抵、质押物的第一顺位抵押权或质押权。

(二)债转股交易中股份回购法律问题

债转股作为不良资产处置的一种方式,其首要目的是化解不良债务取得债权收益,不论是银行等金融机构还是资产管理公司等类金融机构,作为债权人从本质上并无持股的动力,且大多缺乏实际控制和经营目标企业的经验和能力。因此,在债转股实践中,实施机构常常会与目标企业签署股权回购协议以保障转股后及时、安全的退出。债权回购方式包括对赌型回购和定期型回购,由于对赌型回购更符合股权投资的性质，与"明股实债"存在明显的区别，在本轮债转股中得到了较为广泛的运用。根据《九民纪要》及相关司法实践，无论是资产管理公司与目标公司的股东或者实际控制人订立的"对赌协议"，还是资产管理公司与目标公司自身订立的"对赌协议"，在不存在法定无效事由的情况下，对赌协议有效。在此基础上，资产管理公司应当重点关注对赌协议满足如下履行条件。

一是履行对赌协议以不违反《公司法》强制性规定为前提。首先，公司成立后股东不得抽逃出资。在债转股项目中，实施机构办理完毕股权变更登记后，债权已转为出资计入企业权益资本，股东不得随意抽回。在操作中，建议选择远期回购交易模式，约定参照未来经营状况按照公允价格回购，在不侵犯债权人利益的前提下通常不会被认为抽逃资本金。其次，履行回购义务时不得存在减少公司注册资本、与持有本公司股份的其他公司合并、将股份奖励给本公司职工或者股东因对股东大会作出的公司合并、分立决议持异议，要求公司收购其股份等情形。

二是以目标公司完成减资程序为前提。由目标公司回购其股东的股权，实质上是一种减资行为，按照对赌协议约定的计算方式向股东返还对应的出资金额。如果投资方请求目标公司回购股权，目标公司不配合履行减资程序的，则投资方的回购请求可能无法得到支持。因此，在订立对赌回购条款时，双方可以明确约定当条件成就时，目标公司应当履行减资程序配合股权退出，否则应承担相应的违约责任。

三是目标公司业绩对赌补偿金以目标公司利润为限。投资方请求目标公司履行对赌补偿义务支付一定的金额的，如果目标公司没有利润或者利润不足以支付补偿金的，投资方将无法请求强制补偿；但是，如果目标公司后续经营状况好转产生利润后，投资方仍然可以另行提起诉讼要求补偿。因此,如果签署了业绩补偿协议而目标公司到期未能足额补偿的,投资方可以继续对企业长期经营进行跟踪管理,如果转股企业具有市场竞争力和可持续发展潜力,资产管理公司也可以用时间换空间实现盈利目的。

第七节 共益债

一、共益债业务模式

共益债投资的业务模式可以简单概括为:投资人向破产企业提供资金并引入代建代销方,在投资人聘请的第三方监管机构的监管下,由代建代销方对项目进行续建开发及销售。销售回款在扣除必要的税、费之后优先偿还投资人借款。在这一过程中,除第三方监管机构以外,通常由管理人对整个重整计划的执行履行监督职责,同时投资人对破产企业进行必要的投后监管。

二、共益债业务的法律要点

(一)共益债务的范围

对于共益债借款本金认定为共益债务不存在异议,但对于借款利息、违约金能否被认定为共益债则存在不同的判例。本书认为,因共益债借款而衍生出的利息及违约金均应被认定为共益债务并与共益债借款本金同一顺位受偿。

但为稳妥起见,仍然建议在报送债权人会议表决的重整计划草案中明确借款、利息及违约金的性质,利益及违约金的计算方式,借款用途,并在交易的系列合同中予以落实。

（二）超级优先权的取得

投资人在进行共益债投资时往往会要求共益债借款享有"超级优先权"。在破产实务中，"超级优先权"的取得方式主要有以下三种。

一是，在提交债权人会议表决的重整计划草案中明确，共益债借款为第一顺位清偿，优先于各类法定优先权、有债务人特定财产担保债权、破产费用及其他共益债。同时明确，如破产重整失败进入破产清算，共益债借款仍具有第一顺位受偿权。当重整计划经法院裁定批准，该等债权清偿顺位的约定应对全体债权人均具有法律约束力。

二是，各类法定优先权、有财产担保债权或与共益债借款相同顺位的所有债权人向投资人出具书面文件，放弃其顺位利益，同意共益债借款第一顺位受偿。

三是，管理人向法院申请，法院复函确认共益债借款的"超级优先权"。这种方法因其效力存在瑕疵，通常不建议采用。

（三）差额补足的有效性

由于SPV通常设置为有限合伙的形式，关于劣后级有限合伙人对优先级有限合伙人出具的差额补足承诺的合法性在司法实践中存在不同观点。一般认为，劣后级LP的差额补足承诺是合法有效的。

第八节 破产重整

破产重整，是指对可能或已经发生破产原因但又有挽救希望和维持价值的企业，通过对各方利害关系人的利益协调，借助法律强制进行营业重组与债务清理，以避免破产、获得再生的法律制度。

根据重整方案的不同，通常可以将重整分为存续式重整、出售式重整、清算式重整，其中以存续式重整最为常见。

一、债权人参与破产重整的法律要点

（一）保证人诉讼时效不中止、中断

债务人进入破产程序后，债权人可以同时进行债权申报和通过诉讼向担保人请求承担担保责任。[①]因此，一般认为，债务人的破产申请被受理并不会造成债权人对保证人的诉讼时效中止、中断。

（二）建设工程价款优先权的行使主体

除本书第五章中列举的符合法律规定的建设工程价款优先权行使主体外，实务中常见的主张建设工程价款优先权的主体还有以下两类。

第一类是因为转包、违法分包、借用资质等原因导致建设工程施工合同无效的，签订该无效施工合同的承包人，即平时所称的"实际施工人"。一般认为其不能成为优先权行使的主体。

第二类是总承包人、施工承包人的建设工程价款债权的受让人。一般认为工程款债权转让的，建设工程价款优先受偿权应一并转让。但在实务中，在法律法规、司法解释对此没有作出明确规定前，仍然应当根据各地法院的裁判观点进行相应的价值判断。

（三）滞纳金

对于债务人在破产申请受理前产生的包括未履行生效法律文书应当加倍支付的迟延利息和劳动保险金的滞纳金在内的所有欠缴款项产

---

① 《民法典担保制度解释》第二十三条第一款：人民法院受理债务人破产案件，债权人在破产程序中申报债权后又向人民法院提起诉讼，请求担保人承担担保责任的，人民法院依法予以支持。

生的滞纳金，应可以类推适用法释〔2012〕9号[①]批复，即将该等滞纳金认定为普通债权。

二、投资人参与破产重整的法律要点

（一）未知债权风险及化解

未知债权主要包括迟延申报债权和新增债权两个方面。迟延申报债权指的是债权人未在债权申报期内及时申报，但经补充申报可以在重整计划执行完毕后按照重整计划规定的同类债权的清偿条件受偿的债权。新增债权则主要存在于预重整程序中，由于预重整并非正式的司法程序，法院裁定破产重整后，管理人仍须按照破产法的规定发布公告，通知所有债权人申报债权。这时，预重整受理之日至破产重整受理之日的新增利息和破产重整受理后新增申报的债权将共同构成预重整方案制定后的新增债权。

前述新增债权如果经管理人审查、债权人会议核查通过并经法院确认，自当可以根据重整计划进行受偿。而对于迟延申报债权，根据《企业破产法》第九十二条的规定[②]，也可以按照重整计划规定的同类债

[①]《最高人民法院关于税务机关就破产企业欠缴税款产生的滞纳金提起的债权确认之诉应否受理问题的批复》青海省高级人民法院：你院《关于税务机关就税款滞纳金提起债权确认之诉应否受理问题的请示》（青民他字〔2011〕1号）收悉。经研究，答复如下：
税务机关就破产企业欠缴税款产生的滞纳金提起的债权确认之诉，人民法院应依法受理。依照企业破产法、税收征收管理法的有关规定，破产企业在破产案件受理前因欠缴税款产生的滞纳金属于普通破产债权。
对于破产案件受理后因欠缴税款产生的滞纳金，人民法院应当依照《最高人民法院关于审理企业破产案件若干问题的规定》第六十一条规定处理。
此复。
[②]《企业破产法》第九十二条：经人民法院裁定批准的重整计划，对债务人和全体债权人均有约束力。
债权人未依照本法规定申报债权的，在重整计划执行期间不得行使权利；在重整计划执行完毕后，可以按照重整计划规定的同类债权的清偿条件行使权利。
债权人对债务人的保证人和其他连带债务人所享有的权利，不受重整计划的影响。

权的清偿条件行使权利。但对于投资人而言，这些债权在其制定投资方案、重整计划（预重整计划）草案时都是未知的。因此，当这些债权出现时，必然会导致投资额的增加或预计受偿率的降低。

因此，针对预重整程序中可能产生的新增债权，投资人可以在磋商阶段与债务企业和债权人等达成一致，并要求管理人在后期的重整计划草案中明确，锁定投资人的重整对价总额不变，如正式受理破产重整后债权金额发生变化的，则由管理人根据实际债权金额核算确定最终的债权清偿比例。

针对迟延申报债权，投资人常见的做法是要求管理人在重整投资款中预留部分资金，待一定期限后再进行最后分配。对于债务暴露充分的破产企业，该方法基本上可以实现风险规避的效果。但对于债务暴露不充分的破产企业，仍然存在预留资金不足以全额覆盖迟延申报债权的风险。诚然，当存在联合投资人时，可以要求联合投资人中的一个或数个承担兜底责任以确保部分联合投资人的利益。但作为联合投资人整体来看，增加出资的风险并未从实质上予以解决，这也是常规的存续式重整无法解决的问题。

（二）税务风险及化解

若重整方案中确定的债务清偿方案为部分清偿的，则自法院批准重整计划后，债务人因破产程序而豁免了部分债务。根据《企业会计准则解释第5号》的规定[1]，债务企业依法免除的债务部分，被视为企业所得，应当缴纳企业所得税。若债务企业经审计调整的坏账损失、未

---

[1] 《财政部关于印发企业会计准则解释第5号的通知》第6条：企业接受代为偿债、债务豁免或捐赠，按照企业会计准则规定符合确认条件的，通常应当确认为当期收益；但是，企业接受非控股股东（或非控股股东的子公司）直接或间接代为偿债、债务豁免或捐赠，经济实质表明属于非控股股东对企业的资本性投入，应当将相关利得计入所有者权益（资本公积）。

弥补的亏损等不足抵偿豁免债务的,则投资人在接收债务企业后,将面临被征收高额债务重整收益税金的风险。

在经过测算认为可能被征收重整收益税金的情形下,尽管投资人可聘请专业机构进行税务筹划,但在税务稽核趋严的当下,仍然存在较大的法律风险。在此种情形下,宜通过与当地税务部门沟通争取到税收优惠政策来规避风险。

(三)闲置土地风险及化解

根据《闲置土地处置办法》第二条的规定,闲置土地是指国有建设用地使用权人超过国有建设用地使用权有偿使用合同或者划拨决定书约定、规定的动工开发日期满1年未动工开发的国有建设用地。已动工开发但开发建设用地面积占应动工开发建设用地总面积不足1/3或者已投资额占总投资额不足25%,中止开发建设满1年的国有建设用地,也可以认定为闲置土地。

如果在尽职调查过程中发现目标企业的土地符合闲置土地的认定标准,首先需要进一步调查形成闲置土地的原因,如果符合《闲置土地处置办法》第八条①规定,属于政府、政府有关部门的行为造成动

---

① 《闲置土地处置办法》第八条:"有下列情形之一,属于政府、政府有关部门的行为造成动工开发延迟的,国有建设用地使用权人应当向市、县国土资源主管部门提供土地闲置原因说明材料,经审核属实的,依照本办法第十二条和第十三条规定处置:
(一)因未按照国有建设用地使用权有偿使用合同或者划拨决定书约定、规定的期限、条件将土地交付给国有建设用地使用权人,致使项目不具备动工开发条件的;
(二)因土地利用总体规划、城乡规划依法修改,造成国有建设用地使用权人不能按照国有建设用地使用权有偿使用合同或者划拨决定书约定、规定的用途、规划和建设条件开发的;
(三)因国家出台相关政策,需要对约定、规定的规划和建设条件进行修改的;
(四)因处置土地上相关群众信访事项等无法动工开发的;
(五)因军事管制、文物保护等无法动工开发的;
(六)政府、政府有关部门的其他行为。
因自然灾害等不可抗力导致土地闲置的,依照前款规定办理。"

工开发延迟的国有建设用地的,则应当立即协同管理人向市、县国土资源主管部门提供土地闲置原因说明材料,经审核属实的,应当及时与市、县国土资源主管部门协商确定处置方案。根据《闲置土地处置办法》第十二条的规定,处置方式主要有以下六种:(一)延长动工开发期限。(二)调整土地用途、规划条件。(三)由政府安排临时使用。(四)协议有偿收回国有建设用地使用权。(五)置换土地。(六)市、县国土资源主管部门还可以根据实际情况规定其他处置方式。

如果是因为土地使用权人自身原因导致的,则需要区分已开发和未开发进行处理。对于已动工开发但开发建设用地面积占应动工开发建设用地总面积不足1/3或者已投资额占总投资额不足25%,中止开发建设满1年的国有建设用地,也可以按照《闲置土地处置办法》第十二条的规定与市、县国土资源主管部门协商确定处置方案。

对于未动工开发的,则需要根据《土地使用权出让合同》等材料确定闲置时间。如果闲置时间不满2年,在缴纳相当于土地出让或者划拨价款的20%的土地闲置费后,仍然可以继续开发。但如果闲置时间超过2年的,市、县国土资源主管部门报经有批准权的人民政府批准后,有权无偿收回国有建设用地使用权。

尽管根据《最高人民法院第一巡回法庭关于行政审判法律适用若干问题的会议纪要》第二十七条的规定,对于法院查封之前闲置已经超过两年的土地,作出无偿收回土地使用权决定的市、县人民政府应当函请有关人民法院依法及时解除查封。人民法院及时解除查封的条件应当是,政府向债权人支付相应的债务及利息款项,结清查封土地上的债务。但一般而言,无论从该会议纪要的性质上还是从其引用的地方性法规的具体规定上看,都不足以化解闲置土地被无偿收回的风险。

综上,对于闲置土地,除了因使用权人自身原因未开发且闲置超过2年的情形以外，只要能与国土资源主管部门协商一致，投资人参与重整投资的资产基础仍然存在，所需考虑的只是额外的资金成本及时间成本。

但如果目标企业的建设用地因自身原因未开发且闲置超过2年，则不可避免地存在被无偿收回的风险。而且只要国土资源主管部门认定闲置土地的程序合法，建设用地使用权人无法在目前的法律法规中找到有效的救济途径。

第九节 资产证券化相关法律问题

一、不良资产证券化的基本概念

2005年，我国首单资产证券化项目——中国联通CDMA网络租赁费收益计划落地，但不久后的2008年，由于遭遇国际金融危机，我国刚刚起步的资产证券化业务重被叫停。直到2012年，人民银行和原银监会、财政部联合发文扩大信贷资产证券化的试点工作，才逐步恢复和放宽了资产证券化业务。当前资产证券化产品的主要模式包括以央行和原银监会主导和监管的信贷资产证券化、由证监会主导和监管的企业资产证券化和由银行业交易商协会主导的资产支持票据（ABN）。

不良资产证券化是以不良债权和资产作为底层资产的一种信贷资产证券化模式，是指以不良资产清收回款或衍生价值所产生的现金流作为基础资产而发行资产支持证券的一项业务。2016年，中国银行间交易商协会发布《不良贷款资产支持证券信息披露指引（试行）》（简称《信息披露指引》），明确要求不良贷款的范围应当符合法律法规规定，具备权属明确且能够产生可预期的现金流或通过执行担保获得收入的基本特征，并对不良资产支持证券的发行环节、存续期内定期及重大事件发生时的信息披露义务以及评价与反馈机制进行了规定。该文件是我国第一部专门针对不良资产证券化的操作指引，补充了不良资产证券化业务在专业监管和行业性自律方面依法合规、规范运作发展的监管空白，为进一步完善不良资产证券化业务规则奠定了基础。

从当前实践来看，我国的不良资产证券化采取的是信托模式。在中国境内开展不良资产证券化，通常由商业银行或其他经监管部门认定的金融机构作为发起机构，将筛选入池的不良贷款资产委托给信托公司设立财产权信托，受托机构向投资者发行以信托财产为支持的资产支持证券。交易结构图如图7-8所示。[①]

根据图7-8，不良资产证券化业务流程中的主要参与主体包括但不限于以下4种。

（1）发起机构/贷款服务机构。如银行作为发起机构的，通常也承担贷款服务机构的角色，即在建立不良债权资产池信托给受托机构后，银行仍需承担不良资产清收责任。随着试点入围机构的增加，资产管理公司也开始在不良资产证券化领域逐步扮演起更重要的角色。2020年12月15日，中国东方资产管理股份有限公司在全国银行间市场成功发行"东元2020年第一期不良资产支持证券"，发行规模达9亿元，其中优先档对外募集，规模达6.3亿元，票面利率达4.75%。[②]该产品为新一轮不良资产证券化试点以来资产管理公司发起的首单不良资产证券产品。

---

① 图片来源于《不良贷款资产支持证券信息披露指引（试行）》附件。
② 《中国东方成功发行不良资产支持证券》（2020年12月24日），中国东方资产管理股份有限公司官网，http://www.coamc.com.cn/dfkx/jtyw/202012/t20201224_56535.html，最后浏览日期：2023年3月15日。

第七章 不良资产业务中的法律要点 | 321

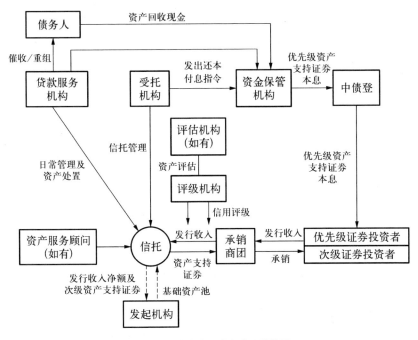

图7-8 不良资产证券化交易结构图

（2）受托机构/信托公司。在目前的不良资产证券化操作中，主要由信托公司扮演不良资产证券化程序中的受托机构角色。发起机构与受托机构签署《信托合同》，将不良资产债权委托给信托公司设立专项不良资产证券化信托，受托机构以此发行以信托财产为支持的资产支持证券，募集资金交付至发起机构。基于信托本身的破产隔离属性，该种操作通过将原基础资产转换为信托财产，可以实现与原始债权人资产相互独立，以特定目的信托（Special Purpose Trust）的方式实现了财务出表和破产隔离。

（3）承销商。受托机构可以与发起机构、主承销商签署《承销协议》，约定由承销商对资产支持证券进行销售。承销商负责债务融资工具的承销与发行、对企业进行尽职调查、协助和督促企业信息披露、督促按时兑付债务本息等职责。在信贷资产证券化中，承销商通常由商业银行或者券商担任。2012年,银行间交易商协会发布了专项服务规则[①],其中对承销商的职责作了具体规定,要求承销商遵守银行间债券市场中介服务自律和监管规则,保护投资者合法权益。

(4)资金保管机构。为保证证券化产品基础资产的资金安全,与发起机构及其他参与方的资产相互独立、实现隔离,需要指定一家专门的资金保管银行为信托受益人的利益对相关资产进行保管并监督信托计划的运作。资金保管行以信托公司的名义开立独立的人民币信托专用账户,基础资产项下产生的清收回款、费用支付、资金分配等所有资金往来均需通过信托专用账户发生,资金保管机构定期对证券化项目信息进行报告,不得违规擅自划转资金或与参与方通谋危害资金安全。

资产管理公司既可以成为发起机构/贷款服务机构,也可以作为证券投资者的身份认购优先级或次级证券份额。以资产管理公司认购某银行信贷不良资产证券化次级份额为例:本期资产支持证券由受托机构面向全国银行间债券市场机构以簿记建档方式公开发行,基础资产类型为信用卡个人消费类不良贷款。某银行作为发起机构将根据人民银行和中国银行保险监督管理委员会相关规则持有不低于本期资产支持证券各档资产支持证券发行规模的5%,且持有期限不低于各档次资产支持证券存续期限;某信托公司作为受托机构将于信托财产交付日向发起机构支付优先档资产支持证券、次级档资产支持证券的募集资金净额。资产管理公司认购该不良资产支持证券化产品时应关注是否满足以下条件。

(1)项目交易结构符合《信贷资产证券化试点管理办法》等相关

---

① 详见《银行间债券市场非金融企业债务融资工具中介服务规则》(中国银行间市场交易商协会公告〔2020〕13号)。

法律、行政法规及部门规章、规范性文件的规定，交易文件（包括《主定义表》《信托合同》《服务合同》《资金保管合同》《主承销协议》等）以及其他必要文件合法有效。

（2）已取得中国人民银行对发起机构和受托机构注册发行该不良资产支持证券的许可并完成备案，在银行业信贷资产登记流转中心有限公司完成本期资产证券化产品的初始登记。信托公司作为受托机构就本项目的关联交易已向中国银行保险监督管理委员会进行报告。

二、不良资产证券化业务的法律要点

（一）发行以不良贷款作为基础资产的特殊披露要求

不良贷款是次级、可疑或者损失类贷款，通常已经逾期或者违约，贷款本息将面临部分甚至全部损失，债务人往往丧失或基本丧失履约能力。因此，与其他证券化产品相比，不良贷款的未来现金流具有较强的不确定性，需要对投资者进行充分的信息披露。为此，《信息披露指引》对以不良贷款作为基础资产的证券化发行过程和产品要求有针对性地作出了具体披露要求。其中，信息披露的义务主体包括受托机构、发起机构和中介机构，信息披露平台包括交易商协会信息披露服务系统、中国货币网、中国债券信息网、北京金融资产交易所网站及交易商协会认可的其他方式，信息披露内容包括但不限于以下方面。

1. 严格不良贷款入池资产筛选标准及资产保证的披露义务

基础资产筛选标准包括债权合法有效性、贷款分类情况、贷款币种、单个借款人在发起机构的所有贷款是否全部入池等，并明确入池每笔贷款在初始起算日和信托财产交付日的状况。若有未全部入池的资产，应披露未入池资产的相关信息，可包括相应资产的未入池资产未偿本金余额、抵质押物是否重合（若有重合的应披露相应抵质押物顺位）等情况。对于不符合筛选标准的资产应予以赎回，或不能入池。例如，较为常见的以银行信用卡不良贷款为基础资产的资产支持证券，需要披露当期资产支持证券的基础资产是发起机构合法持有的信用卡不良债权，并披露发起机构审核发放信用卡的依据、入池资产中无抵押担保的不良债权占比等。

2. 对不良贷款基础资产总体信息进行充分披露

包括入池资产笔数、金额、期限、资产抵（质）押情况、借款人基础信息等，在填写发行说明书时需要对以上事项进行量化披露。例如，需要填写预计回收总额、单一借款人最高预计回收额、加权平均逾期期限、加权平均初始抵（质）押率、自然人借款人加权平均年龄/收入等等数据。《信息披露指引》实际沿用了原注册制下信息披露指引的格式及配套表格体系，使得其兼具了审批及注册制下信息披露的双重特征，在保护投资人的合法权益基础上，增强了市场的透明度。①

3. 对不良资产收益测算的动态披露要求

由于不良贷款回收情况的不确定性较强，一般投资者通常无法就每一笔债权自行尽调和评估，因此需要通过披露基础资产预计回收率分布信息、预计回收情况以及律师、会计和评级等中介机构的意见，协助判断和预测实际可回收金额。《信息披露指引》要求，在发行阶段发起机构和受托机构需披露基础资产的尽职调查程序及方法、资产评估程序及回收预测依据，在存续期内由受托机构定期提供受托报告，持续披露不良贷款处置状态分布、处置中以及本期处置完毕的贷款情

---

① 中债资信ABS团队（陈卓、伦杭、王夏妮、吕明远）：《中债资信：揭开不良贷款资产支持证券信息披露指引的面纱》（2016年4月20日），中国经济网，http://finance.ce.cn/rolling/201604/20/t20160420_10661404.shtml，最后浏览日期：2023年3月15日。

况并预计资产池未来表现。在发生可能对不良资产支持证券投资价值有实质性影响的临时性重大事件时，受托机构须在事发后三个工作日内进行披露并向交易商协会报告。在受托机构充分履行信息披露义务的前提下，投资者可以理性判断不良贷款资产支持证券的风险，减少因信息不对称造成的投资风险和损失。

（二）不良资产证券化的信用增级问题

所谓信用增级，是指在资产证券化交易结构中由增信方与被增信方通过合同安排提供信用担保，从而降低证券化产品的不确定性和风险程度。信用增级可以采用内部信用增级和外部信用增级的方式。常见的内部信用增级方式包括超额抵押、资产支持证券分层结构、现金抵押账户和利差账户等方式。外部信用增级则包括备用信用证、担保和保险等。

1. 优先/劣后结构设计

优先/劣后安排是证券化项目中最常见的内部信用增级安排。根据项目安排的各档级证券本金/利息的受偿先后顺序，劣后受偿档级的投资者为优先档级投资者提供信用增级。信用增级的实现方式是在出现损失的情况下，从资产池回收的资金将会按照事先约定的现金流支付顺序支付，排序在最后顺序受偿档级的投资者将先承担最初的损失。根据风险收益对等原则，优先级证券享受固定票面利率，按照约定的固定收息日分配优先级收益；劣后级证券不设票面利率，主要收益来源于基础资产的超额收益，取决于基础资产本身可挖掘的市场价值。在不良资产领域，发起机构对基础资产最为了解，可以对证券化产品的市场价值作出更为清晰的预测。为了平衡风险和收益，在不良资产证券化项目中，发起机构及原始债权人常常会自持部分劣后级证券，用以保留获取相应的超额收益机会。

2. 超额抵押

超额抵押是指在不良资产证券化交易中，入池资产价值超过资产支持证券票面价值，该部分差额用于证券化资产或有损失的补充。也就是说，在打包不良资产入池时其应收账款余额通常高于证券发行额，该折让部分作为超额抵押，如果证券发生损失时先由超额抵押部分进行扣除。因此，在大部分情况下，超额抵押实质上是一种权利质押行为。[①]

3. 设置违约事件触发机制

违约事件触发机制又叫信用触发机制，也是不良资产证券化项目重要的信用增级措施。一旦触发与资产支持证券兑付相关的违约事件，将导致基础资产现金流支付机制的重新安排。如果违约事件被触发，则信托专户项下的资金不再转入流动性储备账户，而是在支付有关税费、报酬以后提前直接用于按顺序偿付优先档资产支持证券的利息和本金、劣后级证券的本金，其余分配给劣后级证券持有人，从而改变原始优先级和劣后级证券持有人的受偿节奏。

（三）基础资产的隔离效力

在不良资产证券化信托模式下，在基于契约构建的信托法律关系中，作为信托财产委托给受托机构的基础资产具有独立性。信托是指委托人基于对受托人的信任，将其财产权委托给受托人，由受托人按委托人的意愿以自己的名义，为受益人的利益或者特定目的进行管理或处分的行为。在财产权信托中，商业银行等发起机构需要将不良债权应收账款打包转让给信托公司，以实现"交付财产"的权利外观要求，转让后的债权资产及受托人因管理、运用、处分应收账款债权取得的财产均为信托财产。《信托法》规定，信托财产与委托人未设立信

---

① 刘慧：《资产证券化规则解析及业务指引》，法律出版社，2018年，第62页。

托的其他财产相区别，该种独立性是信托法律制度的灵魂与核心。

在信托模式下，基础资产自原始权利人处让渡至受托机构时需要达到"真实销售"的效果，即要求在资产转让时需要满足意思表示真实、交易价格公允、资产交割清晰的要求。特别是在不良资产证券化交易过程中，发起机构在交付转让基础资产后往往还会担任资产服务机构的角色，继续负责债权的清收、归集、转付，此时需要对基础资产的交割行为进行清晰约定，防止被认为未能"真实销售"。因此，投资人所持有的证券价值与发起机构自身财产已经发生了分离，投资机构通常不能向发起机构进行追索。

第十节　个人不良贷款收购与处置

一、个人不良贷款管理概述

个人贷款业务是为满足个人的日常消费和生产经营需求而向自然人发放的贷款。随着经济体制改革的深入、市场经济体系的不断完善、居民消费和创业需求的提高，个人贷款业务呈现规模增长迅速、产品种类日益丰富、借款主体和借款途径的选择空间扩大等特点。

传统的贷款由银行主导，并作为特许经营业务而一度处于完全垄断地位。在银行的个人贷款业务已无法满足日益增长的个人贷款市场需求时，小额贷款公司应运而生。而互联网行业的蓬勃发展，催生了以互联网技术为核心的互联网金融，网络借贷平台如雨后春笋般出现。由此，在线下的实体个人借贷市场外又形成了庞大的线上借贷市场。个人贷款业务包括个人经营性贷款、个人消费类贷款、个人信用贷款、个人住房贷款、个人质押贷款等多个业务品种。

由于社会信用体系的不健全、个人信用监控制度的缺乏、行业竞争激烈和风险管理机制的不完善等问题，个人贷款业务中的风险资产日益严重。随着个人贷款业务总量，尤其是信用类个人贷款如消费贷款、信用卡业务的持续攀升，信贷机构的不良贷款余额和比率也呈现了明显的上升趋势。对个人不良贷款的管理成为借贷机构普遍关注的重点领域，目前仅银行金融机构体系内的个人不良贷款规模已经超过万亿元。

出于社会稳定因素的考虑，监管部门对个人不良贷款的处置方式进行严格管制，信贷机构只能依靠自身的力量化解，处置清收方式以核销剥离和第三方催收机构的委托催收为主，少量银行对个人不良贷款进行单户对外转让，或采取个人不良贷款的资产证券化，但至今也仅是小众领域，规模较小。

二、个人不良贷款的交易现状

2021年1月7日原银保监会印发的《关于开展不良贷款转让试点工作的通知》（银保监办便函〔2021〕26号），正式开启了个人不良资产批量转让的业务领域，万亿元的庞大市场被激活，成为不良资产行业里的业务新宠，吸引着大批市场投资者跃跃欲试。

银保监办便函〔2021〕26号文件的试点工作有序开展，取得了良好的市场反响和积极效果。在此基础上，原银保监会于2022年12月29日印发了《关于开展第二批不良贷款转让试点工作的通知》（银保监办便函〔2022〕1191号），将试点工作时间延续至2025年12月31日，同时将试点的机构范围和机构类型予以大幅度拓宽。

因此，截至2022年底，个人不良贷款市场已形成了较为清晰的格局，主要分为两大类。

第一类为金融机构持有的个人不良贷款,机构类型覆盖银行、信托公司、消费金融公司、汽车金融公司、金融租赁公司,可转让的不良贷款类型限于个人消费信用贷款、信用卡透支、个人经营类信用贷款。金融资产管理公司和地方资产管理公司(以下合称"资产管理公司")、金融资产投资公司属于有限的、适格的受让主体,可以直接对上述不良贷款进行批量收购。但地方资产管理公司在开展业务前,仍需满足一定的要件,包括经营管理状况较好、主营业务突出、监管评价良好,并再次获得监管部门的业务资质认可,即须取得省级地方金融监督管理局出具的同意文件。资产管理公司收购个人不良贷款后,处置手段仅限于诉讼追偿、债务展期、重组等自行清收方式,不得再次对外转让。

为促进金融个人不良贷款业务的健康、有序开展,也便于监管部门进行规范管理和有效监督,目前的交易场所限定于银行业信贷资产登记流转中心(简称"银登中心")。银保监办便函〔2021〕26号和银保监办便函〔2022〕1191号文发布之后,银登中心均同步出台了相应的配套实施制度。2023年1月18日,银登中心发布了《银行业信贷资产登记流转中心不良贷款转让业务规则(银登字〔2023〕1号),就金融个人不良贷款的监管政策进行解答并对交易流程进行了明确规定。也即,只有按照银登中心公布的业务操作规则和流程实施的金融个人不良贷款的转让交易才具有合法合规性。

第二类为以小额贷款公司为主的非金融机构持有的个人消费不良贷款。小额贷款公司未持有金融监管部门发放的金融牌照,不受金融监管部门监管,不属于金融机构。因此,小额贷款公司持有的个人不良贷款的转让不受银保监办便函〔2021〕26号和银保监办便函〔2022〕1191号文件的约束,可面向市场自由转让。一些规模较大的经营网络贷款的小额贷款公司(简称"互联网小贷公司"),在业务经营过程中已与固定的第三方催收机构建立长期、稳定的合作关系，甚至可能已建立了自己的催收机构，已经形成了较为成熟的清收体系。

基于对催收机构清收经验的信赖、长期合作建立的信任，以及防止因债权转让和受让方不当清收可能引发的与债务人之间的矛盾对自身利益的损害和声誉影响等风险，若资产管理公司受让小额贷款公司的个人不良贷款的，小额贷款公司一般要求资产管理公司承继其与清收机构已建立的委托清收关系。先前的清收机构继续进行清收处置，资产管理公司还须向清收机构支付一定比例的清收费用。

与对公不良贷款市场中"价高者得"的竞价规则不同的是，非金融机构在选择受让人时往往不以价格为唯一的决定要素，交易方的资信情况占据了较大比例，包括但不限于交易方在个人不良贷款行业的业务经验、催收经验及实际运营能力、内控及合规要求等。在资产管理公司介入个人不良贷款业务之前，市场上已经活跃了大批的专业的个人不良贷款的清收处置机构，他们在清收经验、技术和手段上更加丰富和先进，这使得资产管理公司在非金融机构出让的资产包转让市场上不再具有明显的优势和竞争力。

三、资产管理公司在经营个人不良贷款业务中的法律要点

1. 关于不良贷款真实性和合法性的尽职调查

与对公贷款类不良资产相比，个人不良贷款存在单笔金额小、债权户数多、债务人分散等特点，因而市场上主要的个人不良贷款资产包中的债权数量都在数百户以上，甚至多达万户以上。转让方基于个人信息保护和数据保密、交易时间的紧迫性，以及互联网小贷公司的基础债权以信息化的方式予以保存和管理等各方面综合因素，资产管理公司可能在尽职调查中无法及时取得完整、全面、准确基础债权的

交易文件，因而无法达到对全部个贷不良资产债权按照真实性、合法性、有效性进行完整确定的尽职调查要求。尽职调查采取抽样方式，不可避免地会发生个别要素无法甄别的情形，如债权主体的合法性、不良贷款业务类别的全覆盖、诉讼时效等。因此，收购后的二次尽调或不定期的债权梳理成为资产收购后必需的一项管理工作。

2. 关于债权转让通知

债权转让后，转让方须向债务人履行通知义务，债权转让自债务人知晓债权转让的事实后方对债务人发生效力。个人不良贷款资产包中的债权户数众多，邮寄通知、公证通知甚至即使是报纸公告通知的方式，在实践操作中不仅成本巨大、效率低下，且可能涉及对自然人个人信息的侵犯。

原银保监会下发的两份试点文件均强调了对于贷款主体的个人信息保护要求。银保监办便函〔2022〕1191号文件要求出让方在不良贷款流转过程中应根据《个人信息保护法》处理个人信息不良，"在转让贷款后采取合理手段及时通知债务人（含担保人），债务人明确知晓后即可视为已履行告知义务。对于失联的债务人，可采取公告方式履行告知义务"。根据《个人信息保护法》的规定，个人信息处理者能够处理个人信息的情形主要包括取得个人同意，履行合同义务或法定义务，或基于个人权益维护、社会公共利益或个人信息已经处于公开状态等几种。[①]

[①] 《中华人民共和国个人信息保护法》第13条：符合下列情形之一的，个人信息处理者方可处理个人信息：（一）取得个人的同意；（二）为订立、履行个人作为一方当事人的合同所必需，或者按照依法制定的劳动规章制度和依法签订的集体合同实施人力资源管理所必需；（三）为履行法定职责或者法定义务所必需；（四）为应对突发公共卫生事件，或者紧急情况下为保护自然人的生命健康和财产安全所必需；（五）为公共利益实施新闻报道、舆论监督等行为，在合理的范围内处理个人信息；（六）依照本法规定在合理的范围内处理个人自行公开或者其他已经合法公开的个人信息；（七）法律、行政法规规定的其他情形。依照本法其他有关规定，处理个人信息应当取得个人同意，但是有前款第二项至第七项规定情形的，不需取得个人同意。

在实际操作中，履行义务所必须达到的程序、如何确定债务人已明确知晓、如何界定债务人已经确实失联等问题，尚未形成确定的法律判断标准，存在较大的主观性。如何在妥当保障个人信息的同时，又能充分履行告知义务，成为受让方须谨慎考虑的操作要点。

根据小额贷款公司的先行催收经验，科技手段将成为不二选择，转让方通过信贷机构的APP界面提示方式通知至债务人，可以实现通知工作的批量化，既快捷经济，也便于佐证，并避免泄露个人信息。

3. 关于不良贷款的清收处置方式

两份试点文件都明确了资产管理公司收购个人不良贷款资产后，只能进行自行清收，如诉讼追偿和债务重组等方式，不得再次转让。而银保监办便函〔2022〕1191号文件对于处置手段提供了更加具体的依据规则，即可以《个人贷款管理暂行办法》为参照。[①]《个人贷款管理暂行办法》对个人贷款的展期条件作出明确规定，"一年以内（含）的个人贷款，展期期限累计不得超过原贷款期限；一年以上的个人贷款，展期期限累计与原贷款期限相加，不得超过该贷款品种规定的最长贷款期限"。

因此，资产管理公司在受让个人不良贷款后，如采取展期方式进行债务重组的，并非不受限制，而应当继续遵循原贷款合同及监管部门对于个人贷款期限的要求。

4. 关于个人信息保护和数据安全

随着《数据安全法》和《个人信息保护法》的陆续出台，伴随着早已实施的《网络安全法》和《民法典》，个人信息保护和数据安全成

[①]《中国银保监会办公厅关于开展第二批不良贷款转让试点工作的通知》（银保监办便函〔2022〕1191号）第二条：资产管理公司受让不良贷款后，可参照《个人贷款管理暂行办法》（中国银行业监督管理委员会令2010年第2号）及其他有关规定，采取诉讼追偿、债务展期、重组等多种方式进行处置，不得再次对外转让。

为大数据时代的重要命题，也贯穿个人不良贷款的收购、管理和处置的全过程。概括而言，可包括以下几方面。

在数据安全及规范方面，资产管理公司需明确全量数据不出域和数据有限交互两大基本原则，采取适当的、必要的措施确保系统安全，防止数据的泄露和不当使用。

在数据管理方面，根据数据信息的不同保密级别，设置不同的数据使用规则和权限，建立数据合规制度。尤其是关于债务人的基本信息情况等重要、敏感性数据信息，采取严格的安全保障措施，使得个人信息数据只能于系统中进行使用，未经决策程序，不可被复制、加工、传输、更改、公开或者删除。

在清收处置过程中，通过系统设置对债务人的信息实施脱敏处理，使实际从事清收的人员无法直接获得债务人的具体信息，在数据完全不可见的情况下利用处置管理系统进行智能化催收作业。

第十一节　远期不良资产收购业务

一、远期不良资产收购基本概念和交易结构

远期不良资产业务是资产管理公司依托不良资产管理及处置的专业能力，应申请人的要求，向债权人出具《承诺函》或签订相关协议的形式，承诺在出现指定的收购条件时无条件以确定价格收购债权，并提供资产估值、运行监管、风险监测、不良处置等风险管理服务，根据服务事项收取一定报酬的业务。远期不良资产收购业务具有占用资金少、收益高、产生效益快等特点，在不同的经济形势下，与历史金融不良资产收购处置形成一定的互补关系。

远期不良资产收购业务是资产管理公司主业经营的表外延展,服务内容需着眼于金融风险的预防和化解、保障金融机构债权或管理资产如期得到偿付或兑付,重点关注底层资产变现价值及保值、增值相关管控措施,通过提前介入并全程管控具有较好资产价值的交易对手及项目,提前制定具备操作性的处置预案。一旦债权逾期出现实质性违约,资产管理公司立即对债权进行清收。如在约定的清收期间内未能足额实现清收回款的,按照远期不良资产收购协议约定收购该不良债权,成为标的债权新的债权人。其交易结构图如下。

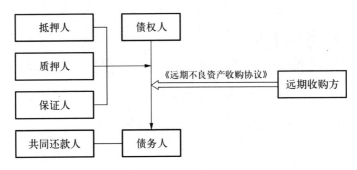

图7-9 远期不良资产收购业务交易结构图

在以上交易结构中,应重点关注以下6个方面。

1. 基础债权的真实性和合法性

基础债权是指转让方依法合规持有并真实存续的对融资方的债权。对于已经存续的债权,应当通过尽调、专项审计等方式确认债权的真实有效性,如果资产管理公司在债权形成环节已前置介入的,应当对债权形成的全部交易背景、交易文本、交易凭证、交易路径和交易条件共同审查和落实,确保债权源头真实有效、合法合规。

2. 严格债权持有方的准入

为保障债权的安全性和合法合规性,原则上远期不良资产收购协议中标的债权的转让方应为原银保监会、证监会直接监管的持牌金融机构,以及由原银保监会或证监会制定监管规则、各地方金融监管部门负责日常监管的各类地方金融组织，通常包括商业银行、信托公司、证券公司、地方金融组织等，谨慎介入债权人为非持牌机构的债权管理业务。

3. 合理设计业务服务费用

在金融借款合同中，借款人认为金融机构以服务费、咨询费、顾问费、管理费等为名变相收取利息，金融机构或者由其指定的人收取的相关费用不合理的，相关费用或不被司法支持或者酌减。开展远期不良资产收购业务时，资产管理公司需要前置介入实质管控底层资产，在管控过程中所开展的资产估值、运行监管、风险监测、不良处置等风险管理服务与以此收取的费用必须质价相符，如果相关服务未实际提供、服务内容没有针对性、服务没有实质性内容，或者服务方案大幅雷同的，都可能被认为质价不符。

4. 明确约定风险处置期

与相关方签署《远期不良资产收购协议》及配套法律文本时，应确保资产管理公司能够及时、充分地行使保障债权安全、落实风险管理的各项管控措施，有效介入关键风险管控环节。为提升违约处置效率，可根据项目综合风险程度约定三至六个月的风险处置期。风险处置期自项目违约情形触发资产管理公司受让标的债权义务之日起算，风险处置期满仍未能处置完毕的，资产管理公司即完成标的债权受让。

5. 关注债权存续期管理

根据融资方资信水平及债权第二还款来源充分程度，同时结合转让方风险管理需求，资产管理公司可以提供差异化的远期收购过程管理方案，主要包括以下措施。

（1）资金收付监管，包括审核大额资金支出、监控还款来源回笼资金等，主要通过监管相关法人主体财务印鉴、网银密钥等方式实现。

（2）经营行为监管，包括控制修改公司章程、限制重大投融资及对外担保、审核重要人事变动及商务行为等，主要通过监管相关法人主体的公章、法人章、营业执照等方式实现。

（3）偿债风险监测，包括监测融资方、担保方财务状况及第二还款来源价值变动，跟踪主要项目实施进展，定期进行信用风险评价等，主要通过收集相关主体经营信息的方式实现。

（4）不良资产处置，包括债务重组、项目经营、资产变现、债权转让、司法诉讼等方式，主要通过专业化的资产管理能力实现。

根据具体需要，资产管理公司还可以聘请会计师事务所、律师事务所、资产评估机构等外部专业机构参与项目过程管理，或与产业资本合作深度介入项目运营。

6. 明确债权转让义务履行程序

在风险处置期内清收回款不能足额偿付本息的，资产管理公司应当于风险处置期满后完成标的债权受让。债权转让方式包括挂牌转让和协议转让。以挂牌方式转让的，债权持有人通过金融资产交易中心、淘宝网资产处置平台挂牌等公开程序以约定价格为底价处置基础债权，资产管理公司以不低于约定价格参与报名和竞价；以协议方式转让的，资产管理公司收到债权人书面通知后，应在约定期限内与债权人签署《债权转让合同》，以《远期不良资产收购协议》中约定的对价受让标的债权。

资产管理公司支付完毕全部转让对价之日为标的债权交割日，自该日起，基础债权的全部权利、权益、收益及债权请求权均由资产管理公司享有。原债权人应及时向资产管理公司移交全部债权资料，并办理抵质押变更手续和诉讼/执行主体变更手续。如因登记或司法机关原因无法办理变更手续的，应当在债权转让合同中明确要求原债权人须积极配合完成抵/质押权利实现程序或诉讼/执行程序。

二、远期不良资产收购主要法律问题

（一）债权违约情形下债权收购义务的履行前提

由于一旦债务人违约，资产管理公司根据合同约定需强制受让不良债权。为了防止权利被随意扩张导致债权稳定性不足，资产管理公司在《远期不良资产收购协议》中可以明确受让债权的履行前提，在约定的履行前提未能全部满足前，不得要求资产管理公司按约收购债权。

1. 清收处置权前置

清收处置权前置是指在《债权管理服务协议》中先约定一定期限的风险处置期，风险处置期期满未能足额清收的，资产管理公司方可按约完成标的债权受让。在清收处置过程中，资产管理公司可以充分发挥不良资产管理及处置优势，运用生态圈资源，通过诉讼清收、二次转让等方式完成风险处置，对于确实无法完成风险处置的情形，再以受让债权的方式买断风险资产，化解金融机构风险。清收处置权前置的约定符合资产管理公司对远期不良资产收购的宗旨和目的，清收处置期限届满理应作为资产管理公司实际收购债权的前提条件。

虽然清收处置权前置从实质上并没有扩大金融机构的风险性，但是由于金融机构本身的监管要求和行业特性，对于不良资产的容忍度较低，一旦债权发生违约，如果其继续以债权人身份持有债权，则会面临监管问责和舆情风险，对于信托公司等从事资管业务的，还会直接触发兑付风险。因此，在实践中，金融机构往往较难配合同意将清收处置权前置。资产管理公司可以根据不同债权人的金融属性分别设计责任条款，以金融安全和稳定大局为根本指导方向，实现多方的合作共赢。

2. 原始债权权利无减损

远期不良资产收购业务通常会约定将债权过程管理、抵押物监管、资金运用和控制、项目进度和风险监控等事项委托给资产管理公司或资产管理公司指定的第三方来实施。但是由于金融机构保留了债权人的身份，对外仍然可以独立行使一切债权人的权利。为了防止债权人滥用债权人地位和权力损害原始债权的安全性，必须将原始债权权利无减损作为履行受让债权义务的前提。以下以信托债权为例说明原始债权无减损应包括的内容。

（1）信托公司设立的信托计划成立后持续有效，不存在终止、清算、无效等情形。信托计划已根据《信托贷款合同》的约定向债务人实际发放贷款，相关放款凭证、债权债务确认文件等材料均充分完整有效。

（2）《信托贷款合同》及其对应的担保合同持续合法有效，抵质押等物权已设立（登记手续已经按约定依法办理完毕）并持续有效、权利未受任何减损，主从债权均处于诉讼时效、保证期间等法定期间内。

（3）信托公司未放弃《信托贷款合同》及其对应担保合同项下的任何权利和利益，未使《信托贷款合同》及其对应担保合同项下的权利和利益受到任何减损；《信托贷款合同》签署后，信托公司与债务人未对《借款合同》及其从合同进行任何变更或补充，包括但不限于增加借款金额、加重利息责任、延长借款期限、改变资金用途等情形等。

3. 债权发生实质性违约

《民法典》规定根本违约的情形包括：在履行期限届满之前，当事人一方明确表示或者以自己的行为表明不履行主要债务；当事人一方迟延履行主要债务，经催告后在合理期限内仍未履行；当事人一方迟延履行债务或者有其他违约行为致使不能实现合同目的。据此，在远期不良资产收购业务中认定基础债权是否构成实质性违约，可以按照《民法典》根本违约的外在表现来认定。但是由于《远期不良资产收购协议》是资产管理公司和持有债权的金融机构之间谈判协商形成的文件，多数金融机构会要求将"构成实质性违约"的情形扩大为合同约定的任一违约情形,这将大大导致资产管理公司履行债权收购义务终极责任的风险。对此,建议在合同中将"构成实质性违约"的情形明确为:当且仅当发生债务人及其他义务人未按时足额支付任一期借款利息或本金的情形,且该种情况非因金融机构违反《借款合同》及相关协议项下义务所导致。

(二)债权收购义务免除情形

资产管理公司开展远期不良资产收购业务的根本抓手在于对项目的实际管控。在业务开展过程中,资产管理公司须密切关注转让方、融资方相关履约情况,如因相关方义务履行不到位导致项目失控、风险扩大的,资产管理公司应当有权豁免其受让标的债权的义务。资产管理公司的债权受让义务被豁免的情形通常包括以下两大类。

1. 金融机构对违约处置配合义务的不作为

在通常情况下,违约处置对时效性要求极高,一旦出现违约风险事件,债权人须快速反应、采取措施,防止风险进一步扩大。在远期收购义务方和债权人相分离的情形下,如果债权人疏于行使权利,可能会导致损失不当扩大,该等风险和损失不应转嫁至资产管理公司。因此,建议在《远期不良资产收购协议》中可以明确约定:若出现《借款合同》、相关担保合同及其他义务履行主体签署文件或出具的函件约定的违约情形出现,资产管理公司有权要求债权提前终止、债务人及相关义务人应立即支付借款合同项下全部付款义务。在该种情形下,资产管理公司有权书面通知债权人,要求债权人在约定的工作日内书面通知债务人及担保人宣布贷款提前到期。如债权人在收到资产管理公司书面通知后未在约定期限内及时宣布信托贷款提前到期,则相应免除资产管理公司强制受让债权的义务。

2. 金融机构违反过程管理义务

远期不良资产收购业务中资产管理公司不是债权人，缺乏债权人法律外衣的保护。在基础债权存续期内，如果金融机构以其债权人身份擅自对外建立法律关系、管理和处置债权及从权利，或者对资产管理公司的管理要求不予配合，导致债权发生减损或损害债权利益的，资产管理公司的强制收购义务应当免除。举例来说：

（1）在无合同约定情形下，债务人未经资产管理公司同意提前向原债权人偿付贷款本息的，债权人应在收到该等款项当日通知资产管理公司。未及时通知债权管理方的，资产管理公司有权拒绝收购债权。

（2）基础债权涉及地产开发销售的，当基础债权项下抵押物预（销）售需要出具同意预售函时，如果债权人未经资产管理公司书面同意擅自配合对外出具同意预（销）售函给债权造成损失的，资产管理公司有权拒绝收购债权。

（3）如债务人/抵押人申请解除基础债权项下全部或部分抵押物、质押物的抵（质）押登记，必须经资产管理公司书面同意后方可配合解除抵（质）押；如债务人方提供用于置换的新抵（质）押物的，新抵押物价值必须得到资产管理公司书面认可，且应当先完成抵（质）押登记手续、债权人再出具同意解除原抵押物、质押物的抵（质）押登记的书面函件。未经资产管理公司书面同意，债权人擅自操作以上行为的，资产管理公司有权拒绝收购债权。

本 章 小 结

不良资产收购和处置的核心目标是盘活资产、实现资产价值最大化，其中，不良资产收购业务呈现一定的强监管特征，在收购时应当充分尽调，确保标的资产真实、有效、洁净；而在处置阶段则具有一定的灵活性，鼓励以市场化手段合法合规地盘活资产、实现利润。本章介绍的催收处置、债权转让、债权收益权转让、债务重组、债转股、共益债、破产重整、资产证券化、远期不良资产收购等业务模式均是不良资产处置业务实践中常见的处置方式。资产管理公司可以灵活选择一种或多种收购、处置模式的组合，在实施时既要关注交易结构的合规性，又要关注交易过程的合法性，还要关注交易文本的周延性，以此在不良资产收购、处置业务过程中不断实现不良资产的保值增值、挖掘不良资产深层价值，并进一步营造更为活跃健康的不良资产生态圈。

本章重要术语

商业化收购　非金债权　催收　债权转让

不良资产债权收益权　债务重组　债转股

不良资产证券化　远期不良资产收购

复习思考题

1. 债权转让模式下，如何应对政府、国有企业债务人的相关管理机构或关联公司的"优先购买权"？

2. 转让行为的合法合规性对转让行为的有效性有什么影响？

3. 债权收益权转让模式下，在《委托处置协议》中关于委托清收安排如何划分债权人和清收人的权限?

4.以物抵债协议能否排除金钱债权的强制执行?

5.资产管理公司在实施债转股业务中签署"对赌协议"的,应当重点关注哪些可能导致对赌协议无效的法律风险?

6.资产管理公司开展远期不良资产收购业务时,资产管理公司债权受让义务可以豁免的情形通常有哪些?

第八章

不良资产的行业发展趋势

从监管政策的趋势来看，一方面，监管机构根据经济社会发展的实际需要，不断扩大金融资产管理的经营范围，为金融资产管理公司发展提供了较为广阔的空间；另一方面，在金融资产管理公司经营范围扩大的同时，也为其利用牌照优势套利提供了便利，产生了种种金融乱象。

不良资产行业的体量庞大，不同层次的从业者众多，对不良资产行业的认知等存在较大的差异性，如何应对新经济形势下不良资产行业发展需求，不断丰富完善不良资产行业的监管政策，为后续不良资产行业的发展提供有力助力，需要从更高层次审视不良资产行业的历史演进并提供有益参考。

第一节　不良资产行业监管的逐步统一、规范

不良资产行业在我国的诞生仅有短短的20多年，就已经形成生机勃勃的不良资产行业生态圈。如银行、非银行金融机构、其他金融机构作为不良资产的主要供给端，金融资产管理公司、地方资产管理公司、金融投资管理公司作为不良资产一级市场的主要受让端，律师事务所、会计师事务所、拍卖公司、征信公司、资产评估机构、交易平台等作为不良资产重要的服务机构，民间资产管理公司、境外投资者、个人投资者等作为不良资产的重要买家和终端处置机构。

一、金融资产管理公司的监管政策

在中国华融资产管理股份有限公司等金融资产管理公司成立初期，

2000年11月，国务院就颁布297号国务院令，出台《金融资产管理公司条例》，对金融资产管理公司的性质、设立和业务范围、资金来源、公司治理、终止和清算等进行了规定。该条例是国家法规层面对金融资产管理公司的第一份重要文件。

2004年4月，财政部出台《金融资产管理公司有关业务风险管理办法》，对金融资产管理公司放开抵债资产追加投资、委托代理和商业化不良资产收购等业务。

2004年4月，财政部《金融资产管理公司资产处置管理办法》（后于2008年修订），主要从处置审核机构、处置审批、处置实施和处置管理、处置权限划分以及处置的监督检查等方面进一步规范金融资产管理公司的资产处置管理工作程序和资产处置行为。

2008年，财政部、原银监会出台《金融资产管理公司资产处置公告管理办法（修订）》，进一步规范金融资产管理公司在过渡阶段资产处置公告有关要求，促进金融资产管理公司按照公开、公平、公正和竞争、择优的原则处置不良资产，最大限度提高资产处置收益。

2011年3月，原银监会出台《金融资产管理公司并表监管指引（试行）》，对金融资产管理公司的并表监管范围、最低资本与杠杆率管理、集团内部交易、大额风险暴露管理、流动性风险管理、公司治理、风险控制、信息系统控制、信息披露管理以及监管方式等作出规定。

2012年10月，财政部、原银监会出台《金融企业不良资产批量转让管理办法》，对不良资产批量转让的有关程序，如组包、尽职调查、估值、转让方案、买方尽调、签订协议等多个阶段作出要求。

2014年8月，原银监会、财政部、人民银行、证监会、原保监会出台《金融资产管理公司监管办法》，办法对金融资产管理公司的监管进一步细化，主要包括公司治理、风险管理、内部交易管理、特殊目实体管理、资本充足性管理、财务稳健性管理、信息资源管理、信息披露、监管罚则等内容。该办法明确原银监会依法监督管理金融资产管理公司母公司和实施集团并表监管，并负责集团层面监管。集团附属法人机构根据法律规定接受相关监管机构或部门的监管。同时，原银监会应与财政部、人民银行、证监会、原保监会等监管机构和主管部门加强监管合作和信息共享，协调实现集团范围的全面、有效监管。

2015年6月，财政部、原银监会出台《金融资产管理公司开展非金融机构不良资产业务管理办法》，明确金融资产管理公司可以收购非金融企业的不良资产，进一步拓宽金融资产管理公司的经营范围。

2016年2月，原银监会出台《关于印发金融资产管理公司非现场监管报表指标体系的通知》，对包括核心一级资本充足率等在内的10个金融资产管理公司监控类指标提出要求。

2016年3月，原银监会出台《关于规范金融资产管理公司不良资产收购业务的通知》，进一步规范不良资产收购业务。

2016年10月，国务院出台《关于积极稳妥降低企业杠杆率的意见》《关于市场化银行债权转股权的指导意见》，明确银行债权转股权应遵循市场化、法治化原则并应按照市场化方式开展，对市场化债转股进一步明确和规范。

2017年4月，原银监会出台《关于提升银行业服务实体经济质效的指导意见》，明确表示鼓励金融资产管理公司等积极参与不良资产处置，要通过多种渠道和手段盘活不良资产，加快处置不良资产。

2017年12月，原银监会出台《金融资产管理公司资本管理办法（试行）》，进一步加强对金融资产管理公司的资本监管，引导金融资产管理公司服务实体经济和供给侧结构性改革，规范开展多元化经营。

2018年6月，原银保监会出台《金融资产投资公司管理办法（试行)》，明确金融资产投资管理公司的非银行属性，并对银行债权转股权的资金来源、业务模式、设立和后续监管等提出要求。

之后，国务院、国家发展和改革委员会、原银保监会等在相关文件中亦有部分内容涉及金融资产管理公司监管或业务经营等事项，如2018年6月国务院的《关于积极有效利用外资推动经济高质量发展若干措施的通知》、2019年7月国家发展和改革委员会《2019年降低企业杠杆率工作要点》、2019年12月原银保监会《关于推动银行业和保险业高质量发展的指导意见》、2021年原银保监会《关于推进信托公司与专业机构合作处置风险资产的通知》等。

从监管政策的趋势来看，一方面，监管机构根据经济社会发展的实际需要，不断扩大金融资产管理的经营范围，为金融资产管理公司发展提供了较为广阔的空间；另一方面，在金融资产管理公司经营范围扩大的同时，也为其利用牌照优势套利提供了便利，引发了种种金融乱象。监管机构通过对金融资产管理公司的并表监管、核心经营指标监管、收购处置程序监管等不断进行规范和约束，引导金融资产管理公司回归防范和化解金融风险和服务实体经济的正确轨道。

二、地方资产管理公司的监管政策

2012年1月，财政部、原银监会出台《金融企业不良资产批量转让管理办法》。该办法明确规定各省原则上只可设立或授权一家地方资产管理公司，地方资产管理公司只能参与本省（区、市）范围内不良资产的批量转让工作，所购入的不良资产只能采取债务重组方式处置，不得对外转让。这是地方资产管理公司设立和进行批量不良资产收购的主要规范性文件。

2013年11月，原银监会印发《关于地方资产管理公司开展金融企业不良资产批量收购处置业务资质认可条件等有关问题的通知》。该通知进一步明确地方资产管理公司的设立条件，包括最低注册资本限额为10亿元人民币；高管任职资格、公司治理、内部控制和风险管理制度等准入要求。

2016年10月，原银监会印发《关于适当调整地方资产管理公司有关政策的函》，允许各省可增设一家地方资产管理公司，允许地方资产管理公司收购的不良资产以债务重组、对外转让等方式处置不良资产，且受让主体不受地域限制。

2017年4月，原银监会下发《关于公布云南省、海南省、湖北省、福建省、山东省、广西壮族自治区、天津市地方资产管理公司名单的通知》。该通知对不良资产批量转让组包户数由10户以上降低为3户及以上。

2019年7月，原银保监会印发《关于加强地方资产管理公司监督管理工作的通知》，从严格地方资产管理公司的准入退出、回归不良资产主业、严格监管责任、严格控制风险、鼓励政策支持5个方面进行规范，其中进一步要求地方资产管理公司收购处置不良资产应当符合真实、有效等条件，通过评估或估值进行市场公允定价，实现资产和风险完全、真实的转移。不得通过协议或条款影响资产和风险的完全、真实转移，不得设置回购条款，不得虚假出表，不得以收购不良资产名义为企业或项目融资，不得收购无实际对应资产或真实交易背景的债权资产，不得向股东或关系人输送非法利益，不得以暴力或其他非法手段进行清收。

2020年1月，中国和美国签署《中美第一阶段经贸协议》。中国允许美国金融服务提供者从省辖范围牌照开始申请资产管理公司牌照，使其可直接从中资银行收购不良贷款。对此，放开美国金融服务者在国内设立地方资产管理公司的政策性障碍。

2021年1月，原银保监会下发《关于开展不良贷款转让试点的通知》，批准地方资产管理公司经批准后可进行单户对公不良贷款转让和个人不良贷款批量转让，进一步扩充银行不良贷款的处置渠道，缓解银行的不良贷款处置压力。

2021年7月，原银保监会下发《地方资产管理公司监督管理暂行办法（征求意见稿）》，拟对地方资产管理公司从经营规则、设立要求、经营管理、监督管理等方面进行规范。

2021年12月31日，人民银行公布《地方金融监督管理条例（征求意见稿）》，从地方金融组织的设立、变更和终止、监督管理和风险防范与处置等方面进行规范，拟进一步明确地方金融监管规则和上位法依据，统一监管标准，构建权责清晰、执法有力的地方金融监管框架，确保中央对加强地方金融监管的各项部署得到落实。

三、不良资产行业监管政策的趋同趋势

金融资产管理公司、地方资产管理公司都是国家经济社会发展需要的政策性产物，监管政策的导向性对其经营管理、发展战略等具有巨大的影响力。

从经营范围来看，金融资产管理公司和地方资产管理公司都以助力问题企业解危纾困、防范和化解金融风险、支持实体经济发展为目标，从以银行类金融不良资产到非银行金融机构不良资产、再到非金融机构不良资产，经营不良资产的范围边界随着经济社会的发展不断拓展和扩大。

从监管要求来看，监管机构对金融资产管理公司和地方资产管理公司的设立、注册资本、资本充足率、高管任职要求、内部控制、风

险管理、现场检查与非现场检查方式、法律责任等也有趋同的趋势。

从经营要求来看，金融资产管理公司和地方资产管理公司对不良资产收购处置过程的程序性要求贯彻始终，不良资产收购的真实性、合法性、有效性要求一致，处置方式的公开、公平、公正的原则要求一致，处置方式包括但不限于债权转让、司法处置、破产清算、资产证券化等的多样性趋于一致。

如后续《地方资产管理公司监督管理暂行办法》《地方金融监督管理条例》等颁布，对不良资产的认定标准将进一步明晰，防范和化解金融风险的侧重点将进一步明确，中央、地方不同层级的金融监管规则，监管标准统一的趋势将更加明显。

第二节 后《海南会议纪要》时代对不良资产法律体系的新需求

一、《海南会议纪要》对不良资产行业的影响及变革需求

2009年最高人民法院出台的《海南会议纪要》及其相关文件，对不良资产行业具有重要影响。《海南会议纪要》规定的不良资产案件的受理、债权转让生效条件的法律适用和自行约定的效力、地方政府等的优先购买权、国有企业的诉讼权及相关诉讼程序、不良债权转让合同无效和可撤销事由的认定、不良债权转让合同无效的处理、举证责任分配和相关证据的审查、受让人收取利息的问题、关于诉讼或执行主体的变更、纪要的适用范围等仍在现有的司法实践中对不良资产案件产生深度影响。

从《海南会议纪要》主要针对国家金融体系改革和针对政策性不

良的特殊历史背景而言，面对近年来国家经济社会的飞速发展和金融监管的新需求，《海南会议纪要》中的很多规定对不良资产行业的新情况、新问题未能适时地进行呼应和修改。面对一些疑惑性或者争议性的问题，在不同区域会因裁判者的理解而产生巨大的差异，如受让日之后的利息、纪要的适用范围等。在不良资产从业者中，修改《海南会议纪要》甚至废除《海南会议纪要》的呼声从未停止。比如，对于受让日后停止计息问题，扩大适用《海南会议纪要》适用范围问题。但是出于种种原因，《海南会议纪要》目前仍是不良债权司法审判领域重要的司法依据之一。

二、最高人民法院不良资产司法处置解释立法计划展望

2001年4月，最高人民法院出台《关于审理涉及金融资产管理公司收购、管理、处置国有银行不良贷款形成的资产的案件适用法律若干问题的规定》（已于2021年1月1日废止），对金融资产管理公司收购处置不良资产从司法解释的角度进行了较为详细的解释。

2002年1月，最高人民法院对《关于贯彻执行最高人民法院"十二条"司法解释有关问题的函》的答复（法函〔2002〕3号），其中明确，金融资产管理公司在全国或省级有影响的报纸上发布的有催收内容的债权转让公告或通知所构成的诉讼时效中断，可以溯及至金融资产管理公司受让原债权银行债权之日；金融资产管理公司对已承接的债权，可以在上述报纸上以发布催收公告的方式取得诉讼时效中断（主张权利）的证据。关于涉及资产管理公司清收不良资产的诉讼案件，其管辖问题应按《关于审理涉及金融资产管理公司收购、管理、处置国有银行不良贷款形成的资产的案件适用法律若干问题的规定》执行。

2009年，基于对金融体制改革的支持、防止国有资产流失和维护

职工利益和社会稳定的需要，最高人民法院联合相关部门出台《海南会议纪要》，对从1999年到2009年十年间的不良资产审理案件进行总结，针对政策性不良资产形成了影响不良资产行业至今的多条规定。

鉴于不良资产行业发展和司法实践的实际需要，最高人民法院于2018年、2019年、2020年连续3年将《关于审理金融资产管理公司收购、管理、处置不良资产案件适用法律若干问题的解释》列入司法解释立项规划。其中最高人民法院民二庭还曾专门于2018年在江苏省南京市召开研讨会，就上述司法解释的制定征求金融资产管理公司、地方资产管理公司等意见。

鉴于不良资产行业的利益相关方众多，且受国家金融监管具体政策影响较多，新出台的《关于审理金融资产管理公司收购、管理、处置不良资产案件适用法律若干问题的解释》将更多考虑不良资产案件的现实性问题，对目前行业中的一些争议性问题，如受让日后利息计算、财产保全、地方资产管理公司的法律地位等，作出相关的规定。

第三节　信息科技等发展对不良资产法务管理提出新要求

一、区块链、电子签名等对法务管理的新要求

法务管理在不良资产行业中包括尽职调查、合同管理、诉讼管理、律师管理、合规管理等综合性法律服务，海量的项目尽调、合同起草与审核、诉讼执行等法律状态的跟进、律师的聘用、过程管理和评价、合规管理的信息化操作，都对数字科技赋能法务管理提出了新需求。

区块链、人工智能等新技术的诞生，对于解决信息真实性、提

升共享效率，具有传统人工服务无可比拟的优势。而电子签名的实施，通过便利性、安全性、真实性、不可篡改性以及发生纠纷时的认证服务，进一步满足异地需要提供印章服务的主体，使得法务管理进一步向一线业务和需求进行延伸，为服务需求方提供了更加人性化和便利化的选择。从法务管理的发展趋势而言，运用现有法律认可的金融科技，实现不同流程链条间信息的交融互动，赋能尽职调查、合同管理、诉讼管理、律师管理、合规管理等常规法律服务电子化、数字化、科技化，将会对不良资产的价值发现、处置模式产生颠覆性的影响。

二、个人信息保护、数据安全等对法务管理提出新需求

随着原银保监会对个贷批量不良业务的放开，越来越多的金融资产管理公司和地方资产管理公司会涉足个贷批量不良业务。与传统的对公不良资产不同，个贷不良资产的主要对象的信用类贷款债务人主体均为自然人，而且个贷批量不良资产户数规模均较大。不良资产业务文件除了纸质文件外，还多伴随着数据电文资料，催收的手段主要是通过电子催收等非诉讼执行手段进行。这些个性化的需求，伴随着《个人信息保护法》《数据安全法》的实施，对尽职调查、合同管理、诉讼管理、律师聘用、合规管理等法务管理提出了新要求。

在个贷不良资产的尽职调查中，如对海量的户数逐一进行尽职调查，则存在业务现实上的不可行，但是何种尽调方法满足不良资产真实性、合法性、有效性的要求，需结合业务实际进行设置；在受让个人不良资产后，除了严格适用最低限度适用原则以外，获取的个人不良资产业务文件如何得到安全有效保管且不被泄露，须在制度和管理中实现依法合规；在对个人不良资产业务中的债务人催收时，如何保

障催收机构获取相关信息的必要性，如何督促催收机构按照合法合规催收要求进行催收，需制定差异化监管要求和举措。种种差异和思考都需要法务管理从合法合规角度更加便利、有效保障业务合法顺利发展。

三、金融监管、国资监管等合规对法务管理提出新要求

金融资产管理公司、地方资产管理公司作为不良资产行业的主力军，在监管机构的名单上始终属于重点对象。

对于金融资产管理公司而言，公司及员工的经营管理行为不仅要符合法律法规，还需要符合监管机构的监管规定、行业准则和企业章程、规章制度以及国际条约、规则等要求。金融资产管理公司作为金融机构，在20多年的从业经验熏陶下，合规管理已形成比较成熟的、体系化的合规管理体系和制度。

相较于金融资产管理公司，地方资产管理公司成立较晚，公司的性质因股东差异存在国有企业、民营企业等不同类别。地方资产管理公司及员工的经营管理行为除了要符合法律法规及监管机构的监管规定外，国有性质的地方资产管理公司还需接受属地政府国资条线的监管要求。如2018年，国务院国资委就出台了《中央企业合规管理指引》，要求中央企业全面加强合规管理，结合企业实际，及时制定实施细则，加快提升依法合规经营管理水平，着力打造法治央企，保障企业持续健康发展。部分省份的国资委已经参照国务院国资委的指引，细化制定了相应省份的国有企业合规指引。

金融监管规则的细化、国资监管规定的完善，从另一个侧面对法务管理的服务范围提出了新要求，需要法务管理从打造大法务管理体系角度，更加紧密地结合金融监管规则和国资监管规定，服务不良资产业务发展实际需要。

四、智慧法务系统对不良资产行业提供有力助力

2021年1月，中共中央印发《法治中国建设规划（2020—2025年）》，提出建设全国统一的法律、法规、规章、行政规范性文件、司法解释和党内法规信息平台，并充分运用大数据、云计算、人工智能等现代科技手段，全面建设"智慧法治"，推进法治中国建设的数据化、网络化、智能化。

随着信息技术发展和人工智能技术的逐步成熟，部分信息技术公司已经开发具有行业通用性质的智慧法务系统并应用于实践，依托信息技术手段帮助法务管理人员实现管理和服务双智能，有力提升了公司业务运行流转效率和风险控制的双需求。相比于其他行业，不良资产行业的非标准性较强，不同项目的差异性较大，不存在一个适用于所有资产管理公司的智慧法务系统，需要结合资产管理公司的业务实际来进行设计和开发。

相比较于传统的法务管理系统，智慧法务系统更加强调信息交互，实现业务数据化和数据业务化双向交互转变，基于业务、法务、管理等不确定性需求的创新迭代，更加强调数据应用需求，面向数据、场景、角色（人）交互的需求进行应用开发，建立数据关联，实现数据互联互通，达成数据和业务的成果共享，满足服务升级、管理提升、业务需求等多维度分析的集合。

一般来说，资产管理公司的智慧法务系统可开发设计如下模块。在合同管理模块，可包括合同范本、合同起草、合同审核、合同用印、合同归档、合同过程管理、合同时效提醒等内容。系统在合同起草过程中，可利用第三方企业信用数据开展相对方审核，确定合同相对方具有合同签署和履约能力，从源头上降低合同签署的风险。系统可自动识别合同范围，对合同进行智能分析，提醒合同缺失条款，提示风险，通过知识传递与交互实现与合同起草人的互动。系统通过梳理合同全业务流程发现问题、分析问题、制定合同风险防控策略，并将合同风险防控策略和方法固化到智慧法务系统中。系统通过对合同进行全业务流程、全方位的过程管理和履行监控，将风险防控手段固化到信息系统中，从而实现有效、到位的合同管理，满足法务管理的需要。系统可将合同数据进行多维度的分析和挖掘，以可视化形式呈现合同管理的相关数据，辅助管理层进行决策分析。

在诉讼管理模块，可包括从起诉、立案、审判、执行、破产、回款情况等全诉讼执行流程的审核审批、重要时间节点自动提醒等，系统可满足纠纷发生、立案、案件审理、案件执行、案件归档的全过程化管理，提供同行业案例裁判文书库、案件大数据分析及类案智能推送。基于案情描述利用智能案件分析引擎，进行案件要素提取，自动匹配关联度最高的法律法规、司法案例，推荐代理律师，辅助案件承办人提高案件处理效率。

在律师管理模块，可包括律师库管理、律师聘请审核审批、律师代理过程管理、律师费用支付、律师评价等律师整体管理职能，系统可满足将备选律师与服务评价、历史案例、诚信记录等关联匹配，可视化呈现律师的专业领域、执业能力、服务质量，让律师选聘更科学、更有效。

在合规管理模块，包括合规文库、合规检查、合规报告等职能。仅以合规管理涉及的规章制度审核为例，系统可以公司规章制度库模块为基础，基于重点监管领域内外部数据，自动提取合规义务、违规责任及领导者合规责任并生成清单，提升合规风险防控水平及管控能力。

除此之外，智慧法务还可以结合资产管理公司实际，开发个性化的服务需求和服务职能，如可以和公司的其他管理系统形成数据交互及相互关联，将智慧法务系统与公司周边其他信息系统进行集成，实现信息的互联互通，避免形成信息孤岛和增加用户的重复性工作，为业务决策效率提高和管理的精细化提升提供更多可参考的实施样本。

本 章 小 结

本章介绍了不良资产行业监管趋势，认为不良资产行业监管呈现逐步统一、规范的趋势。后海南纪要时代对不良资产法律体系提出了新的需求，最高人民法院针对不良资产行业的司法解释有望出台。

随着数据化、智能化等信息科技的发展，区块链、电子签名、个人信息保护、数据安全、智慧法务等方面都为不良资产法务管理提供了便利。同时，金融监管、国资监管对资产管理公司业务开展的合规性也提出了更高的要求。

第九章

不良资产实务中常见法律问题

问题一：债权转让后遇到执行回转如何解决？

（一）案例背景

在执行过程中，会出现原生效法律文书被撤销等特殊情况，需要将已经执行的财产返还被执行人，从而恢复到原执行程序开始前的状态。

（二）法律分析

《民事诉讼法》第二百四十条规定：执行完毕后，据以执行的判决、裁定和其他法律文书确有错误，被人民法院撤销的，对已被执行的财产，人民法院应当作出裁定，责令取得财产的人返还；拒不返还的，强制执行。

执行回转主要是纠正因执行错误而导致的失误，使当事人之间的权利义务关系恢复到正常状态的一种制度。就执行回转启动主体而言，可以由当事人申请，也可以由法院依职权启动。

执行回转范围，仅包括原申请执行人已取得的财产及其孳息，不包括赔偿损失。执行回转时，已执行的标的物系特定物的，应当返还原物。不能退还原物的，经双方当事人同意，可以折价赔偿。如果对折价赔偿不能协商一致的，法院应当终结执行回转程序，申请执行人可另行起诉。

如果执行回转后，仍不能满足原被执行人的损失时，是否有其他的救济路径？实践中存在争议，一种观点认为，应当由制作原生效法律文书的机关负责赔偿，原申请执行人只负有返还不当得利的义务；另一种意见认为，原法律文书被撤销或变更有多种原因，由制作原生效法律文书的机关负责赔偿缺乏依据。根据最高人民法院《关于人民法院执行〈中华人民共和国国家赔偿法〉几个问题的司法解释》等规定，人民法院审理的民事、经济、行政案件发生错判并已执行，依法应当执行回转的，或者当事人申请财产保全、先予执行，申请有错误造成财产损失应由申请人赔偿的，国家不承担赔偿责任。

（三）措施建议

建议在债权转让协议中明确执行回转的情形，如出现执行回转应当如何进行赔偿。

问题二：不良资产受让后利息求偿权是否能得到支持？

（一）案例背景

不良资产的资产类型主要是债权类资产、股权类资产和实物类资产，对于债权类资产，债权受让人获得的主要是债权本金、利息、复利等权益。在债权交割之后，对债务人等享有的利息、复利等能否继续计收，对债权人的权益有重要影响。

（二）法律分析

《民法典》第五百四十七条规定，债权人转让债权的，受让人取得与债权有关的从权利，但是该从权利专属于债权人自身的除外。

受让人取得从权利不因该从权利未办理转移登记手续或者未转移占有而受到影响。

最高人民法院《关于审理涉及金融不良债权转让案件工作座谈会纪要的通知》（法发〔2009〕19号）（简称《海南会议纪要》）规定，受让人向国有企业债务人主张利息的计算基数应以原借款合同本金为准；

受让人向国有企业债务人主张不良债权受让日之后发生利息的，人民法院不予支持。但不良债权转让合同被认定无效的，出让人在向受让人返还受让款本金的同时，应当按照中国人民银行规定的同期定期存款利率支付利息。

根据《最高人民法院关于司法解释工作的规定》（法发〔2021〕20号）第六条规定，司法解释的形式分为解释、规定、规则、批复和决定五种。从上述规定来看，《海南会议纪要》和针对个案的答复均不在上述五种规定的形式之中，不属于司法解释，不得在适用时作为裁判的依据。

在司法实践中，对于《海南会议纪要》的适用有不同的判例。以〔2016〕最高法执监433号为例，最高人民法院在裁定书中阐明，《海南会议纪要》是针对特定范围内的金融不良债权转让案件确立了特殊的处置规则，对金融不良债权的转让时间和转让主体均有明确的限定，应当严格按照其适用范围的规定适用。如果将《海南会议纪要》适用范围以外的一般金融不良债权转让案件一律参照适用《海南会议纪要》精神，则既没有明确的法律及司法文件依据，也与依法平等保护各类民事主体财产权益的司法精神相悖。同时，鉴于在一般金融不良债权中，最初的债权受让人往往是国有资产管理公司，如果一律适用《海南会议纪要》止付利息，不仅不利于防止国有资产流失，而且会损害合法受让人的利益。最高人民法院〔2013〕执他字第4号答复，是针对湖南省高级人民法院在执行程序中能否参照《海南会议纪要》规定计算债务利息问题进行请示的个案答复，该答复意见所涉案件中的金融不良债权属于《海南会议纪要》第十二条规定的特定范围内的债权。因此，该答复意见所涉案件基本事实与本案不符，对本案不具有指导意义。

总之，本案不属于《海南会议纪要》规定的特定范围内的金融不良债权转让案件,不应适用《海南会议纪要》第九条的规定于受让人受让债权后停止计算利息。申诉人关于复议裁定适用《海南会议纪要》及最高人民法院〔2013〕执他字第4号答复作出裁判属于适用法律错误的申诉理由成立,本院予以支持,对于原裁定的错误认定及处理应予纠正,债务人应向债权受让人履行相应的给付义务。

但以〔2020〕最高法民申4655号民事裁定书为例,对《海南会议纪要》的适用又存在不同的认识。最高人民法院在裁定书中阐明,《海南会议纪要》的主要目的在于规范金融不良债权转让行为,维护企业和社会稳定,防止国有资产流失,保障国家经济安全。最高人民法院〔2011〕执他字第7号答复以及〔2013〕执他字第4号函均指出,在执行程序中,国有及非国有企业的金融不良转让纠纷案件关于债权受让日之后的利息计算问题,可以参照适用《海南会议纪要》的相关规定。上述答复虽然是针对个案作出的答复,但对《海南会议纪要》的精神和目的进行了充分的阐述。原审法院结合本案相关事实,对受让人主张的不良债权受让日之后的利息不予支持,符合《海南会议纪要》的精神和目的,处理结果并无不当。

可以看出,即使是最高人民法院,在对《海南会议纪要》的适用上仍存在不同的认识,其他不同省域内的法院在适用上亦有差异。除了受让不良资产之后的利息,对于受让不良资产之后的复利、罚息能否继续计收,司法实践中的主流观点认为,按照中国人民银行的《人民币利率管理规定》《关于人民币贷款利率有关问题的通知》等规定,收取复利、罚息的权利专属于金融机构,对于地方资产管理公司、民间资产管理公司等非金融机构则不予适用。

(三)措施建议

对于不良资产行业的从业者而言,受让不良资产之后的利息(包括复利、罚息）对于不良资产权益实现具有较大的影响，不仅需要在不良资产的尽职调查及评估估值时对受让不良资产后停止计息予以充分考量，也可以在不良资产受让后以前手金融机构作为主体继续推进诉讼执行进程等方式维护权益。

问题三：在破产程序中，重整计划失败后已经履行的部分如何认定？

（一）案例背景

某资产管理公司以共益债的形式向破产重整企业提供借款，重整计划约定在重整程序中资产管理公司的共益债权优先于建设工程价款等法定优先债权及抵押权等约定优先债权进行受偿。在重整计划执行期间，受经济形势及政策调整的影响，重整计划执行进展不力，重整失败风险不断加大。重整失败转入破产清算程序的，重整投资人的共益债权优先于其他所有债权受偿的约定在破产清算程序中是否仍然有效？

（二）法律分析

《企业破产法》第九十三条：债务人不能执行或者不执行重整计划的，人民法院经管理人或者利害关系人请求，应当裁定终止重整计划的执行，并宣告债务人破产。

人民法院裁定终止重整计划执行的，债权人在重整计划中作出的债权调整的承诺失去效力。债权人因执行重整计划所受的清偿仍然有效，债权未受清偿的部分作为破产债权。

前款规定的债权人，只有在其他同顺位债权人同自己所受的清偿达到同一比例时，才能继续接受分配。

有本条第一款规定情形的，为重整计划的执行提供的担保继续有效。

在理解该条第二款规定时，债权人在重整计划中作出的债权调整的承诺通常指的是债权人在重整计划中同意豁免债务、留债清偿等相对方为债务人的事项。但不论从文义解释还是体系解释来看，都无法认定该条款中债权调整的事项仅能以债务人作为相对方。一般而言，在共益债融资中，其他优先债权人同意重整投资人的共益债权优先于其他债权受偿系对其自身债权顺位利益调整的承诺，虽然该调整的事项是以重整投资人为相对方，但也可以被认为是本条第二款所称"债权调整的承诺"。

因此，在破产重整失败转入破产清算程序后，该承诺即失去效力。这也意味着，重整投资人的共益债权将按照破产清算程序中的法定清偿顺序进行清偿。

（三）措施建议

1. 提供抵押担保

《破产法解释三》第二条第二款：管理人或者自行管理的债务人可以为前述借款设定抵押担保……

《企业破产法》第九十三条第四款：有本条第一款规定情形的，为重整计划的执行提供的担保继续有效。

据此，重整投资人可以要求管理人为其提供的共益债债权提供抵押担保，抵押物可以是破产企业现有的无担保财产，也可以是通过共益债投入而新增的财产，甚至还可以是有担保财产下的顺位抵押。

需要特别注意的是，关于该抵押，一定要在重整计划中明确，该抵押是为重整计划的执行而提供的担保，以避免在重整失败转入清算程序后可能产生的抵押有效性的争议。

2. 书面明确约定

重整投资人在制定重整投资方案时，需要对重整失败转入破产清算情形下的受偿顺位及范围予以明确。根据破产财产的表现形式及权利负担，投资人一般可以按照以下三种分类对其分别予以明确。

尚未使用的现金类资产，包括现金及现金等价物等，对于该部分资产，可以明确为在发生特定事件时，即时全额用于清偿共益债务，而无须通过集中清偿程序清偿；

对于现有的无担保财产和通过续建新增的财产，可以明确为就该部分财产的变价所得优先于其他各类债权受偿；

对于在共益债投放之前已经设定担保物权的财产，不同于前两类财产由投资人优先受偿存在一定的法理基础和法律依据，这一类财产的优先受偿则完全取决于担保物权人的意思自治。因此，需要与担保物权人进行额外的协商，以争取其同意在上述情况下投资人仍可以就该财产的变价所得优先受偿。

如前所述，该部分内容存在被认定为《企业破产法》第九十三条第二款所称的"债权调整的承诺"的可能。因此，该部分内容宜作为单独的事项在债权人会议上进行表决。表决通过后，根据《企业破产法》第六十四条第三款的规定，该决议对于全体债权人均有约束力。而且作为单独事项进行表决，可以有效避免因重整失败带来的"债权调整的承诺"失效的风险。

问题四：在重整程序中，重整计划裁定通过后异议方如何进行救济？

（一）案例背景

某资产管理公司在收购一笔金融不良债权后，债务人被裁定进入破产重整程序。在债权人会议对重整计划（草案）进行表决时，因该资产管理公司不同意，其所在的有财产担保债权组表决未通过重整计划（草案）。但法院在审查重整计划（草案）后认为该重整计划（草案）符合法律规定，遂裁定批准重整计划。

（二）法律分析

1. 法院裁定批准债权人会议未通过的重整计划（草案）应当符合法律规定

《企业破产法》第八十七条：部分表决组未通过重整计划草案的，债务人或者管理人可以同未通过重整计划草案的表决组协商。该表决组可以在协商后再表决一次。双方协商的结果不得损害其他表决组的利益。

未通过重整计划草案的表决组拒绝再次表决或者再次表决仍未通过重整计划草案，但重整计划草案符合下列条件的，债务人或者管理人可以申请人民法院批准重整计划草案。

（1）按照重整计划草案，本法第八十二条第一款第一项所列债权就该特定财产将获得全额清偿，其因延期清偿所受的损失将得到公平补偿，并且其担保权未受到实质性损害，或者该表决组已经通过重整计划草案；

（2）按照重整计划草案，本法第八十二条第一款第二项、第三项所列债权将获得全额清偿，或者相应表决组已经通过重整计划草案；

（3）按照重整计划草案，普通债权所获得的清偿比例，不低于其在重整计划草案被提请批准时依照破产清算程序所能获得的清偿比例，或者该表决组已经通过重整计划草案；

（4）重整计划草案对出资人权益的调整公平、公正，或者出资人组已经通过重整计划草案；

（5）重整计划草案公平对待同一表决组的成员，并且所规定的债权清偿顺序不违反本法第一百一十三条的规定；

（6）债务人的经营方案具有可行性。

人民法院经审查认为重整计划草案符合前款规定的，应当自收到申请之日起三十日内裁定批准，终止重整程序，并予以公告。

根据上述法律规定，对于债权人会议表决未通过但债务人或管理人申请法院予以批准的重整计划（草案），法院应当进行严格审查，当且仅当重整计划（草案）符合《企业破产法》第八十七条规定的全部六项条件时，方可裁定予以批准。

2. 法院强裁批准的重整计划的效力及于债务人和全体债权人

《企业破产法》第九十二条第一款：经人民法院裁定批准的重整计划，对债务人和全体债权人均有约束力。

根据该条规定，不论债权人在重整计划（草案）的表决中是否投票同意，也不论债权人所在的表决组是否表决通过，只要最终法院裁定批准了重整计划，债务人及全体债权人均应遵守重整计划的内容。

3. 法院强裁批准重整计划（草案）后，表决不同意的债权人无法进行救济

《企业破产法》第四条：破产案件审理程序，本法没有规定的，适用民事诉讼法的有关规定。

《民事诉讼法》第一百五十七条裁定适用于下列范围：

（1）不予受理；

（2）对管辖权有异议的；

（3）驳回起诉；

（4）保全和先予执行；

（5）准许或者不准许撤诉；

（6）中止或者终结诉讼；

（7）补正判决书中的笔误；

（8）中止或者终结执行；

（9）撤销或者不予执行仲裁裁决；

（10）不予执行公证机关赋予强制执行效力的债权文书；

（11）其他需要裁定解决的事项。

对前款第一项至第三项裁定，可以上诉。

裁定书应当写明裁定结果和作出该裁定的理由。裁定书由审判人员、书记员署名，加盖人民法院印章。口头裁定的，记入笔录。

《民事诉讼解释》第三百七十八条：适用特别程序、督促程序、公示催告程序、破产程序等非讼程序审理的案件，当事人不得申请再审。

《民事诉讼解释》第四百一十二条：人民检察院对已经发生法律效力的判决以及不予受理、驳回起诉的裁定依法提出抗诉的，人民法院应予受理，但适用特别程序、督促程序、公示催告程序、破产程序以及解除婚姻关系的判决、裁定等不适用审判监督程序的判决、裁定除外。

根据以上法律法规的规定，在破产重整程序中，法院批准重整计划（草案）的裁定显然不属于可以上诉的裁定类型。同时，由于该裁定是在破产程序中作出的，并不适用审判监督程序，不仅当事人不得申请再审，检察院也无法提出抗诉。

（三）措施建议

综上，一旦法院裁定批准重整计划（草案），债权人便无法在现行法律框架内进行有效救济。因此，法院裁定不予批准是债权人实现目的唯一有效的方式。同时，鉴于法院审查后如果认为重整计划（草案）符合法律规定，"应当"自收到申请之日起三十日内裁定批准。债权人应当仔细分析重整计划（草案），通过翔实的数据、充分的说理说服法院重整计划（草案）并不符合法律规定，方可促使法院作出不予批准的裁定。

问题五：关于被执行人所欠税款能否从抵押物变现价值中优先受偿？

（一）案例背景

2017年12月，某金融资产管理公司就某户债权项下抵押人提供的一处抵押物（国有土地使用权）申请强制执行。抵押物顺利拍卖成功后，在执行回款分配过程中，抵押物所在地税务部门提出主张，认为其有权就抵押人所欠税款于抵押物变现价值中优先受偿。

（二）法律分析

1. 法律法规依据

（1）《税收征收管理法》第四十五条：税务机关征收税款，税收优先于无担保债权，法律另有规定的除外；纳税人欠缴的税款发生在纳税人以其财产设定抵押、质押或者纳税人的财产被留置之前的，税收应当先于抵押权、质权、留置权执行。

（2）《关于贯彻〈中华人民共和国税收征收管理法〉及其实施细则若干具体问题的通知》（国税发〔2003〕47号）规定"纳税人应缴纳税款的期限届满之次日即是纳税人欠缴税款的发生时间"。

（3）最高人民法院《关于税务机关就破产企业欠缴税款产生的滞纳金提起的债权确认之诉应否受理问题的批复》认为，滞纳金属于普通破产债权，并且在破产案件受理后应停止计算。

2. 法律分析

（1）基于上述，一般情况下，欠缴税款在民事执行回款的划分处理原则为：A.在抵押登记之前发生欠缴的税款，优先于抵押权人受偿；B.在抵押登记之后发生欠缴的税款，劣后于抵押权人、优先于普通债权受偿；C.滞纳金视为普通债权，劣后于抵押权人受偿。

（2）在抵押物提供最高额抵押的情况下，有观点认为最高额抵押的抵押权自主债权发放时生效，故优先税款的划分节点不应为抵押登记时，而应根据债权发放时确定。但实践中也有司法判例仍然支持以抵押登记时间为划分税款优先权的时间节点。

（三）措施建议

在实务操作中，债权人应结合抵押人于主债权发放时及抵押登记时所欠税款，综合判断风险敞口。

问题六：案外人是否有权要求抵押权人从抵押物变现款中优先返还其装修款支出？

（一）案例背景

2014年12月，某国有银行与债务人签署《流贷借款合同》，借款期限一年，并由抵押人以其名下一处房屋提供最高额抵押。2016年9月，该国有银行将此户债权转让给某资产管理公司。

案外人提起诉讼，主张其有权要求从资产管理公司付给某国有银行的债权转让款中，分配其装修部分带来的收益（占有物返还之诉）。

（二）法律分析

1. 法律法规依据

（1）最高人民法院《关于审理城镇房屋租赁合同纠纷案件具体应用法律若干问题的解释》第9条第1款、第10条规定，"承租人经出租人同意装饰装修，合同解除时，双方对已形成附合的装饰装修物的处理没有约定的，因出租人违约导致合同解除的，承租人请求出租人赔偿剩余租赁期内装饰装修残值损失的，应予支持……租赁期间届满时，承租人请求出租人补偿附合装饰装修费用的，不予支持。但当事人另有约定的除外"。

（2）最高人民法院《关于审理涉及金融资产管理公司收购、管理、处置国有银行不良贷款形成的资产的案件适用法律若干问题的规定》

（法释〔2001〕12号，已于2021年1月1日起失效）第9条规定，"金融资产管理公司受让有抵押担保的债权后，可以依法取得对债权的抵押权，原抵押权登记继续有效"。

（3）《民法典》第四百零六条规定，"抵押期间，抵押人可以转让抵押财产。当事人另有约定的，按照其约定。抵押财产转让的，抵押权不受影响"。

2. 法律分析

（1）案外人应基于合同约定向抵押人主张赔偿责任，无权向债权人、抵押权人直接主张权利。

（2）根据"物权法定"和"一物一权"的原则，如确认标的房屋的装修装饰部分归属案外人所有，形成了在抵押物权上创设了一个新的物权的结果，无法律依据，损害了抵押权人之法定权利。

（3）此外，资产管理公司受让标的债权后即成为标的债权上的抵押权人，未办理抵押权变更登记不影响抵押权人的认定。

（三）措施建议

因此，我们倾向于认为形成附和的装饰装修物的价款自抵押物拍卖款中优先提取无明确法律依据，基于资产管理公司的抵押权人身份，由于该案件的处理结果可能会影响其最终的债权处置受偿，建议依据《民事诉讼法》第五十六条规定，以有独立请求权第三人申请参加诉讼程序，维护合法权利。

问题七：债权项下的担保权收益权能否单独公开挂牌处置？

（一）案例背景

2021年，意向投资人拟收购金融资产管理公司持有的一户债权项下抵押机器设备，但由于金融资产管理公司持有的债权已进入破产程序，投资人在短时间内难以通过司法拍卖程序获得竞得债权项下抵押机器设备的物权，鉴于金融资产管理公司已将该户债权单独处置，但在该户债权转让中保留了抵押权收益权并未连同主债权一并转让，为了强化对于抵押机器设备的锁定，投资人拟向金融资产管理公司收购该户债权项下抵押机器设备的收益权。

（二）法律分析

1. 按照现行法律规定，抵押权不得单独转让，保证担保权作为从权利，附属主债权转让

《中华人民共和国民法典》第四百零七条规定，"抵押权不得与债权分离而单独转让或者作为其他债权的担保。债权转让的，担保该债权的抵押权一并转让，但法律另有规定或者当事人另有约定的除外"。第五百四十七条规定，"债权人转让债权的，受让人取得与债权有关的从权利，但该从权利专属于债权人自身的除外"。

最高人民法院《关于甘肃省高级人民法院就在诉讼时效期间债权人依法将主债权转让给第三人保证人是否继续承担保证责任等问题请示的答复》明确指出"在诉讼时效期间，债权人将主债权转让给第三人，保证债权作为从权利一并转移，保证人在原保证担保的范围内继续承担保证责任"。

根据上述法律和司法解释的相关规定，抵押权不得单独转让，同时保证担保作为从权利，在非专属于债权人自身的情况下，附属主债权转让。如单独对外转让、处置抵押权、保证担保权，在主债权另行对外转让、处置的情况下，会产生冲突。

2. 抵押权收益权、保证担保收益权等概念未见明确相关法律规定，单独挂牌处置存在风险

抵押权收益权、保证担保收益权不是法律规定的概念，在司法实践中创设此种类型权益类型先例较少，司法裁判思路具有不确定性。

"收益权"在本质上系当事人通过合同约定的一项权利,即基础资产(股权、债权、特定资产)的收益权转让后,权利人(收益权受让方)对义务人(收益权转让方)享有要求义务人给付与其获得的基础资产收益债权收益(如就债权收益权而言,为标的债权的债务人对债务的清偿款;就股权收益权而言,为标的公司分配的股息红利和公司剩余财产及其他收入;就特定资产收益权而言,为特定资产的经营收益,如水费、电费、租金收入等)的等额资金的请求权。义务人有义务在满足约定条件时向权利人支付相应的收益。

(三)措施建议

鉴于抵押权和保证担保从性质上系主债权的从权利,在法律上并非独立的基础资产,以之作为"收益权"的基础资产存在一定的合规隐患。

在实务中,如金融资产管理公司创设前述"抵押收益权"或"保证担保收益权"单独公开挂牌处置的,须根据中国原银监会办公厅《关于规范银行业金融机构信贷资产收益权转让业务的通知》(银监办发〔2016〕82号)规定,遵守"报备办法、报告产品和登记交易"相关要求,制定信贷资产收益权转让业务管理制度,并且向银登中心逐笔报送产品相关信息,做好报备工作。

问题八:抵押权人优先受偿范围是否及于抵押物的租金?

(一)案例背景

2019年,某法院在执行过程中,扣留并提取了被执行人对某一酒店享有的租金,该酒店的抵押权人——某资产管理公司向法院提出异议。资产管理公司认为,该酒店物业系被执行人申请贷款时提供的抵押物,并已办理抵押登记手续,资产管理公司对该物业享有抵押权,因该租金收入属于其所享有担保物权的担保物产生的孳息,以及根据其与被执行人签订的《资金监管协议》，资产管理公司对该租金享有优先受偿权。资产管理公司对酒店抵押权的效力能否及于涉案租金收入？

（二）法律分析

《民法典》颁布之前，《物权法》第一百九十七条："债务人不履行到期债务或者发生当事人约定的实现抵押权的情形，致使抵押财产被人民法院依法扣押的，自扣押之日起抵押权人有权收取该抵押财产的天然孳息或者法定孳息，但抵押权人未通知应当清偿法定孳息的义务人的除外。前款规定的孳息应当先充抵收取孳息的费用。"

《担保法》第四十七条："债务履行期届满，债务人不履行债务致使抵押物被人民法院依法扣押的，自扣押之日起抵押权人有权收取由抵押物分离的天然孳息以及抵押人就抵押物可以收取的法定孳息。抵押权人未将扣押抵押物的事实通知应当清偿法定孳息的义务人的，抵押权的效力不及于该孳息。前款孳息应当先充抵收取孳息的费用。"

《最高人民法院关于适用〈中华人民共和国担保法〉若干问题的解释》第六十四条："债务履行期届满，债务人不履行债务致使抵押物被人民法院依法扣押的，自扣押之日起抵押权人收取的由抵押物分离的天然孳息和法定孳息，按照下列顺序清偿：（一）收取孳息的费用；（二）主债权的利息；（三）主债权。"

《民法典》颁布后，其规定与《物权法》一致。

司法实践中存在一定争议。目前，主流观点和裁判思路认为：在债务人不履行到期债务或者发生当事人约定的实现抵押权的情形，致使抵押财产被人民法院依法扣押，且在抵押权人已经将扣押抵押物的事实通知应当清偿法定孳息的义务人后，抵押权人优先受偿范围及于抵押物的租金。

抵押权人对抵押财产优先受偿的效力并不能当然及于孳息，法定孳息是指依照法律关系产生的收益，如出租人有权收取的租金、贷款人依法所得的利息。抵押权设立后，抵押财产的占有权、使用权和收益权仍由抵押人行使，因抵押财产的使用而产生的孳息应当归抵押人所有，抵押权的效力不及于该孳息。

但是对于满足以下三个条件的孳息，抵押权人有权直接收取，以保障其优先受偿权。即抵押权人有权直接收取孳息必须同时具备三个条件：（一）债务人不履行到期债务或者发生当事人约定的实现抵押权的情形；（二）必须是抵押财产被扣押后，抵押权人才能收取其孳息；（三）抵押财产被扣押后，抵押权人已经通知应当给付法定孳息的义务人。"有权收取"应当理解为一般情况下执行法院不能将租金作为被执行人的财产予以执行，否则，法律规定的抵押权人的"收取权"将被架空。

综上，抵押权人若对抵押物的租金主张优先受偿权，须同时满足上述三个要件。

（三）措施建议

1. 收取抵押物租金应履行的程序

一般而言，在司法实践中，收取抵押物租金一般程序为：根据抵押权人保全申请，抵押物被法院依法扣押且抵押权人通知承租人、抵押人后，抵押权人自法院扣押之日起要求承租人直接向其支付租赁合同约定的未付租金，一般采取法院向承租人发出协助执行通知书，要求其协助提取其后未付的租金的形式。为免争议，建议采取书面方式通知抵押人、承租人，并保留通知相关凭证手续。

2. 收取抵押物租金需注意事项

（1）在接受抵押物时，对抵押物上的租赁情况进行充分尽调，审查租赁合同、承租人身份、租期、租金金额、支付日期、方式等，以避免存在虚假租赁，关注租赁债权上是否设置权利限制，要求承租人向抵押权人书面承诺不变更租赁合同，并在实现抵押权时支付租金等；

（2）在债务人不履行到期债务或者发生当事人约定的实现抵押权的情形时，对抵押物及时采取保全措施。鉴于司法实践中，对于扣押的理解倾向于抵押权人作为申请人的一顺位查封，即保全申请需要由抵押权人提出，并且顺位在先，当抵押人债务较多时，建议抵押权人尽早启动司法程序，申请查封抵押物；

（3）在保全抵押物同时及时通知承租人，并留存相关通知凭证，以冻结租金；

（4）查封抵押物后，如抵押物为不动产，可要求执行法官在抵押房产处张贴公告，并主动与承租人联系。

问题九：在破产程序中，债权人是否就抵押物租金享有优先受偿权？

（一）案例背景

2013年，某企业因经营需要与某银行债权人签订《最高额抵押担保合同》，约定以其名下的房产为其向银行申请的借款提供最高额1000万元抵押担保，并办理抵押登记手续。而后，该笔借款债权因逾期被银行提起诉讼，法院生效判决确认债权人胜诉。经债权人申请，法院于2015年10月14日对涉案抵押物进行首次查封。2016年5月3日，该企业因资不抵债被裁定破产清算。管理人接手破产企业后否认债权人对抵押物的租金享有优先受偿权，债权人提起确认之诉，法院审理认为，抵押权人以诉讼方式实现抵押权，且该案涉抵押财产已经法院查封，故抵押权效力应及于抵押财产自查封之日起所产生的法定孳息，受理破产申请并不排除抵押权人对抵押物及孳息的优先受偿权，故支持了债权人的诉讼请求。

(二)法律分析

在司法实践中,在对于上述第一个事项持肯定意见的基础上及满足法定的要件后,如抵押人进入破产程序,抵押权人仍可对抵押物租金享有优先受偿权。同时,虽然根据《企业破产法》的规定,抵押人进入破产后,查封措施应予解除,但法院对抵押财产的查封行为意味着抵押权进入实现程序,而破产导致的查封措施解除系因集中处理破产企业财产所需,并不影响抵押权实际已经进入实现程序,故不影响抵押权人对抵押物租金行使别除权。

(三)措施建议

在司法实践中,一旦进入破产程序,由破产管理人接管破产企业后,为便于拍卖抵押物(租赁物),推进破产程序的顺利进行,在一定情况下,破产管理人可能会选择行使单方解除权,解除租赁合同。

问题十:海域使用权到期后,抵押是否继续有效?

(一)案例背景

2019年,金融资产管理公司拟收购某银行的一户债权,该户债权由债务人所有的海域使用权抵押担保,担保期间为2013年5月6日至2016年5月6日,海域使用权终止日期为2016年11月1日,至今未办理续期。2016年8月3日,上述债权以及海域使用权的抵押权已经一审判决确认合法有效,但2017年在执行中,由于海域使用权已到期,司法评估未对海域使用权进行评估。

(二)法律分析

1.海域使用权证书期满未申请续期,海域使用权终止

《中华人民共和国海域使用管理法》第二十九条规定"海域使用权期满,未申请续期或者申请续期未获批准的,海域使用权终止。海域使用权终止后,原海域使用权人应当拆除可能造成海洋环境污染或者

影响其他用海项目的用海设施和构筑物"。

《中华人民共和国海域使用管理法》第三条第二款规定："单位和个人使用海域，必须依法取得海域使用权"，第十九条规定："……海域使用申请人自领取海域使用证书之日起才取得海域使用权。"国家海洋局制定的《海域使用权管理规定》第二条规定："海域使用权的申请审批、招标、拍卖、转让、出租和抵押，适用本规定。"第四十三条规定："海域使用权出租、抵押的，双方当事人应当到原登记机关办理登记手续。"第四十八条规定："未经登记擅自出租、抵押海域使用权，出租、抵押无效。"

在司法实践中，一般海域使用权证书期满未申请续期，海域使用权终止后抵押权人主张抵押权较难获得支持。例如，在浙江省温州市中级人民法院〔2016〕浙03民终2729号民事判决中，浙江省温州市中级人民法院认为"国海证073300264号海域使用权证书中记载的批准使用终止日期至2014年3月14日，现抵押权人虽主张庄吉船业公司管理人已向浙江省海洋与渔业局申请续期，但并无证据证明该海域使用权已获相关行政主管部门的续期，故本案中无法就该海域使用权的抵押优先受偿权作出认定。如抵押权人另有证据证明该海域使用权依然有效，可另案主张抵押优先受偿权"。

2. 海域使用权证书期满未申请续期的，司法执行工作或存在行政层面障碍

在实践操作中，一旦海域使用权证书期满未申请续期的，即便是在司法执行工作中，也曾出现过行政层面障碍。例如，长海县人民法院〔2015〕长执字第317号执行裁定书裁定"被执行人所有的海域使用权，因海域使用证已到期，而被执行人未缴纳海域使用金，故海洋渔业局拒绝签收本院的查封手续"。

综上，本项目海域使用权已于2016年11月到期，根据上述法律规定，相关海洋行政主管部门有权拒绝办理续期登记。且续期、抵押均以海洋行政主管部门登记为准，在未获得正式登记之前，抵押权效力存在不确定性，具有较大法律风险，金融资产管理有限公司在收购债权时，对上述抵押物应当审慎估值。

（三）措施建议

在司法实践中，曾有抵押权人代抵押人补交的海域使用金以取得海洋局同意海域使用权证续期，进而继续保有抵押权的先例。例如，在辽宁省大连市中级人民法院〔2015〕大民三终字第414号民事判决中，旅顺海洋渔业局接受抵押权人补交的海域使用金，同意海域使用权证续期，该在一审判决中，抵押人抗辩抵押权人已丧失对案涉抵押物的使用权（海域使用权终止），但法院支持了抵押权人对抵押财产享有优先受偿权。但是，该等海域使用权证续期需要以取得海洋局同意为前提。经咨询某市海洋渔业局窗口，海域使用权证到期后，如补缴海域使用权费用可以办理续期。在办理过程中，原海域使用权项下所有的抵押与查封需要全部注销与解除，重新办理海域使用权证、抵押登记，在实务操作中应注意新老抵押、查封衔接过程，避免新海域使用权证办理以后被其他第三人予以查封，导致后续无法办理抵押或者丧失首封权。故收购债权过程如遇海域使用权到期或者即将到期，应提前联系海洋局，确认其是否同意海域使用权证续期和具体方法，如海洋局同意续期的，则可进一步尝试主张继续保有抵押权。

部分参考答案

第一章

本章重要术语

1. 法律：法律是由国家制定，或者认可并通过国家强制力保证实施的，规范社会日常生产经营和生活的基本规则。广义上的法律不仅包括全国人民代表大会及其常务委员会制定的规范性文件，还包括行政机关制定的规范性文件和有法律效力的解释性文件。

2. 金融监管：指金融监管机构对金融机构及其经营活动进行监督和管理的行为，不良资产行业中监管机构主要包括中国人民银行、财政部、中国银行保险监督管理委员会、地方金融监督管理局等。

3. 债权请求权：指权利人基于债的关系而产生的，请求特定的人实施特定行为的权利。

复习思考题

请谈谈法律在不良资产行业中的重要性。

参考答案：（1）从不良资产的本身属性方面，作为一种民事权利的形成、确认和权益的实现都离不开法律的保障；（2）从不良资产的交易方面，须遵循法律规定的主体要件、程序要件和内容要件；（3）不良资产的从业人员应当具备法律知识和法律素养。

第二章

本章重要术语

1. 不良资产法律尽职调查：专业机构和人员自身或委托律师事务所等中介机构，运用法律专业技能，通过原始材料阅档、现场查勘、相关部门查询、网搜、访谈等现场或非现场手段方法，对拟收购的不良资产法律相关事项进行调查及分析判断，为顺利实施不良资产收购或处置项目提供决策参考和依据的过程。

2. 阅档：尽调方根据尽职调查方案中的调查清单对基础档案进行阅卷，阅档过程中需关注的要点包括资料的来源、发生的时间、内容与形式、各份资料之间的内在联系、资料拟证明的事实等，完成后进行相关法律事实认定。

3. 现场调查：分为对债务人、担保人的现场调查以及对抵押物、抵债物的现场调查。债务人、担保人的现场调查指对债务人、保证人所处地点进行现场走访，观察企业的办公场所及实际经营情况等。抵押物、抵债物的现场调查，指对抵押物、抵债物进行实地勘察，落实抵押物、抵债物的位置、面积、使用现状等情况。

4. 抵押顺位：指就同一个抵押物设定数个抵押权时，各个抵押权人优先受偿的先后顺序，即同一抵押物上数个抵押权之间的相互关系。

复习思考题

A公司向B银行借款1 300万元人民币并签署《借款合同》，C公司以其名下资产为该笔债权提供最高额2 250万元担保并与B银行签署最高额抵押合同并办理登记手续，最高额抵押合同中约定为2012年8月

29日至2014年8月28日发生的债权提供抵押（合同中约定不论该主债权是否在上述期间届满时已经到期，也不论该债权是否在最高额抵押权设立前已经产生，最高额抵押范围包括本金、利息、复利、罚息、损害赔偿金、实现债权费用等）。2014年8月1日，A公司与B银行签署《网贷通循环借款合同》，循环借款额度为1 300万元，展期期限至2015年3月。2014年8月25日，B银行向A公司发放20万元，2014年9月4日，B银行向A公司陆续发放贷款1 280万元，2015年2月24日A公司向B银行陆续归还20多万元及利息，后续未偿还本金及利息，B银行将A公司及C公司诉至法院。

一审判决：认定A公司应向B银行偿还本金1 200多万元并支付利息和罚息，B银行对C公司项下抵押物在1 300万元范围内优先受偿。

尽职调查：拟收购该债权期间一审判决已下发，A公司以及C公司提起上诉，二审法院已开庭未判决，聘请律师进行法律尽职调查，其中法律意见书指出：2014年8月25日发放的20万元贷款可纳入《最高额抵押合同》的担保范围，其他1 280万元贷款的实际发放日均因已超过了《最高额抵押合同》的担保期限而最终得不到法院支持。

二审判决：二审判决对一审判决改判，B银行对C公司的项下抵押物在20万元范围内优先受偿。

思考：上述案例有何启示？

参考答案：（1）法律尽职调查作为不良资产收购的基础性工作，要予以充分重视；（2）聘请具有不良资产收购处置经验的律所进行合作，充分披露风险；（3）针对律所法律意见书揭示的风险，予以重视，适当估值，避免损失。

第三章

本章重要术语

1. 民事诉讼：民事诉讼是指民事争议的当事人向人民法院提出诉讼请求，人民法院在双方当事人和其他诉讼参与人的参加下，依法审理和裁判民事争议的程序和制度。

2. 管辖：是指纵向不同级别的人民法院和横向同一级别但是不同区域不同分工的人民法院之间，对受理和审判第一审民事诉讼案件的分工。

3. 财产保全：诉讼财产保全是指在民事诉讼案件中，为确保生效判决后续顺利执行，法院可以依当事人申请或者职权采取相应的强制性措施。

4. 裁判：法院的裁判行为最终是以某种形式体现出来的，在民事诉讼法中，分为判决、裁定和决定等形式。

5. 诉讼时效：诉讼时效是指民事权利受到侵害的权利人在法定的时效期间内不行使权利，当时效期间届满时，债务人获得诉讼时效抗辩权。即法律只保护权利人在诉讼时效有效期内的胜诉权，超过诉讼时效可能会有败诉的风险。

复习思考题

1. 民事诉讼基本制度包含哪些内容？

参考答案：主要包括合议制度、回避制度、两审终审制度、公开审判制度。

2. 民事诉讼一审程序包含哪些流程？

参考答案：主要包括确定管辖法院、当事人起诉、财产保全（如需)、法院受理、庭前准备、开庭审理、裁判。

3. 诉讼时效中断的事由？

参考答案：不良资产实务中公告催收能否构成时效中断？诉讼时效期间中断，是指在诉讼时效期间进行过程中，出现了权利人积极行使权利等法定事由，从而使已经经过的诉讼时效期间归于消灭，重新开始计算诉讼时效期间的制度。金融资产管理公司在受让国有银行（国有控股银行）的不良债权之时以及受让之后，在全国或省级有影响的报纸上发布有催收内容的债权转让公告或通知，可以中断诉讼时效。

第四章

本章重要术语

1. 强制执行：是指在义务人不履行已发生法律效力的民事判决、裁定、调解书、仲裁裁决等法律文书情形下，由人民法院依照权利人申请，强制义务人履行相应义务，从而实现权利人权利的活动。

2. 执行依据：是指记载债权人、债务人姓名（或名称）及债权内容，且具有具体给付内容和执行力，经当事人申请执行、审判庭移送执行时，法院据以执行的生效法律文书。

3. 终结执行：是指在执行程序中出现法定事由或某种特殊情况，进而使得执行程序没有必要或不可能再继续进行，从而结束执行程序的一种制度。

4. 终结本次执行：主要适用于被执行人无财产可供执行或虽有财产但难以执行的金钱债权执行案件，在符合法定条件下，法院采取的一种执行案件的结案方式。

5. 首封法院：是指在强制执行程序中，首先采取查封、扣押、冻结等财产保全措施的法院。

6. 轮候查封：对于已经被法院采取查封、扣押、冻结的财产，其他法院可以进行的轮候查封、扣押、冻结等财产保全措施。

7. 司法拍卖：是法院在执行过程中对涉案财产进行司法处置的变价方式，主要目的是将财产变换为价款清偿债权人的债务。

8. 网络拍卖：是指在司法拍卖中，法院通过指定的互联网拍卖平台，以网络电子竞价方式公开处置所涉案件财产的行为。

9. 以物抵债：是指在被执行人的财产无法通过拍卖或变卖的程序变现时，法院依照规定以将该项财产作价后交付申请执行人抵偿债务。

10. 执行异议：是指当事人和利害关系人认为执行程序、执行措施、方法等违反法律规定侵害其合法权益，请求法院予以救济的制度。

11. 执行复议：是对执行异议人部分执行异议裁定不服，按照规定向上级人民法院提起复议。

复习思考题

1. 与民事判决书、民事裁定书相比，公证债权文书、仲裁文书在强制执行程序启动上有何不同之处，三者之间的选择有何优劣之处？

参考答案：通过公证债权文书、仲裁文书启动强制执行程序，相比通过民事判决书、民事裁定书在时间效率上更具优势，但是需要注意的是，公证债权文书、仲裁文书均需在相应的债权文书中事先约定。

2. 执行案件中的首封和轮候查封有何不同？作为担保物权人，如果在执行案件中非首封，如何保障自身的合法权益？

参考答案：首封法院对采取查封、扣押、冻结等财产具有优先处置权，如果首封法院与担保物权人、债权人不在同一区域，为维护自身权益，可根据规定采取移送管辖等方式，取得对查封、扣押、冻结财产的处置权。

3. 被执行人为公民或其他组织，以及被执行人为法人，在债权为普通债权或担保物权，或者针对不同的文书针对同一被执行人，在责任财产不足以清偿全部债务时，如何确定清偿顺序，清偿的具体原则有何不同？

参考答案：多份生效法律文书确定金钱给付内容的多个债权人分别对同一被执行人申请执行，各债权人对执行标的物均无担保物权的，按照执行法院采取执行措施的先后顺序受偿。多个债权人的债权种类不同的，基于所有权和担保物权而享有的债权，优先于金钱债权受偿。有多个担保物权的，按照各担保物权成立的先后顺序清偿。一份生效法律文书确定金钱给付内容的多个债权人对同一被执行人申请执行，执行的财产不足清偿全部债务的，各债权人对执行标的物均无担保物权的，按照各债权比例受偿。

4. 终结执行和终结本次执行有何区别？是否都受强制执行时效影响？如果案件被裁定终结执行，有哪些问题是需要注意的？

参考答案：以终结执行方式结案的，对申请执行人权益影响较大，为防止法院滥用这种方式损害申请执行人权益，只有在出现法定的事由时，法院才可以终结执行。需要注意的是，终结执行的程序启动以法院以职权启动为原则，以当事人申请启动为例外。在符合恢复执行条件时，当事人可以向法院申请执行，需要注意符合执行时效规定要求。终结本次执行后，法院对被执行人采取的执行措施和强制措施继续有效，且法院应当在每六个月通过网络执行查控系统查询一次被执行人的财产，并将查询结果告知申请执行人。终结本次执行后，申请恢复执行不受申请执行时效期间限制。

第五章

本章重要术语

1. 别除权：债权人基于担保物权及法定特别优先权产生，对破产企业特定财产享有的不受破产程序限制而个别优先受偿的权利。

2. 共益债务：人民法院受理企业破产申请后，在破产程序中为全体债权人的共同利益以及破产程序顺利进行而发生的债务。

3. 破产财产：在破产程序中依法可以清算和分配的破产企业的全部财产，包括破产企业被宣告破产时经营管理的财产和依法应由其享有的财产权利。

4. 管理人：破产宣告后，人民在法院的指挥和监督之下全面接管破产财产并负责对其进行保管、清理、估价、处理和分配的专门机构。

5. 执转破：在执行过程中，执行法院发现作为被执行企业具备破产原因的，经申请当事人之一同意，裁定中止执行并将案件移送相应有管辖权法院，从而由个别清偿转入债权人集中公平清偿的程序。

复习思考题

1. 企业法人具有何种情形的，可以适用《企业破产法》规定清理债务？

参考答案：企业法人不能清偿到期债务，并且资产不足以清偿全部债务或者明显缺乏清偿能力的，依照本法规定清理债务。企业法人有前款规定情形，或者有明显丧失清偿能力可能的，可以依照本法规定进行重整。

2. 债务人的破产申请被受理后，会产生哪些法律效力？

参考答案：一般会产生个别清偿禁止、诉讼与仲裁中止、保全解除与执行中止、衍生诉讼集中管辖、债务人的债务人与财产持有人应清偿或交付、出资加速到期、债权加速到期及停止计息、重整期间担保物权行使限制、保证人诉讼时效不中止、不中断等法律效力。

3. 对债务人的特定财产享有担保权的债权人在债权人会议中对哪些事项不享有表决权？

参考答案：对债权人会议通过和解协议与破产财产的分配方案不享有表决权。

4. 抵押债权、建设工程价款债权、留置权债权、职工债权、购房消费者债权、税收债权在破产清算程序中的分配顺序依次是？

参考答案：实务中一般为购房消费者债权、建设工程价款债权、留置权债权、抵押债权、职工债权、税收债权。

第六章

本章重要术语

1. 法律审查：主要从法律专业领域和视角，关注某一交易事项所应遵守的法律规定、常见法律风险及其防范策略，并以合同审查为基础，针对审查出的法律问题通过调整交易模式或结构、权利义务约定、规范严谨文字表达来实现和维护当事人的利益，在促使交易目的能够实现的前提下，尽可能将风险控制至可控或可承受程度的一种解决方案。

2. 合同法律审查的目标：合同法律审查的目标是为交易目的防范法律风险和促成交易。

3. 整体交易思维：整体交易思维模式要求在进行合同法律审查时应跳出待审合同文本自身而先识别交易目标、了解交易背景与交易结构，从宏观上核实法律需求，然后审查每份合同文本的结构、条款、文字符号。

4. 反向诉讼思维：为实现经济交易目的，对当事人自身及市场上同类主体曾经遇到或发生过的诉讼风险点进行识别、评估，归纳总结运用于待审项目，针对性地设计相关风险防范条款。

5. 合规：参照《中央公司合规管理指引》规定，合规是包含国家法律法规在内的广义合规，该指引第二条第二款规定"本指引所称合规，是指中央公司及其员工的经营管理行为符合法律法规、监管规定、行业准则和公司章程、规章制度以及国际条约、规则等要求"。

6. 法定无效情形：《民法典》二十、二十一、一百四十四、一百四十六、一百五十三、一百五十四、四百九十七、五百零六条等规定了七种无效民事行为，可概括总结为两种虚假意思表示。一种意思表示指的是虚伪通谋，不是自己的真实意思表示，自己骗自己；一种意思表示指的是恶意串通坑害别人，侵害他人利益。三种不好的行为，第一种是违法行为，违反法律法规的强制性规定，第二种是恶俗行为，违反社会公序良俗，第三种是霸道行为，有包括格式条款和免责条款两种，但并非所有的霸道行为都无效，只是部分太霸道的行为才无效。除了《民法典》规定的七种无效情形外，还要详细掌握所属行业领域的法律法规、司法解释对该行业合同无效的特别规定。

复习思考题

1. 不良资产合同管理的主要内容有哪些？

参考答案：不良资产合同管理的内容包括交易对手管理、合同文本的管理、合同评审管理、合同签约管理、合同全面履约管理、合同结项管理。

2. 合同法律审查的要点有哪些？

参考答案：法律审查，主要从法律专业领域和视角，关注某一交易事项所应遵守的法律规定、常见法律风险及其防范策略，并以合同审查为基础，针对审查出的法律问题，通过调整交易模式或结构、权利义务约定以及规范严谨文字表达来实现和维护当事人的利益，在促使交易目的能够实现的前提下，尽可能将风险控制至可控或可承受范围内的一种解决方案。法律的法律审查要点，一是合同要合法合规，二是合同内容表达应逻辑严谨，内容周延可操作，三是合同条款力求公平性和倾向性平衡统一。

3. 合同审查需要哪些思维？

参考答案：法律审查需要整体交易思维和反向诉讼思维。整体交易思维模式要求进行合同法律审查时应跳出待审合同文本自身而先识别交易目标、了解交易背景与交易结构，从宏观上核实法律需求，然后审查每份合同文本的结构、条款、文字符号。

反向诉讼思维是为实现经济交易目的，对当事人自身及市场上同类主体曾经遇到或发生过的诉讼风险点进行识别、评估，归纳总结运用于待审项目，针对性地设计相关风险防范条款。

第七章

本章重要术语

1. **商业化收购**：是指采取公开竞标方式，按照市场化估值，以资产管理公司的自有资金和融资资金支付转让对价，完成不良资产的真实转让。

2. **非金债权**：是指非金融机构所有，但不能为其带来经济利益，或带来的经济利益低于账面价值，已经发生价值贬损的资产（包括债权类不良资产、股权类不良资产、实物类不良资产），以及各类金融机构作为中间人受托管理其他法人或自然人财产形成的不良资产等其他经监管部门认可的不良资产。

3. 催收：是指债权人自己或委托第三方对逾期不良资产进行回收，促使债务人及担保人履行债务的一种行为。

4. 债权转让：是指债权人将原始债权债务关系下全部或部分权利转让给第三方的行为。

5. 不良资产债权收益权：是一项获取基于不良债权所产生收益的财产权利，包括不良债权清收而获得的借款本金、利息、违约金、损失赔偿和实现债权的费用。

6. 债务重组：是指债权人与债务人重新达成协议或根据法院的裁决对原始债权债务的内容和权益进行变更，修改债务条件的活动。

7. 债转股：是指债权人以其依法持有的有限责任公司或股份有限公司的债权，转为公司股权或用于增加相应注册资本金的行为。

8. 不良资产证券化：是以不良债权和资产作为底层资产的一种信贷资产证券化模式，是指以不良资产清收回款或衍生价值所产生的现金流作为基础资产而发行资产支持证券的一项业务。

9. 远期不良资产收购：是指资产管理公司应申请人的要求，向债权人出具《承诺函》或签订相关协议的形式，承诺在出现指定的收购条件时无条件以确定价格收购债权，并提供资产估值、运行监管、风险监测、不良处置等风险管理服务，根据服务事项收取一定报酬的业务。

复习思考题

1. 债权转让模式下，如何应对政府、国有企业债务人的相关管理机构或关联公司的"优先购买权"？

参考答案：如拟转让不良资产债权的债务人、担保人涉及国有企业（包括国有全资和国有控股企业）的，应提前15天将处置方案、交易条件、处置程序等信息书面告知国有企业及其注册登记地的优先购买权人，防止国有资产流失。如拟转让项目涉及多家国有企业，当所涉国企注册登记地属同一辖区时，应通知该辖区的优先购买权人；当所涉国企注册登记地属不同辖区，应通知所涉国企共同的上级行政区域的优先购买权人。优先购买权人在同等条件下享有优先购买权。优先购买权人收到通知后明确表示不予购买或者在收到通知之日起三十日内未就是否行使优先购买权做出书面答复，或者未在公告确定的拍卖、招标日之前作出书面答复或者未按拍卖公告、招标公告的规定时间和条件参加竞拍、竞标的，视为放弃优先购买权。

2. 转让行为的合法合规性对转让行为的有效性有什么影响？

参考答案：根据《海南会议纪要》规定，在审理不良债权转让合同效力的诉讼中，人民法院应当根据《民法典》合同编和《资产管理公司条例》等法律法规，并参照国家相关政策规定，重点审查不良债权的可转让性、受让人的适格性以及转让程序的公正性和合法性。例如，如果资产管理公司在转让不良债权过程中存在违规公告行为，对按照公开、公平、公正和竞争、择优原则处置不良资产造成实质性影响的情形的，人民法院可以认定该等债权转让行为因损害国家利益或社会公共利益或者违反法律、行政法规强制性规定而无效。

3. 债权收益权转让模式下，在《委托处置协议》中关于委托清收安排如何划分债权人和清收人的权限？

参考答案：《委托处置协议》通常需要逐笔核定债权的最低处置价。在投资人未全部支付《收益权转让合同》约定的清收处置费用、违约金、赔偿金、资金占用费、收益权转让价款总和之前或者单户债权处置金额低于资产管理公司核定的最低处置价（且已回收金额不足以弥补差额）的，标的债权清收处置方案的决定权归属资产管理公司。投资人的清收处置方式和方案均应当经资产管理公司同意后方可进行，但与债权及其收益权相关的风险和报酬归投资人。

4. 以物抵债协议能否排除金钱债权的强制执行？

参考答案：以物抵债协议以消灭协议当事人之间存在的金钱债务为目的，不动产的交付仅系以物抵债的履行方式。一般而言，当事人之间并未达成买卖不动产的合意，因而也并未从金钱债权债务关系转化形成以买卖不动产为目的的法律关系。因此，根据债的平等性原则，基于以物抵债而拟受让不动产的"买受人"，在完成不动产权属转移登记之前，仅凭以物抵债协议并不足以形成优先于一般债权的权益，原则上不能据此而排除对该不动产的强制执行。

5. 资产管理公司在实施债转股业务中签署"对赌协议"的，应当重点关注哪些可能导致对赌协议无效的法律风险？

参考答案：一是履行对赌协议不违反《公司法》的强制性规定。包括公司成立后股东不得抽逃出资，履行回购义务时不得存在减少公司注册资本、与持有本公司股份的其他公司合并、将股份奖励给本公司职工或者股东因对股东大会作出的公司合并、分立决议持异议，要求公司收购其股份等情形。二是明确目标公司应当配合完成减资程序。如果目标公司不配合履行减资程序的，则投资方的回购请求可能无法得到支持。因此，对赌回购条款应明确约定，当条件成就时，目标公司应当履行减资程序配合股权退出，否则应承担相应的违约责任。三是目标公司业绩对赌补偿金不超过目标公司利润。如果签署了业绩补偿协议而目标公司到期未能足额补偿的，投资方可以继续对企业长期经营进行跟踪管理，一旦产生利润，在任何时候都可以另行提起诉讼要求补偿。

6.资产管理公司开展远期不良资产收购业务时，资产管理公司债权受让义务可以豁免的情形通常有哪些？

参考答案：（1）金融机构对违约处置配合义务的不作为。包括：若出现《借款合同》、相关担保合同及其他义务履行主体签署文件或出具的函件约定的违约情形出现，资产管理公司有权要求债权提前终止、债务人及相关义务人应立即支付借款合同项下全部付款义务。在该种情形下，如债权人在收到资产管理公司上述要求书面通知后，未在约定期限内及时宣布贷款提前到期，则相应免除资产管理公司强制受让债权的义务。（2）金融机构违反过程管理义务。例如：① 债权人放弃借款合同及其对应担保合同项下的任何权利和利益，使主债权及其对应担保合同项下的权利和利益受到减损的；② 债权人未经资产管理公司书面同意擅自配合对外出具同意预（销）售函给债权造成损失的；③ 如债务人/抵押人申请解除基础债权项下全部或部分抵押物、质押物的抵（质）押登记，未经资产管理公司书面同意后，债权人擅自配合解除抵（质）押的。

参 考 文 献

［1］韩长印.破产法教程［M］.北京：高等教育出版社，2020.

［2］王欣新.破产法（第四版）［M］.北京：中国人民大学出版社，2019.

［3］康言、谢菁菁.法律尽职调查指要（修订版）［M］.中国检察出版社，2017.

［4］崔建远.以物抵债的理论与实践［J］.河北法学，2012，30（3）.

［5］陈永强.《民法典》禁止流质之规定的新发展及其解释［J］.财经法学，2020（5）.

［6］周凯.借用过桥资金以新还旧的同一保证人对新贷担责［J］.人民司法，2015（2）.

［7］向亮.并存债务承担与免责债务承担的区分［N］.人民法院报，2013-12-26（006）.

［8］陈朝炜.市场化债转股法律问题研究［D］.南宁：广西大学，2019.

［9］李健.市场化债转股的运作模式、实施困境与改革路径研究［J］.金融监管研究，2018（7）.

［10］刘慧.资产证券化规则解析及业务指引［M］.法律出版社，2018.

［11］王欣新.预重整规则与实务辨析［EB/OL］.（2020-11-09）［2021-1-14］.http://www.zichanjie.com/article/289913.html.

［12］试论破产重整程序中引入投资人的注意事项［EB/OL］.

（2021-07-29）[2021-08-21].https://mp.weixin.qq.com/s/v3TMcag3S0BsULb1Z5k3Aw.

[13] 江必新.执行规范理解与适用（增订2版）：上册[M].北京：中国法制出版社，2018.

[14] 可钦锋.银行业不良资产处置法律实务（第1版）[M].北京：中国法制出版社，2018.

[15] 蔡春雷.掘金之旅：投资金融不良资产疑难案例精析[M].北京：法律出版社，2015.

[16] 乔宇.强制执行热点与前沿问题[M].北京：中国法制出版社，2020.

[17] 最高人民法院执行局.人民法院办理执行案件规范[M].北京：人民法院出版社，2017.

[18] 最高人民法院执行局、人民法院执行办案指引[M].北京：人民法院出版社，2018.

[19] 陈磊.不良资产处置与资产管理公司实务精要[M].北京：法律出版社，2019.

[20] 吴江水.完美的合同：合同的基本原理及审查与修改（第三版）[M].北京：北京大学出版社，2020.

[21] 中国东方资产管理股份有限公司.特殊机会投资之道：金融资产管理公司法律实务精要[M].北京：北京大学出版社，2018.

[22] 何力、常金光.合同起草审查指南：三观四步法[M].北京：法律出版社，2020.

图书在版编目(CIP)数据

中国不良资产管理法律实务/李传全,刘庆富,陆秋君编著.—上海：复旦大学出版社,2023.8
(2023.9重印)
中国不良资产管理行业系列教材
ISBN 978-7-309-16548-7

Ⅰ.①中… Ⅱ.①李… ②刘… ③陆… Ⅲ.①不良资产-资产管理-法规-中国-教材 Ⅳ.①D922.291

中国版本图书馆 CIP 数据核字(2022)第 201026 号

中国不良资产管理法律实务
ZHONGGUO BULIANG ZICHAN GUANLI FALÜ SHIWU
李传全　刘庆富　陆秋君　编著
责任编辑/朱　枫

复旦大学出版社有限公司出版发行
上海市国权路 579 号　邮编：200433
网址：fupnet@fudanpress.com　http://www.fudanpress.com
门市零售：86-21-65102580　团体订购：86-21-65104505
出版部电话：86-21-65642845
上海盛通时代印刷有限公司

开本 787 毫米×1092 毫米　1/16　印张 26.25　字数 312 千字
2023 年 9 月第 1 版第 2 次印刷

ISBN 978-7-309-16548-7/D·1139
定价：78.00 元

如有印装质量问题，请向复旦大学出版社有限公司出版部调换。
版权所有　侵权必究